第五届
汉语中介语语料库建设与应用
国际学术讨论会论文选集

主　编　赵文书　张宝林　曹贤文

南京大学出版社

目　录

大会致辞

刘 利

（北京语言大学）

尊敬的大会主席,各位代表:

大家上午好!

时值八月酷暑,又正在假期中,大家顶着炎炎烈日,冒着高温来到"六朝古都"南京,参加第五届"汉语中介语语料库建设与应用国际学术研讨会",展现了大家高涨的学术热情,值得钦佩。作为大会主办方之一,我谨代表北京语言大学,向来自不同国家和地区高校的各位代表表示热烈的欢迎和亲切的问候!

"汉语中介语语料库建设与应用国际学术研讨会"已经开到了第五届,历时约9年,这是很不容易的,需要各主办方出于公心、齐心协力、精诚团结、密切合作,更需要广大教师、学者、专家们的大力支持。为此,我要向各主办方、各位参会代表表示崇高的敬意和诚挚的谢意!

与以往历届会议相比,本次会议有着特别重大的意义。本次"汉语中介语语料库建设与应用国际学术研讨会"的内涵和过去有所不同,因为它融入了由南京大学、北京语言大学、美国莱斯大学联合发起并已成功举办过三届的"汉语中介语口语语料库建设与应用国际研讨会"过往经验。此次会议对汉语中介语口语语料库的建设与应用研究做出了积极的贡献,已经形成了一定的学术影响,成为学界的一个品牌。去年7月,在第三届会议上,三家主办方经过慎重思考,充分协商,决定与今天这个会议合并,并且在今天顺利实现了两个会议的合并。这将使对外汉语教学领域的中介语语料库建设与应用研究形成合力,进一步扩大学术影响,积极促进汉语中介语语料库建设与应用研究的发展与深化。

我们这个会议的主办方从最初的北语和南师大两家,发展到北语、南师大、福建师大三家,上一届由扬州大学承办的第四届会议是四家,今天又加入了南大、同济、莱斯,达到了七家。这是一个新的高峰,标志着我们这个会议在不断发展、壮大,表明汉语中介语语料库的学术影响在不断扩大与增强。

我们连续三次邀请外语学界的语料库语言学专家光临会议,第一次是北京外国语大学教授、博士生导师、中国语料库语言学研究会秘书长许家金先生,第二次是中国社会科学院语言所研究员、博士生导师、国家"百千万工程"千名学术带头人顾曰国先生,这次会议我们邀请到北京外国语大学教授、博士生导师、中国语料库语言学研究会会长梁茂成先生。外语学界的同人和国外语料库语言学界联系更紧密,了解、接受国外学术研究的成果也更快、更充分,例如,"数据驱动"的学习模式就是由外语学界率先引进并在教学实践中加以运用的。而这种模式在对外汉语教学领域似乎还没什么研究,更没有尝试运用于汉语教学。邀请外语学界的专家莅临我们的会议,意义十分重大,标志着国内汉、外语学界的沟通、联合与协作,对于学术发展来说,这是非常重要的。我相信,这种沟通、联合与协作将推动学术的进一步发展。

从1995年第一个汉语中介语语料库建成至今,已经过去了整整23年。在这23年中,汉语中介语语料库的建设与应用研究得到极大的发展:语料库从最初的一个发展到几个、十几个、几十个,基于语料库的对外汉语教学研究、习得研究以其鲜明的量化分析特征,客观地归纳与发现了汉语中介语的一些基本语言事实,令人信服地揭示了外国人学习汉语的一些基本规律,使相关研究得到了极大的发展与深化。

来参会之前,8月4日,我特意查看了中国知网,按照"全文检索"的方式,查询了基于语料库和中介语语料库以及汉语中介语语料库的语言研究、汉语研究、对外汉语教学的相关情况,得到如下数据。

检索"语料库":1981年仅有2篇,2018年为2 614篇,37年间与"语料库"相关的研究累计已经达到68 952篇,平均每年约1 863篇。

检索"中介语语料库":1993年仅有5篇,2018年为98篇,25年间与"中介语语料库"相关的研究累计已经达到5 205篇,平均每年约208篇。

检索"汉语中介语语料库":1993年仅有5篇,2018年为86篇,25年间与"汉语中介语语料库"相关的研究累计已经达到4 198篇,平均每年约168篇。

仅从数量上看,正式发表的与语料库相关的学术论文已经成千上万篇,可谓成果丰硕,更说明基于语料库的研究,即注重语言事实的研究已经蔚为大观。诚如冯志伟先生所言,"语料库的使用……逐渐成为语言学研究的主流方法""从某种意义上说,语料库的使用,是语言学研究的一次革命性的进步"(冯志伟:《应用语言学中的语料库》导读,世界图书出版公司,2006:14)。

无须讳言,汉语中介语语料库建设与应用研究中还存在一些不足之处,例如,语料库的整体设计水平还不够高,建设规模还不够大,语料标注还没有统一的规范,资源共享还没有充分实现;语料库建设还很不平衡,笔语语料库建设较多,口语语料库较少,多模态语料库尚无建成者;对中介语偏误原因的探讨基本是从概念出发,很不深入;教学对策的研究也比较缺乏针对性,特别是缺少实证研究。要切实解决语料库建设与应用研究中的这些问题,还需要学界更大的努力与更多、更深入的研究,特别是需要在座的学者们的努力与研究。

本次会议的宗旨,是学界同仁共同探讨汉语中介语语料库的建设、应用和研究,促进海内外相关领域专家、学者之间的交流与合作,进一步推动汉语中介语语料库的建设与基于语料库的汉语教学研究的发展。我们相信,两天的会议时间虽然短暂,但通过与会学者们的报告、发言和讨论,将会很好地落实会议宗旨,取得广泛而重要的共识,并在今后的语料库建设与应用研究中起到巨大的推动作用。我们也诚挚地希望,大家通过会上会下的交流探讨,发现共同的兴趣点,进行广泛而深入的学术合作。

预祝大会圆满成功!

汉语中介语语料库建设研究

汉语中介语语料库的设计理念与功能①

张宝林

（北京语言大学）

提　要：自 2015 年以来，汉语中介语语料库建设与应用出现了一些新问题。例如，因存在网络安全问题而不能正常开放；检索功能过于简单，有些中介语现象难以查询；由于设计缺陷导致使用不便等。在新形势下，语料库建设应与时俱进，调整设计思想，重新定位设计理念，向精细化方向发展。其要点有三：1. 重视网络安全，确保语料库正常运转与开放；2. 语料库功能全面、强大，可以满足用户的使用需求；3. 语料库界面友好，操作简便，响应迅捷。

关键词：汉语中介语料库；设计理念；功能；软件系统；2.0 时代

一、引　言

1.1　近年来的新问题

自 1995 年"汉语中介语语料库系统"诞生以来，基于语料库的汉语习得研究和中介语研究从少到多，不断发展，取得了长足的进步。赵金铭等（2008）、张博等（2008）、肖奚强等（2009）、张宝林等（2014）都是代表性研究成果。在这种研究的积极作用下，传统的小规模、主观思辨式的研究范式被彻底动摇，逐渐转变为基于大规模真实语料的、定性分析和定量分析相结合的实证性研究

①　本研究得到语言资源高精尖创新中心项目（编号：KYD17004）、教育部哲学社会科学研究重大课题攻关项目（批准号：12JZD018）、北京市社会科学基金项目重点项目（编号：15WYA017）的经费资助。

范式,极大地促进了汉语教学与相关研究的发展。这种基于语料库的研究成果又反作用于语料库建设,使越来越多的学者、教师投身其中,以至于"汉语中介语语料库建设渐成高潮,'成为语料库研究中的热点'(谭晓平,2014),正在跨入一个繁荣发展的重要时期"(张宝林,崔希亮,2015)。语料库的建设与应用研究可谓彼此促进,相得益彰。

然而,从 2016 年开始,基于语料库的汉语教学与相关研究突然呈现出减少的势头。仅以 HSK 动态作文语料库为例,在 CNKI 中查询,虽然据其研究发表的各类论文总数依然保持增长,达 3 129 篇(截至 2018 年 1 月 21 日),但从 2016 年起出现了向下的拐点。(见下图)

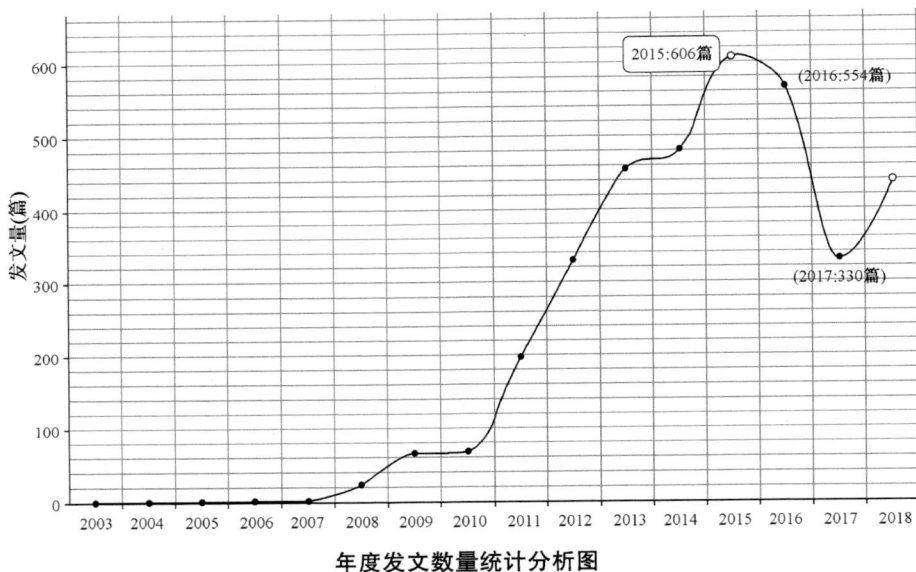

年度发文数量统计分析图

由上图可见,2008 年起基于该语料库的相关研究明显增长,2011 年起大幅增长,2015 年达到顶峰 606 篇。此后,2016 年降至 554 篇,2017 年进一步降至 330 篇,年度发文量近乎腰斩。

如此巨大的变化与反差令人愕然,人们不禁思考其原因究竟何在。是因为 HSK 语料库不能满足教学与研究的需求了吗?但该库 2008—2018 年之间并无变化,似乎不能断定 2016 年作为转折点,其前后是否能作为满足需求的标准。有这样的变化,是因为有了新的更好的语料库,研究者不再需要 HSK 语料库了吗?似乎并不是,因为 2016 年前后并没有新的汉语中介语语料库对学界开放,反而是当时仅有的对外开放的 3 个语料库之一不再开放了。① 是人们对偏误分析、习得研究的兴趣下降了吗? 似乎也不是,还是不断有人在做这些方面的研究。那么原因究竟何在呢?

根据 2015 年开始出现,2016、2017 年显得更为频繁的 HSK 语料库因网络安全问题频频被关闭,最后被彻底关闭的实际情况,我们得出的结论是:该语料库由于开发时间较早,采用的编程语言和技术陈旧,导致系统存在安全漏洞,达不到开放要求,因而无法继续对国内外开放,影响了其为汉语教学与相关研究服务功能的发挥。

面对如此局面,我们进行了多方努力,例如经常性地给系统打补丁,解决了部分问题,可以在校园网上对校内开放(受到网络攻击时,仍需关闭)。但并不能满足国内外学界的使用需求,引起学界较大反响。例如中山大学周小兵教授就曾给笔者发来微信,表示因 HSK 语料库关闭而给学界带来的不便:**"贵校语料库现在进不了。研究生(博、硕)写论文急用!"**(周小兵,2017 年 9 月 19 日晚 19:12)

为了进一步方便大家使用,北京语言大学信息科学学院的荀恩东教授把 HSK 语料库的全部语料复制到 BCC 语料库上,这样大家至少可以看到 HSK 语料了。但 BCC 是母语语料库,和 HSK 语料库的检索方式不同,经过偏误标注的语料无法查询,使用还是很不方便,仍然难以满足学界需求。

1.2 解决办法

面对语料库关闭而学界急需使用的现实,为了继续贯彻落实我们秉持的"积极主动、全心全意为全世界的汉语教学与研究服务"的语料库建设宗旨,我们决定采用目前主流的计算机语言,重新开发 HSK 语料库的软件系统,以便继续乃至更好地为国内外的汉语教师、学者、科研人员、研究生、汉语学习者服务。

我们的想法得到了北语校领导的支持和批准,得到了语言资源高精尖创新中心的支持和资助。

经过长达半年多广泛的市场调研,我们选择北京惟数科技有限公司作为合作伙伴,和我们一起重新构建语料库软件系统。系统研发工作于 2018 年 1 月 5 日签约开始实施,2 月 11 日完成并部署到服务器上;经试运行与调试,于 3 月 28 日正式对外开放。版本序号确定为"HSK 动态作文语料库(2.0 版)",

---

① 指暨南大学华文学院的"留学生汉语中介语语料库"(http://www.globalhuayu.com/corpus3/Search.aspx)。

当时的网址为：202.112.194.56:8088/hsk。为了方便大家记忆，后改为：hsk.blcu.edu.cn。其安全性能优异：顺利通过安全扫描，不仅没有高危和中危漏洞，甚至连一个低危漏洞也没有，获准继续对外开放。由此，我们完全实现了重建语料库系统的目标，HSK 语料库可以满足学界的使用需求，继续为全世界的汉语教学与研究提供服务。我们为此感到由衷的欣慰。

二、设计理念

2.1 宗旨

我们在汉语中介语语料库建设中一贯秉持的宗旨是"为对外汉语教学与研究服务"，并在 2014 年暑期召开的第三届汉语中介语语料库建设与应用国际学术研讨会上进一步将此宗旨概括为"积极主动、全心全意地为全世界的汉语教学与研究服务"。

作为我国唯一的一所以对外国汉语学习者进行汉语、中华文化教育为主要任务的国际型大学，北京语言大学有责任、有义务确立并落实这一宗旨。作为汉语母语者和中国文化的传承者，作为汉语教师，作为汉语中介语语料库的建设者，确立并贯彻落实这一宗旨更是我国汉语学界的责任、义务与使命。为全世界的汉语学界提供优质资源，为全世界的汉语教学与研究服务，我们义不容辞。

正是在这一认识和宗旨的指导下，HSK 语料库不论是 2006 年底建成上线的 1.0 版，还是 2008 年 8 月升级的 1.1 版，以及此次重新研发的 2.0 版，均在建成上线的第一时间即向海内外各界用户免费开放，使我们所秉持的宗旨落到了实处。

2.2 理念

2.2.1 安全稳定，正常运转

本次重建语料库软件系统，纯粹是因网络安全问题而起。因此，重建语料库的第一个要求就是不能有任何安全隐患，必须确保语料库能够正常运转，持续不间断地为学界服务。具体来说，首先是新的语料库系统不能有任何高危和中危漏洞，低危漏洞也应尽可能保持在最低限度，能够顺利通过相关部门和单位组织实施的安全检测。其次是当出现高危和中危漏洞时，能够迅速响应，及时解决问题，从而确保语料库正常开放而不致关闭。这是互联网时代信息

技术迅猛发展带来的新问题，语料库建设者对此必须予以高度关注与充分重视。

2.2.2　功能强大，满足需求

HSK 语料库 1.0 版和 1.1 版建于汉语中介语语料库建设的草创时期，是 1.0 时代的产物（张宝林，2019），带有明显的时代烙印：简单粗放，功能不全，难以满足用户多方面的使用需求。例如可以查询离合词"合"的用法，而不能检索"离"的用法；可以检索带有一个标志词的特殊句式，例如"把"字句、"比"字句等，而不能查询"是……的"句、"连"字句等带有两个标志词的句式。这样导致的后果是很严重的，因为只看离合词"合"的用法无法全面考察二语者使用汉语离合词的实际情况，而在不全面的考察基础上得出的研究结论也完全可能是不全面的，甚至是错误的；不能检索某些句式即不能为相关研究提供方便，语料库的价值也就无法实现。新的语料库系统应该解决这些问题，方便用户查询各种语言现象，从而更好地为汉语教学与研究服务。

2.2.3　界面友好，简便迅捷

HSK 语料库 1.0 版和 1.1 版还存在其他一些设计不周、使用不便的问题，例如查询到的语料不能自动下载，以致有的用户反映，"查询到的语料很多，只能一页一页地手动下载，手腕都酸了"；用户浏览语料时不能按照自己的阅读习惯调节呈现的语料数量；在使用语料库时遇到问题不能方便地及时和管理员沟通并反馈意见；用户发现语料录入与标注方面的问题与错误无法对其进行修改，只能让错误继续存在，继续给后面的用户带来困扰，等等。新系统也应解决这些问题，使其更加人性化，使用户能够更方便地使用语料库，甚至能够修正所发现的语料库中的错误。

三、功能设计

3.1　检索

3.1.1　检索工具/方式的作用

语料库从设计到施工再到建成可供使用是一项非常复杂的跨学科系统工程，需要投入大量的人力、物力、财力，需要解决大量能够预见到和无法事先预见的问题与困难，其中的艰难困苦只有亲身从事过这一工程的人才能体会与感知。但建库的这些艰辛与语料库的最终用户并无关系。对广大用户来说，他们使用语料库的基本方式是语料检索；从他们的角度看，语料库的价值在于语料的检索、呈现与获取。他们所关心的是语料库的检索方式是否能够查询到他们所需要的语料，是否能为他们的教学与研究工作提供收集和检索语料的方便。这是很自然的，完全可以理解。

语料检索应包括对具体的字、词、短语、句子的检索，对标注内容的检索，对特殊句式、固定与半固定结构、复句、离合词"离"的用法等的特殊条件检索，词语搭配检索，按词性检索①。语料检索应可以从语料作者的国籍、性别、年龄段、作文题目或口语话题、分数、语料性质等角度进行；应可以检索偏误语料、正确语料等全部语料。

语料检索方式应像"傻瓜相机"一样"傻瓜化"，简单、简便、简易，容易上手，无须学习即可使用。对语料检索来说，"正则表达式"可以提高检索的功能与效率，非常有用，但需将其简化或文科化，便于文科背景的研究者使用。

3.1.2　字符串一般检索

这是语料库的基本检索功能，可以对语料库中具体的字、词、短语、句子进行检索。一般来说，任何语料库都具备这项功能。就 HSK 语料库而言，还可以设定检索条件，包括考生国籍、作文题目、证书等级、考试时间、考试分数等。

需要注意的是，检索条件中有两个"作文分数"，可以表示前后两个分数的选择区间，比如前面的分数定为 60，后面的分数定为 80，表示 60—80 之间，检索这个分数段之间的语料。

下面是对具体的字、词、短语、句子的查询实例。

字查询以"帮"为例。

---

① 　按词性检索作用突出，对语料库建设与用户使用语料库意义重大，但 HSK 语料库并未实现这一功能，是一个遗憾。

词查询以"帮助"为例。

字符串一般检索 Q

帮助

检索 ∨

ID 搜索原句

1 我想，想结婚的人最{CC就}好还是三思而后行，恨恨地{CC的}计划再[B在]来谈结婚，这会帮助自己将来享有{CD了}快乐而又美满的家庭，也能帮助自己看出是{CD不是}适[B试]合结婚[BQ，]还是保持单身比较好。
   [国籍:新加坡][性别:女][考试时间:200103][作文题目:我对离婚问题的看法][口试:80][作文:75][听力:70][阅读:44][综合:57][总分:317][证书:C]   原文   标注版

2 我和妹妹照她的教训[F训]，不曾为非作恶[F恶]，乐意帮助别人，到今日来，姐妹俩都嫁得好丈夫，生有好儿[F儿]女，事业方面也有{CQ很}高成就，母亲老年也得到安慰。
   [国籍:泰国][性别:女][考试时间:200109][作文题目:我的童年][口试:70][作文:70][听力:50][阅读:51][综合:52][总分:281][证书:未参加]   原文   标注版

3 如果我有什么问题，我可以问我的朋友，那时候我们都互相关心和帮助。
   [国籍:泰国][性别:女][考试时间:200109][作文题目:我的童年][口试:65][作文:80][听力:34][阅读:35][综合:24][总分:226][证书:未参加]   原文   标注版

短语查询以"帮助别人"为例。

字符串一般检索 Q

帮助别人

检索 ∨

ID 搜索原句

1 我和妹妹照她的教训[F训]，不曾为非作恶[F训]，乐意帮助别人，到今日来，姐妹俩都嫁得好丈夫，生有好儿[F儿]女，事业方面也有{CQ很}高成就，母亲老年也得到安慰。
   [国籍:泰国][性别:女][考试时间:200109][作文题目:我的童年][口试:70][作文:70][听力:50][阅读:51][综合:52][总分:281][证书:未参加]   原文   标注版

2 如遇到什么别人无法解决的事也不要袖手旁观，应该尽我们的力量帮助别人。
   [国籍:老挝][性别:女][考试时间:200105][作文题目:由"三个和尚没水喝"想到的……][口试:85][作文:75][听力:79][阅读:75][综合:86][总分:392][证书:B]   原文   标注版

3 快要死的时候，三个和尚说[BQ，]"我们应该帮助别人的{CC了}"[BQ。]
   [国籍:日本][性别:男][考试时间:200105][作文题目:由"三个和尚没水喝"想到的……][口试:65][作文:60][听力:41][阅读:55][综合:57][总分:261][证书:未参加]   原文   标注版

4 这篇文章，不仅有幽[B有]默感，还含着很深刻的教育意义，我们应该有帮助别人，[BC，]没身处地地替别人着想的精神，人做到了谁也不想做的事情，对自己、社会、别人都有好处，我们不要像三个和尚学习，我们应该有爱护别人的精神。
   [国籍:日本][性别:女][考试时间:200105][作文题目:由"三个和尚没水喝"想到的……][口试:70][作文:80][听力:66][阅读:75][综合:79][总分:360][证书:C]   原文   标注版

句查询以"我们应该帮助别人"为例。

字符串一般检索 Q

我们应该帮助别人

检索 ∨

ID 搜索原句

1 快要死的时候，三个和尚说[BQ，]"我们应该帮助别人的{CC了}"[BQ。]
   [国籍:日本][性别:男][考试时间:200105][作文题目:由"三个和尚没水喝"想到的……][口试:65][作文:60][听力:41][阅读:55][综合:57][总分:261][证书:未参加]   原文   标注版

2 大家都知道，我们应该帮助别人，那才{CJX}别人也会帮助自己。
   [国籍:日本][性别:女][考试时间:200105][作文题目:由"三个和尚没水喝"想到的……][口试:65][作文:70][听力:54][阅读:64][综合:59][总分:298][证书:C]   原文   标注版

离合词"离"的用法查询以"帮忙"和"见面"为例，在离合词的两个构成成分之间加一个空格，例如"帮　忙""见　面"，即可查到相关语料。

字符串一般检索 🔍

| 帮 忙 | | 检索 ▾ |

ID	搜索原句		原文	标注版
1	我应帮你们[C]的忙,可{CD只有}我在别的地方{CJ+zxy的理由},[BC,我没有给[F給]你们][L]帮助,[BC,爸爸、妈妈! [国籍:韩国][性别:女][考试时间:200105][作文题目:一封写给父母的信][口试:65][作文:70][听力:58][阅读:49][综合:63][总分:291][证书:C]		原文	标注版
2	虽然弟弟有时帮我的忙,{CQ但}大部分都是我一个人{CD该}做的,现在才能知道你在家没帮一个人做所有的事时的困难。[BC,] [国籍:韩国][性别:女][考试时间:200105][作文题目:一封写给父母的信][口试:75][作文:70][听力:55][阅读:56][综合:58][总分:303][证书:C]		原文	标注版
3	有时您叫我帮什么忙,我{CJ-zy还}不{CC没}答应。 [国籍:韩国][性别:女][考试时间:200105][作文题目:一封写给父母的信][口试:70][作文:70][听力:60][阅读:61][综合:54][总分:303][证书:C]		原文	标注版
4	当我练{CJ-zhuy他}遇到困难时,谁也不来帮个忙。 [国籍:日本][性别:女][考试时间:200105][作文题目:由"三个和尚没水喝"想到的……][口试:65][作文:80][听力:59][阅读:51][综合:61][总分:304][证书:C]		原文	标注版

字符串一般检索 🔍

| 见 面 | | 检索 ▾ |

ID	搜索原句		原文	标注版
1	我想三峡大坝工程已动工,几年后,许多名胜古迹就要永埋水底{CQ了}[BQ。]机会难得,而且已有将近一年没见她们的面了,也正好尽孝,便兴冲冲地答应了。 [国籍:日本][性别:男][考试时间:200105][作文题目:我的一个假期][口试:85][作文:80][听力:85][阅读:77][综合:94][总分:414][证书:B]		原文	标注版
2	我有一个中国朋友,[BC。]他家在成都市,所以这次在成都市我跟他见了面。 [国籍:日本][性别:男][考试时间:200105][作文题目:我的一个假期][口试:70][作文:70][听力:72][阅读:51][综合:59][总分:310][证书:C]		原文	标注版
3	我上825公共汽车,打算跟朋友见个面。P] [国籍:韩国][性别:女][考试时间:200405][作文题目:吸烟对个人健康和公众利益的影响][口试:65][作文:60][听力:62][阅读:64][综合:55][总分:289][证书:C]		原文	标注版
4	古中候,人们通过介绍来婚姻{CC婚等},坏也是没见过面,也不了解对方,可是在现在,男女经介绍后,是可以进一步了解对方的,如果发现对方不合适,随时可以中断关系。 [国籍:新加坡][性别:女][考试时间:200410][作文题目:最理想的结交方式][口试:70][作文:85][听力:63][阅读:81][综合:89][总分:380][证书:C]		原文	标注版

3.1.3　句篇检索

HSK 语料库对外国人参加高等汉语水平考试作文考试的作文答卷从字、词、句、篇、标点符号等 5 个层面做了穷尽性的偏误标注。其中字、词、标点符号的偏误语料可以在字符串一般检索中查询,也可以在统计信息中的字汇总、词汇总中进行查询。句、篇检索则是对句子、语篇偏误进行查询。

例如"把"字句偏误。

	错句检索		
句型	把字句	作文题目 不限	考生国籍 不限
证书等级	不限	考试时间 = 不限	
作文分数	= 不限	作文分数 = 不限	检索

检索原句	原文	标注版
[0]:还可以说[BQ,]进{CD到}这个公司{CQ以后},我可以介绍给很多朋友{CJba},可以叫我的亲人来买这里的东西。 [国籍:日本][性别:男][考试时间:199200][作文题目:一封求职信][口试:0][作文:0][听力:0][阅读:0][综合:0][总分:0][证书:未参加]	原文	标注版
[1]:高中毕业后在友谊性当当售货员[BQ,]因为我对我的日语水平很有自信,{CQ如果}能在贵公司工作的话,我相信能把我的日语{CQ水平}提高{CJba},而且,我对服装很有兴趣,因为{CC于是}我在饭店接待外国人是经常的事,很了解外国人的习惯。[BC、] [国籍:日本][性别:男][考试时间:199200][作文题目:一封求职信][口试:0][作文:0][听力:0][阅读:0][综合:0][总分:0][证书:未参加]	原文	标注版
[2]:前几年我曾从事[C]这类[C]的工作,[BC。]所以比如{C}贵公{CJba}司把我当经理{CJba},那么贵公司永远会后悔[C]的。 [国籍:俄罗斯][性别:男][考试时间:199312][作文题目:一封求职信][口试:55][作文:55][听力:46][阅读:45][综合:39][总分:213][证书:未参加]	原文	标注版
[3]:我看到您公司招聘启事以后把这封信寄{CJba}。 [国籍:韩国][性别:男][考试时间:199312][作文题目:一封求职信][口试:55][作文:50][听力:46][阅读:56][综合:55][总分:241][证书:未参加]	原文	标注版

又如语篇偏误。

上述两种搜索方法在该语料库 1.0 版、1.1 版中都有，可以解决偏误标注语料和其他一些语料的查询问题。

3.1.4 高级检索

高级检索包括特定条件检索和词语搭配检索，是 2.0 版新增加的检索方法，可以查询到更多不同类型的语料，进一步增强了语料库的功能。离合词"离"的用法也是 2.0 版新增加的。

3.1.4.1 特定条件检索

这种检索方式适用于检索有两个标志词的特定句式、半固定结构和复句。这种检索方式之所以具有比较强大的检索功能，是因为使用了正则表达式。正则表达式被用于语料检索是很常见的一般方法，只是对于文科背景的语言学专业人员来说显得比较陌生，另外操作上也比较烦琐，需要背记一些公式。HSK 语料库根据文科生的专业背景和思维习惯，对正则表达式进行了文科化改造，把数学公式简化为框式结构，在相应的位置填入相应的标志词即可查询。使用简便，十分适合文科生使用。

例如"是……的"句、"连"字句检索。

字符串特定条件检索 🔍

| 首 首字符串 | 前词 **是** | 数量 多个字符 | 后词 结束字符 | 尾 **的** | **检索** ▼ |

检索原句	原文	标注版
[1]:除此之外，我认为流行歌曲是一种艺术，也未必是每一个人都可以做得到的。 [国籍:英国][性别:男][考试时间:200510][作文题目:我看流行歌曲][口试:80][作文:70][听力:63][阅读:36][综合:57][总分:296][证书:未参加]	原文	标注版
[2]:信教的人会说人的第一任老师是神，因为他们认为孩子是神给他们的。 [国籍:加拿大][性别:男][考试时间:200510][作文题目:父母是孩子的第一任老师][口试:90][作文:75][听力:65][阅读:79][综合:68][总分:371][证书:B]	原文	标注版
[3]:我母亲在我的记忆里是很善良、[BC,]很无私的。 [国籍:加拿大][性别:男][考试时间:200510][作文题目:父母是孩子的第一任老师][口试:90][作文:95][听力:68][阅读:74][综合:96][总分:421][证书:B]	原文	标注版
[4]:如今，我也是这样去要求自己和子女的。 [国籍:加拿大][性别:男][考试时间:200510][作文题目:父母是孩子的第一任老师][口试:90][作文:95][听力:68][阅读:74][综合:96][总分:421][证书:B]	原文	标注版

字符串特定条件检索 🔍

| 首 首字符串 | 前词 **连** | 数量 多个字符 | 后词 **也** | 尾 尾字符串 | **检索** ▼ |

检索原句	原文	标注版
[1]:这时，我觉得如果没有那一首流行歌曲的话，观众的力量[B最]肯定小，连选手也不能{CC没有}发挥自己的才能、[BC,]力量。 [国籍:韩国][性别:男][考试时间:200510][作文题目:我看流行歌曲][口试:55][作文:55][听力:44][阅读:54][综合:64][总分:252][证书:未参加]	原文	标注版
[2]:甚至有的歌曲连音乐的基本因素也不具备。 [国籍:韩国][性别:男][考试时间:200510][作文题目:我看流行歌曲][口试:75][作文:80][听力:67][阅读:59][综合:74][总分:346][证书:C]	原文	标注版
[3]:但是我{CD的}认为连自己的本份也忘记[B绝]，盲目地追求某一个不是一个好样子。 [国籍:韩国][性别:男][考试时间:200510][作文题目:我看流行歌曲][口试:55][作文:60][听力:60][阅读:42][综合:59][总分:257][证书:未参加]	原文	标注版
[4]:但[BD],有些人，尤其青少[B小]年特别喜欢听，甚至为了看自己喜欢的歌星逃课也不上去看他们。 [国籍:韩国][性别:男][考试时间:200510][作文题目:我看流行歌曲][口试:70][作文:80][听力:70][阅读:67][综合:74][总分:351][证书:B]	原文	标注版
[5]:大家玩累的时候喜欢去KTV，[BC、]这时候连流行歌曲也不会唱很不好意思。 [国籍:韩国][性别:男][考试时间:200510][作文题目:我看流行歌曲][口试:65][作文:60][听力:51][阅读:36][综合:45][总分:240][证书:未参加]	原文	标注版

固定结构检索以"爱……不……""一……就……"为例。

[8]:有些父母更是对孩子爱理不理，让孩子交"野"。
[国籍:德国][性别:男][考试时间:200505][作文题目:父母是孩子的第一任老师][口试:85][作文:70][听力:65][阅读:51][综合:85][总分:347][证书:C]

[9]:爱情不是长久不变的，要想维持它就必须得懂得如何经营它。
[国籍:缅国][性别:男][考试时间:200505][作文题目:最理想的婚姻方式][口试:65][作文:90][听力:73][阅读:73][综合:95][总分:387][证书:B]

[10]:对朋友的爱不是对父母的爱也不是对恋人的爱。
[国籍:法国][性别:男][考试时间:200505][作文题目:最理想的婚姻方式][口试:60][作文:70][听力:36][阅读:60][综合:50][总分:261][证书:无]

[4]:如果……[BD。]"当时我一听就生气{CD了}。
[国籍:韩国][性别:男][考试时间:200209][作文题目:如何解决"代沟"问题][口试:65][作文:70][听力:48][阅读:64][综合:60][总分:293][证书:C]

[9]:她喜欢[F穿]和朋友逛街{CC出街}[BQ。]一去就瘦[F数]天{CJ+zy都}不返。
[国籍:意大利][性别:男][考试时间:200210][作文题目:如何解决"代沟"问题][口试:75][作文:75][听力:62][阅读:71][综合:66][总分:339][证书:C]

[10]:人生在世，也只是短短几个春秋，而它也一晃就溜走了。{CP然而，一个时代{CQ人}}
[国籍:印度尼西亚][性别:男][考试时间:200210][作文题目:如何解决"代沟"问题][口试:75][作文:70][听力:62][阅读:73][综合:88][总分:357][证书:C]

复句检索以"或者……或者……"为例。

[7]:或者做每一件事之前，想一想写样[F样]做这[F这]件事才不会失败呢，{CD又}或者当这[F这]件事失败之后，应该[F该]怎样[F样]做呢？[BC！]
[国籍:澳大利亚][性别:男][考试时间:199810][作文题目:如何改变坏习惯][口试:70][作文:60][听力:40][阅读:56][综合:48][总分:259][证书:未参加]

[8]:最重要的办法是跟一个人说自己的困难或问题，例如{CC2知}一个{CQ和}你相仿的朋友，或者家里的人，或者一位心理医生。
[国籍:毛里求斯][性别:男][考试时间:199904][作文题目:如何戒掉坏习惯][口试:65][作文:70][听力:42][阅读:67][综合:65][总分:295][证书:未参加]

[9]:有工作或者有课，或者有要从事的事情的人才有假日。
[国籍:日本][性别:男][考试时间:200105][作文题目:我的一个假期][口试:70][作文:60][听力:65][阅读:84][综合:63][总分:327][证书:C]

[10]:这时，或者到别的地方去找水，或者把那里的水分给三个和尚一起用。
[国籍:日本][性别:男][考试时间:200105][作文题目:由"三个和尚没水喝"想到的……][口试:70][作文:70][听力:52][阅读:64][综合:82][总分:326][证书:C]

需要注意的是,这种检索方式仍然是形式检索,语料中只要有设定的检索词就会被检索出来,实际上可能并不是所要查询的语料。例如上面例子中的"爱情不是长久不衰的""对朋友的爱不是对父母的爱也不是对爱人的爱"和半固定结构"爱……不……"是没有任何关系的。

3.1.4.2 *词语搭配检索*

这种检索方式是对某词前面或后面的共现词语及其频次进行查询的方法。用这种方法可以检索到某词左面或右面搭配的是什么词,统计相应搭配频次并按频次降序排列。这种检索方式意义十分重大,因为它所获得的某词前后搭配的词语及其频次信息,正是该词的用法。检索结果等同于《词语搭配词典》,可以为汉语教学提供重要的参考。

以"汉语"为例,其左侧最多的搭配词语是"学习",频次达 585;排在第二位的"学"频次为 523,是出现最多的两个搭配词语。可见"学习汉语"和"学汉语"是学习者使用最多、掌握最好的两个搭配;从汉语教学的角度看,也是最应该教给学习者的用法,应作为教学重点。而左侧出现"对"的频次为 48,"觉得"只出现了 9 次。右侧搭配最多的是助词"的",频次为 491;右侧搭配逗号,即"汉语"用在句尾的情况也比较多,频次为 344;后接"有"的频次为 28,后接"越来越"则只有 4 次。具体情况可参见下面的截图。

3.2 语料呈现

为了尽可能给用户的教学和研究提供方便,除检索到的语料本身之外,语料呈现应带有背景信息,包括语料作者的背景信息和语料自身的背景信息。检索到的标注语料根据其语料形态,应同时配有作文/口语/视频等形式的原始语料。为了适应不同用户浏览网页的不同习惯,应可以由用户自主设定每页显示的语料数量。

语料背景信息详见下图。

上面语料的背景信息包括作者的国籍、性别、考试时间、作文题目,以及主观性考试的口语考试、作文考试成绩和客观性考试中的听力部分、阅读部分、综合表达部分的考试成绩,还有考试总成绩和证书获得情况。这些背景信息对于研究、判断学习者的汉语习得情况具有重要作用。

下面是原始作文语料和语料的标注版全文。

标注版语料 [语料编号:200105206525100043]   ×

【作文标题：我的一个假期】【国籍：日本】【字数：412】【词数：274】【证书级别：C】【考试日期：200105】【性别：男】【作文分数：我的一个假期】【口试分数：70】【听力理解分数：72】【阅读理解分数：51】【综合表达分数：59】【考试总分：310】

200105上海外院 .00003900043
今年的寒假我跟两个日本同学到中国的四川省成都市去玩儿了一个星期。这次旅游对我来说是很有意义的。因为这次旅游是我们自己计划以后，[BC，]买了飞机票[BQ，]订了火车票。{CJ-zhuy我们}从日本的名古屋市起飞，两个小时以后到了上海机场。然后坐[B座]到成都市的飞机到了成都市。我以前坐[B座]过飞机，可是这次坐[B座]飞机时我还有点儿害怕！怕飞机突然在空中发生{CC2去}事故掉到海里面。所以我这次坐[B座]飞机的时候很紧张！到了成都市以后我们去了很多地方。还看了熊猫，熊猫是真可爱，[BC，]一下子我成了熊猫迷。我有一个中国朋友，[BC。]他家在成都市，所以这次在成都市我跟他见了面。有五年没有见过他了，可是这次一见就看{CC见}出来是他。因为他没有什么变化。还{CJ-sy是}以前的样子。跟他在茶馆里边喝茶边聊了能有三个小时。时间{CC时候}过得{CC到}真快[BQ，]不知不觉三个小时就过去了。聊完以后我们去饭店吃了一顿饭，[BC。]吃得很开心。[BC，]一个星期马上就过去了。我坐[B座]火车回到了上海。在上海开始学习汉语了。现在在上海外国语大学学习。现在已经过了两个月了。可是这次旅游的记忆{CC回忆[B亿]}还是那么深。

50W）   （106C）（1

用户可以根据个人的阅读习惯自行设定每页显示的语料条数。

3.3 数据统计

    HSK 语料库对全部语料进行了统计分析，得出了众多的统计数据。通过这些数据可以了解语料库概况，包括总字数、总词数、作文题目总数和总篇数；可以了解字、词、句、篇、标点符号的各类偏误数据，按字、词、标点统计的偏误数据，按年份、国家、HSK 证书情况统计的用字用词情况等。这些数据对研究学习者的汉语习得情况非常有用，可以为汉语教学提供重要参考。

    下面是一些统计图表的截图示例。

概括
综合分析视图
错误信息汇总
字汇总
词汇总
按标点统计
hsk词频分析
分词工具
按年份统计字
按年份统计词
按国和地区家统计
按证书级别统计

HSK动态作文语料库概括

总字数 4240043　总词数 2825427　作文题目总数 2

各个国家和地区所占篇数统计

国家和地区	作文篇数	国家和地区	作文篇数	国家和地区	作文篇数	国家和地区	作文篇数
韩国	4171	日本	3211	新加坡	843	印度尼西亚	739
马来西亚	422	泰国	374	中国	232	越南	227
缅甸	202	澳大利亚	123	美国	118	英国	108
俄罗斯	82	加拿大	80	法国	67	菲律宾	64
蒙古国	59	德国	43	香港地区	37	瑞士	20
意大利	19	葡萄牙	19	乌克兰	18	柬埔寨	17
荷兰	14	比利时	13	奥地利	12	西班牙	11

及作文题目

年份	作文数	作文题目
19		一求职信
19		一求职信
1994	14	一求职信
1994	27	学习汉语的苦与乐
1994	116	记对我影响最大的一个人
1994	123	记我的父亲
1995	523	记对我影响最大的一个人
1995	33	学习汉语的苦与乐

HSK动态作文语料库概括

总字数 4240043　总词数 2825427　作文题目总数 29　总篇数 11569

各个国家和地区所占篇数统计

国家和地区	作文篇数	国家和地区	作文篇数	国家和地区	作文篇数	国家和地区	作文篇数
韩国	4171	日本	3211	新加坡	843	印度尼西亚	739
马来西亚	422	泰国	374	中国	232	越南	227
缅甸	202	澳大利亚	123	美国	118	英国	108
俄罗斯	82	加拿大	80	法国	67	菲律宾	64
蒙古国	59	德国	43	香港地区	37	瑞士	20
意大利	19	葡萄牙	19	乌克兰	18	柬埔寨	17
荷兰	14	比利时	13	奥地利	12	西班牙	11

(语料不到10篇的国家和地区不予统计)

每年的作文数及作文题目

年份	作文数	作文题目
1992	68	一封求职信
1993	290	一封求职信
1994	14	一封求职信
1994	27	学习汉语的苦与乐
1994	116	记对我影响最大的一个人
1994	123	记我的父亲
1995	523	记对我影响最大的一个人
1995	33	学习汉语的苦与乐
1995	112	如何看待"安乐死"

按年度统计字词总数统计图

字数和词数累加统计

■ 字总数　■ 词总数

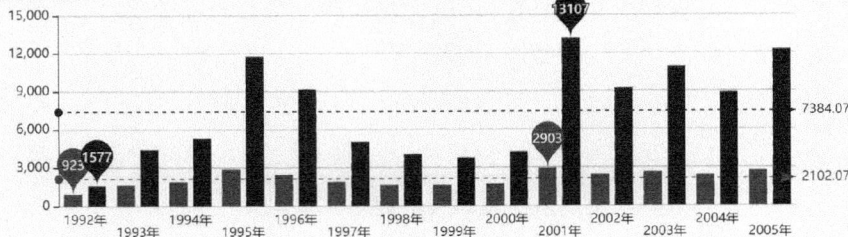

按国籍汇总篇章信息统计图

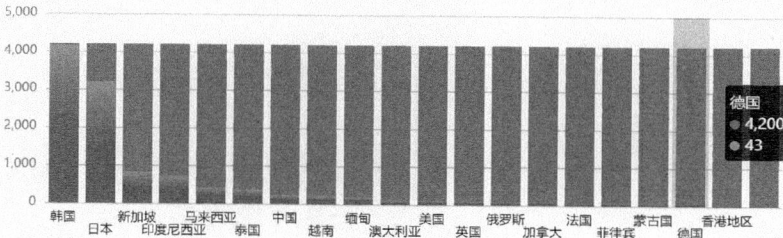

5,000
4,000
3,000
2,000
1,000
0

韩国　日本　新加坡　印度尼西亚　马来西亚　泰国　中国　越南　缅甸　澳大利亚　美国　英国　俄罗斯　加拿大　法国　菲律宾　蒙古国　德国　香港地区

德国
● 4,200
● 43

字错误汇总

字错误	标记	频次	频率	详细
错字	C	41622	9.816	详细
别字	B	28109	6.629	详细
漏字	L	2863	0.675	详细
多字	D	1220	0.288	详细
繁体字	F	53903	12.713	详细
异体字	Y	373	0.088	详细
拼音字	P	1229	0.290	详细
无法识别的字	#	84	0.020	详细
错误标点	BC	30228	7.129	详细
空缺标点	BQ	13861	3.269	详细
多余标点	BD	5215	1.230	详细

句子错误汇总

句型错误

句错误	标记	频次	频率	详细
把字句	ba	585	36.939	详细
被字句	bei	297	18.754	详细
比字句	bi	145	9.156	详细
连字句	l	15	0.947	详细
有字句	y	555	35.045	详细
是字句	s	1427	90.105	详细
"是……的"句	sd	2629	99.999	详细
存现句	cx	1	0.063	详细
兼语句	jy	440	27.783	详细
连动句	ld	23	1.452	详细
双宾语句	shb	66	4.167	详细
形容词谓语句	xw	155	9.787	详细

词错误汇总

词错误	标记	频次	频率	详细
错词	CC	40882	14.469	详细
缺词	CQ	17039	6.031	详细
多词	CD	17945	6.351	详细
离合词错误	CLH	86	0.030	详细
外文词	W	16	0.006	详细

成分残缺

句错误	标记	频次	频率	详细
主语	-zhuy	2405	99.999	详细
谓语	-wy	311	19.638	详细
述语	-sy	3018	99.999	详细
宾语	-by	796	50.262	详细

A 按字汇总

汉字	总频次	错误频次	汉字	总频次	错误频次	汉字	总频次	错误频次	汉字	总频次	错误频次	汉字	总频次	错误频次	汉字	总频次	错误频次
〔	5	0	〔	5	0	〔	4	0	〔	2	0	〔	1	0			
〔	1	0	〔	1	0	〔	1	0	〔	1	0	〔	1	0			
一	60029	135	丁	118	6	七	625	3	万	742	49	丈	1218	31			
三	4980	4	上	17756	62	下	8334	24	不	62913	206	与	4438	454			
丐	12	2	丑	28	7	专	905	109	且	5672	48	丕	1	0			
世	5008	53	丘	8	2	丙	24	0	业	4400	199	丛	4	0			
东	3423	192	丝	60	9	丢	2	0	丧	139	3	两	5094	294			
严	2028	178	丧	79	15	个	34990	1514	丫	8	1	中	16775	49			
丰	473	20	串	18	0	临	375	83	丸	6	1	丹	20	3			
为	29715	2111	主	2244	30	丽	358	19	举	811	80	乃	77	3			

按年统计用词情况

1992年		1993年		1994年		1995年		1996年		1997年		1998年		1999年		2000年		2001年		2002年		2003年		2004年		2005年	
词	频次	词	频次	词	频次	词	频次	词	频次	词	频次	词	频次	词	频次	词	频次	词	频次	词	频次	词	频次	词	频次	词	频次
(	14	)	14	-	3										29	1				10	2			11	2		
12	2	13	1	18	1					1965	1			1985	1					20	4			25	1		
3	3	30	3	33	1					39	1			4	1					40	2			3	3		
50	1	500	1	6	4					8	2			9	4					A	2						
B	2	XXX	1	×	6					26	1			3						'	2			"	92		
"	90		50	、	246					。	2534			—	345					一下	19			一下子	3		
一个	218	一举一动	1	一些	63					一会儿	3			一共	1					一切	10			一半	2		
一口	1	一口气	2	一句话	6					一闷	1			一间	1					一块	7			一块儿	2		
一大早	1	一天	29	一天到晚	3					一套	1			一如既往	2					一定	34			一家	10		
一家人	7	一对	1	一小	1					一用	3			一律	2					一成不变	1			一手	1		
一方面	1	一旦	6	一早	4					一时	1			一望无垠	1					一来	3			一杆	89		
一概而论	1	一气	1	一点	27					一点一滴	1			一片	12					一生	8			一眼	1		
一直	49	一臂之力	2	一致	3					一般	21			一般人	1					一线来说	4			一见如故	1		
一言一行	1	一说	1	一路上	90					一路	1			一身	1					一面之交				一蓝子	2		
一边	31	一长一短	1	一阵	1					一阵子	1			一面	7					一面之交				一齐	4		
七	12	七点	2	万	4					万一	1			万事						万千				万物	1		

3.4 其他

3.4.1 众包维护

大规模中介语语料库主要采用人工标注方式,且标注员数以百计,标注的不一致情况,乃至错漏在所难免。语料标注过程中虽有质量监控,但仍不能完全解决问题。而根据众包理念,设置用户对录入版语料和标注版语料中的错漏进行修正的功能是提高语料库质量的一个有效手段。

具体方法:双击待修改语料,打开对话框进行修改编辑—提交待更新—后台审核—发布并替换原语料。其中的审核环节由语料库管理员执行,即经其确认后用户所做的修改才能替换原来的语料。这个环节颇为重要,可以避免潜在的用户不慎做出的不正确修改。这样行众包,集众智,可以切实提高语料录写与标注的质量,使其更好地为广大用户服务。

3.4.2 留言与反馈

用户在使用语料库时由于对语料库缺乏足够的了解,难免会遇到各种问题需要解答,因此他们针对问题会对语料库提出一些意见、建议等,这对语料库的建设与改进具有重要参考价值。需要有一个能够有效沟通语料库建、用双方的联系与反馈渠道迫在眉睫。HSK语料库采取的办法是增加了"反馈留言"功能,以便于广大用户与语料库建设者的沟通、交流与探讨。详见下图。

反馈留言

H发布主题	
✎发布内容	

＋提交

序号	标题	内容	发布人	发布日期	操作
1343	写作要求	老师，您好，我想问下这些作文的写作要求该怎么去找呢？我想做公外对比，搜集同题每语者作文义，想了解这些作文题目的命题要求，最要去找真题吗，去哪儿找呢。谢谢您	游倩倩	2018-11-09	回帖信息
	🗩回帖人: zhangbl ⏱ 2018-11-11 23:11:48	🗨用户你好！这个语料库的背景信息有作文题目，没有命题要求。这是这个语料库的缺陷之一，以后我们做新的语料库时会弥补这个缺陷。谢谢！			
	🗩回帖人: zhangbl ⏱ 2020-06-25 15:20:11	🗨用户：你好！语料库只收集标题，没有写作要求，抱歉了！			
1342	网站使用	老师您好，我想请问一下载的电脑在打开网址以后，电脑就像死机一样，用鼠标点哪里都没有反应，别的同学都可以使用，反反复复试了很久，还是不行，不知道是什么原因，希望老师在空闲时候帮我解答这个问题，麻烦老师了，谢谢。	对外汉语范儿	2018-11-06	回帖信息
	🗩回帖人: zhangbl ⏱ 2018-11-11 23:12:59	🗨请换用其他浏览器试试，例如火狐、搜狗之类。谢谢。			
1341	网站使用	首先感谢老师们的辛苦工作，可以在这里找到高素质的语料，我最绕复杂一个问题，在使用过程中总会闪退回到主界面或者登陆界面，影响使用，会打断工作，谢谢。	安阳大王岳岳	2018-10-30	回帖信息
	🗩回帖人: zhangbl ⏱ 2018-11-11 22:49:24	🗨王老师：你好！请问使用的是什么浏览器？请用火狐或搜狗试试。谢谢。			

从 HSK 语料库的实际情况看，该功能起到了很好的沟通作用。例如多位用户询问为什么最多只能下载 500 条语料，希望能把查到的语料全部下载下来。我们及时做了解释——用户：你好！本语料库下载条数限 500 条。因为按照统计学的观点，不论总体多大，400 个样本只要是随机取样得到的，就具有了足够的代表性，据其进行研究得到的结论就是科学的、可靠的。可以下载的 500 条语料是随机取样的，所以是足够的。谢谢！

需要注意的是，HSK 语料库面向全球用户开放，用户随时都会提出问题。语料库建设方应安排专人负责随时查看留言，及时回应并解决问题，优化语料库的使用功能。

3.4.3　个人工作区

在语料库中设置"个人工作区"是一个很好的创意，可以具有很多实用功能。例如用户可以在此对自己的相关信息进行维护，录入员可以在这里提取语料进行录入与转写，标注员可以进行语料标注，用户可以在这里进行语料分析与研究乃至论文撰写。总之，可以使其成为建设者建设语料库、用户使用语料库进行相关研究的工作平台。目前 HSK 语料库中的个人工作区功能还很单薄，应该予以充实。

3.4.4　语料自动下载

针对以往用户使用语料库的不便，HSK 语料库 2.0 版设置了自动下载按钮，查询到的语料可以自动下载，方便快捷，避免了手工复制下载的辛劳。

需要说明的是，语料库可以设置下载条数限制功能，例如以 500 条语料为限：500 条以下全部下载，500 条以上通过随机程序随机下载。这样做并非心血来潮,随意而定,而是有充分的统计学依据的,是可以保证相关研究的科学性的。请看下表(张勇,2008)。

表 1　总体大小与所需样本量表(取 P＝0.5 计算)

总体大小	所需的样本量
50	44
100	80
500	222
1 000	286
5 000	370
10 000	385
100 000	398
1 000 000	400
10 000 000	400

从该表来看,样本量首先与总体大小密切相关,不知总体大小即无法确定样本量。除非把样本量确定为 370—400 之间,因为总体达到 5 000 以上,样本量即已基本趋于稳定。样本量还与置信度、标准差紧密相关,置信度分别为90%、95%、99%,误差分别为 10%、5%、1%时,样本量都是不同的。把可下载语料数定为 500 条,比 400 条还高出 100 条,且是随机抽取的语料,是足以支持相关研究的。

3.4.5　增加、积累相关资源

在语料库中加入与汉语教学密切相关的实用性资源,可以为用户提供教学与研究的极大方便。例如《对外汉语教学语法大纲》(1995)、《中高级对外汉语教学大纲(词汇·语法)》(1995)、《对外汉语初级阶段教学大纲》(1999)、《对外汉语教学中高级阶段功能大纲》(1999)、《高等学校外国留学生汉语言专业教学大纲》(2002)、《高等学校外国留学生汉语教学大纲(长期进修)》(2002)、《高等学校外国留学生汉语教学大纲(短期强化)》(2002),以及《汉语水平词汇与汉字等级大纲》(1992)、《汉语水平等级标准与语法等级大纲》(1996)、《国际汉语教学通用课程大纲》(2008)、《商务汉语考试大纲》(2006)、《汉语国际教育用音节汉字词汇等级划分》(2010)、《欧洲语言共同参考框架——学习、教学、评估》(2008),乃至《现代汉语常用字表》(1988)、《通用规范汉字表》(2013)等,都可以收入语料库,供用户在教学与研究中使用,都是很有意义的。① 当然这里有一个版权问题,需要事先征得作者与出版单位的同意,才能收入语料库。

一些研究中形成的分析数据同样如此。例如我们在研究中曾把语料库中的用字和《汉语水平词汇与汉字等级大纲》中的汉字进行对比,发现大纲中的汉字为 2 905 个,HSK 语料库中不同的汉字有 3 904 个,学习者实际掌握的汉字多于大纲 999 字。3 904 个汉字中有纲内字 2 778 个,占 71.16%;超纲字 1 126 个,占 28.84%。

再和供母语者使用的《现代汉语常用字表》(1988)相比。字表中共有 3 500 个常用字,分为 2 500 个常用字和 1 000 个次常用字。语料库中的 3 904 字,与《现代汉语常用字表》对照,表内字共计 3 153 个,具体分布情况为:常用字 2 452,占 2 500 个常用字的 98.08%;次常用字 701,占 1 000 个次常用字的 70.1%。根据这些研究与发现,我们整理了《2 500 常用字与 HSK 比较按字音排序表》《2 500 常用字与 HSK 比较按总频次排序表》和《2 500 常用字与 HSK 比较按错误频次排序表》,并放入统计信息中,对汉字教学具有重要参考价值。

2500常用字与HSK比较按字音序

词	汉字等级	总频次	错误频次
阿	2500常用	110	11
腌	2500常用	616	19
哀	2500常用	95	14
唉	2500常用	85	1
挨	2500常用	2288	35
皑	2500常用	31	1
癌	2500常用	6505	493
蔼	2500常用	137	25
矮	2500常用	5183	70
岸	2500常用	32	0

2500常用字与HSK比较按总频次排序

词	汉字等级	总频次	错误频次
的	2500常用	200281	1382
我	2500常用	100452	1414
是	2500常用	73175	375
人	2500常用	63756	160
不	2500常用	62913	206
一	2500常用	60029	135
们	2500常用	50699	334
了	2500常用	48168	2459
在	2500常用	41393	158
在	2500常用	40876	260

2500常用字与HSK比较按错误频次排序

词	汉字等级	总频次	错误频次
这	2500常用	38075	3864
们	2500常用	48168	2459
为	2500常用	29715	2111
时	2500常用	25019	1783
个	2500常用	34990	1514
我	2500常用	100452	1414
的	2500常用	200281	1382
会	2500常用	23780	1194
着	2500常用	7690	1155
还	2500常用	11288	1081

四、结 语

1. 建设语料库的宗旨与根本目的是为全世界的汉语教学与科研服务,而保证这种服务功能实现的前提是确保语料库始终可以对外开放。这就要求语料库系统安全,不能有任何高危、中危漏洞。这是新的信息技术发展带来的新情况与新问题,必须引起语料库建设者的高度重视。

2. 语料库软件系统的改进可以提升语料库的功能,可以更好地满足用户的使用需求。例如:检索方式的改进与丰富使用户可以查询以往无法查询的

---

① HSK 语料库中目前尚未收入这些材料,但从方便教学与研究的角度看,是应该收入的。

一些词、短语和句子。丰富而实用的统计信息对教学与研究具有重要的参考价值。界面友好,设计一些人性化的功能,例如语料呈现条数的自主设定和自动下载,可以为用户提供使用方便,改善用户体验。用户对语料及其标注的修改功能可以行众包,集众智,不断提高语料库标注质量。

3. 语料库的服务对象是用户,广大用户对语料库应有什么样的功能最有发言权,他们在使用语料库过程中的问题、意见与建议对语料库建设具有重要意义,要及时了解并尽快予以改进。因此,语料库建设者与用户的沟通十分重要,需保持通畅、有效的联系渠道,"反馈留言"功能即联系渠道之一。

4. 以往的汉语中介语语料库建设比较注重语料规模、标注的内容与方法,而对语料库的管理系统、检索系统的研发缺乏重视,而实际上包括管理系统和检索系统在内的软件系统的研发具有十分重要的作用,可以提升语料库的实用功能,提高语料库的建设水平。从这个角度看,以往的语料库在设计和建设上都比较简单粗放,处于语料库建设的草创时期,或者说是语料库建设的1.0时代。而HSK语料库2.0版的开发使我们认识到软件系统的重要作用,好的软件系统可以使语料库功能强大、使用方便,具备精细而丰富的特征,推动语料库建设跨入了2.0时代。从简单粗放的1.0时代向精细化发展的2.0时代发展与过渡,体现了汉语中介语语料库建设的发展与进步,也是时期发展、技术进步的必然结果。

从1.0时代走向2.0时代,具有一些重要特征。

语料标注:个别层面标注→全面标注

标注模式:偏误标注→偏误标注+基础标注

检索方式:简单检索→复杂检索

建设理念:分包→众包

研究范式:偏误分析→中介语综合考察

数据观:个别数据→大数据

可以说,以HSK语料库2.0版为标志,汉语中介语语料库建设从1.0时代跨入了2.0时代。2018年可以视为2.0时代元年。

参考文献

[1] 谭晓平,2014.近十年汉语语料库建设研究综述[M].第七届北京地区对外汉语教学研究生论坛论文.

[2] 肖奚强,等.2014.外国学生汉语句式学习难度及分级排序研究[M].北京:高等教育出版社.

[3] 张博,等.2008.基于中介语语料库的汉语词汇专题研究[M].北京:北京大学出版社.

〔4〕张宝林,等.2014.基于语料库的外国人汉语句式习得研究〔M〕.北京:中国书籍出版社.

〔5〕张宝林,2019.从 1.0 到 2.0——汉语中介语语料库的建设与发展〔J〕.《国际汉语教学研究》第 4 期.

〔6〕张宝林,崔希亮.2015.谈汉语中介语语料库的建设标准〔J〕.《语言文字应用》第 2 期.

〔7〕张勇,2008.样本量并非"多多益善"——谈抽样调查中科学确定样本量〔J〕.《中国统计》第 5 期.

〔8〕赵金铭,等.2008.基于中介语语料库的汉语句法研究〔M〕.北京:北京大学出版社.

韩国学习者汉语中介语口语语料库的建设及意义①

胡晓清　许小星

（鲁东大学）

提　要：汉语中介语口语语料库的建设与笔语语料库相比相对滞后，因此，建设并完善汉语中介语口语语料库不仅为汉语作为第二语言教学和研究提供了有力的支撑，也丰富了汉语中介语语料库的建设内涵，有较为重要的意义。本文介绍了韩国学习者汉语口语语料库的建库情况，阐述了本语料库的建库价值及原则，描写了本语料库的构建过程及在建库过程中遇到的难点问题，并着重分析了口语语料库建设存在的不足，对后续研究做了规划与展望。

关键词：韩国学习者；汉语中介语口语语料库；价值；原则

引　言

近年来，汉语中介语语料库建设不断向纵深发展，建立口语语料库并基于语料库开展口语研究成为汉语作为第二语言教学研究的新趋势。许多学者对于汉语中介语口语语料库的建设提出了可行性方案（崔希亮，张宝林，2011；权立宏，2017），也有一些院校、单位展开建库实践，如北京语言大学的"汉语学习者口语语料库"（杨翼等，2006）、北京语言大学"HSK 动态口语语料库"（张宝林，2012）、香港中文大学"语言习得汉语口语语料库（LAC/SC）"（吴伟平，2010）、南京大学"汉语中介语口语语料库"（在建）等。但遗憾的是，由于中介

---

①　本论文是国家社科规划项目（编号：16BYY108）阶段性成果，同时受到语言资源高精尖创新中心项目（编号：KYD17004）、教育部哲学社会科学研究重大课题攻关项目（批准号：12JZD018）资助。

语口语语料采集、转写和标注的难度较大,口语语料库的建设费时费力,目前能够公开使用的汉语学习者口语语料库较少。

基于此,本团队在国别化汉语中介语笔语语料库建设的基础上,开始探索国别化汉语中介语口语语料库的建设。首期建立的是韩国学习者汉语中介语口语语料库,简称为 KHSKKC。语料库语料来源于韩国汉语水平口语考试的现场录音。在对语料进行转写后,从语音层面和句法层面两个维度对语料进行了较为细致和全面的标注。

一、韩国学习者汉语口语语料库的建库价值

1.1　可对 HSK 考试反拨效应研究提供支撑

以标准化考试语料为来源的汉语中介语口语语料对汉语水平考试反拨效应研究作用显而易见。在建的 KHSKKC 语料库首次使用了 HSK 口语语料,利用该语料库提取的字表数据库、词表数据库,在后续研究中将与 HSK 词汇大纲、汉字大纲等进行相关性研究,对该测试的信度、效度研究,测试对教学的反拨作用研究等均将起到充分的支撑作用。

1.2　可为国别化汉语教学研究提供支撑

在汉语教学研究界,对汉语教学"国别化"的呼声越来越高(李如龙,2012等)。不同国家、不同母语和文化背景的学习者,学习汉语时表现出的中介语特征的确存在着差异。因此,甘瑞瑗(2006)提出,"国别化"就是要"针对不同的国家而实行不同/差别的汉语教学"。国别化汉语中介语语料,为国别化教学大纲设计、国别化教材的编写、国别化词典的编撰提供可靠的依据,也为汉语作为第二语言的习得研究提供扎实的多维度基础数据。

1.2.1　为国别化汉语教学用字表、词表的研制提供了有力支撑

《汉语水平词汇与汉字等级大纲》(以下简称《大纲》),研制于 1992 年(2001 年进行了修订),随着时代的发展与进步,社会语言生活发生了巨大的变化,《大纲》逐渐不能满足汉语学习者和汉语作为第二语言研究的需要。2010 年出台的《汉语国际教育用音节汉字词汇等级划分》(以下简称《等级划分》)一个显著的变化是将口语动态语料作为制定音节表、字表和词表的依据之一。但需要注意的是,《大纲》和《等级划分》中对字、词的选择仍然是纯本体视角,而汉语国际教育用的字表、词表除要依据母语者的使用频率外,还应该

将二语学习者口、笔语语料库作为重要的参照。因此,对韩国学习者汉语口语的字表和词表的提取、研究为面向韩国的汉语教学用字表、词表的研制提供了强有力的支撑。

1.2.2 为汉语中介语口语、笔语对照研究提供了有力保障

我们在语料库建设中回避了"书面语",代之以"笔语",究其原因,一是参照了文秋芳、王立非(2008)"中国学生英语口笔语语料"的提法。更重要的是SCL在从零起点到接近于汉语母语者的习得过程中,有相当长一段时间尚未形成书面语意识,他们所谓的"书面语"大多数情况下只是以笔语形式记录下来的口语而已。那么汉语学习者的笔语在哪些阶段出现了明显的书面语化特征,从哪些节点他们的口语笔语发生了质的变化,这都需要将学习者的口、笔语进行对照方可显现。目前,汉语作为第二语言教学和研究领域,将汉语中介语进行口语和笔语对照研究的尚不多见。原因是多方面的,但有一点无须讳言,即对汉语中介语口语和笔语中用字用词及语法项目使用情况、口语书面语分化情况的研究均需借助大规模的汉语中介语口语语料和笔语语料,而目前的口语语料相对匮乏。我们建设的韩国学习者汉语中介语口语语料库和早前建成的"国别化(韩国)汉语中介语发展语料库(笔语)"(胡晓清,2018)形成对照组,为韩国学习者汉语中介语口语和笔语的对照研究提供了有力保障。

1.3 可丰富汉语中介语语料库建设的内涵

汉语中介语语料库,按照语体来分有笔语语料库和口语语料库;从样本来源来看,有多国别样本也有单国别样本,各种分类不一而足。在汉语作为第二语言教学和研究领域,笔语语料库和多国别样本语料库数量上占有绝对的"优势"。"韩国学习者汉语中介语口语语料库"的建设探索补足汉语中介语语料库建设的弱项,对汉语中介语口语语料库建设规范的研究、对不同类型语料库之间的对接和融合进行了有益的尝试,丰富了汉语中介语语料库的建设内涵。

二、韩国学习者汉语口语语料库的建设原则

2.1 真实性原则

真实性是学习者语料库建设的底线。因此语料转写要忠实于音频原貌,考生说什么转录什么,包括考生对言语中的重复和修复,不做任何修改或删减,如实录入。对于非正常停顿和转写人反复听仍无法辨识的字词或字串用

标记来代替;口语语料里存在大量口头语,如"嗯""啊""呃"等语气词均要如实转写。而一些非言语成分,如音频中考生的笑声和一些如呼气、咳嗽等伴随语音现象均要进行标示。对考试者在陈述中的重复或者修复均原样录入。

2.2 准确性原则

准确性表现在以下几个方面。

标点及符号的准确性:所有的标点均为中文半角格式;所有添加的符号均为半角英文状态。

文字的准确性:转写语料原则上没有错字和别字。

标注的准确性:在确立了标注范围后,制定了较为细致的转写与标注规范,然后选取少量语料对标注员进行试转写与标注训练,再进行集中讨论与校正,深化对标注规范的理解,并补充完善标注规范,最终形成科学规范、操作性强的标注手册,最大限度保证标注员对语料听辨转写和标记赋码的一致性和准确性。

为了减轻标注员记忆标注代码的负担,并保证赋码的一致性和准确性,我们开发了辅助转写与标注的软件,标注员一边收听音频,一边在辅标软件的文本编辑界面上进行转写,如需进行赋码,点击右键,从下拉菜单中选择标记代码,代码便自动添加到文本之中。标注完成之后,文本自动保存在指定目录下。此外,对文本的校对也可在该辅标软件中完成。该软件的开发大大提高了转写与标注的效率。

2.3 全面性原则

没有任何加工的生语料,只能进行字、词的检索,语料经过断句、分词和标记词性,可以进行词的搭配和类联结等研究;语料库经过偏误标注及对语料中正确语言表现进行了标注,可以对汉语学习者的汉语习得情况进行全方位的对比、考察与研究。大大提升了语料库的使用价值。

就本语料库的标注来看,目前对语音层面进行了标注,其后对句法层面进行了加工。句法标注依然采用基础标注+偏误标注模式,以便"使研究更全面、结论更可靠,从而提高对外汉语教学与研究的水平"(张宝林,2008)。

2.4 便捷性原则

一个功能完善、使用便捷的语料库检索系统不仅要能提供方便灵活的检索和统计功能,还应便于维护与功能扩展。汉语中介语口语语料库检索软件能基于语料库中添加的标记代码,根据处理的目的来设计相应的算法规则,提取相应的信息,得到相应的检索和统计结果。

三、韩国学习者汉语口语语料库构成状况

3.1 语料库现有库容及建库流程

本语料库的语料来源于韩国汉语水平口语考试的现场录音。目前已对韩国汉语水平口语考试的 1.5 万余个音频进行了转写并对转写文本进行了标注,在此基础上建设完成韩国学习者汉语口语语料数据库并搭建了语料库检索系统。

韩国学习者汉语中介语口语语料库(简称为"KHSKKC")构建过程包括语料收集、文本转写、语料标注、语料库检索工具的开发,具体流程如图 1 所示。

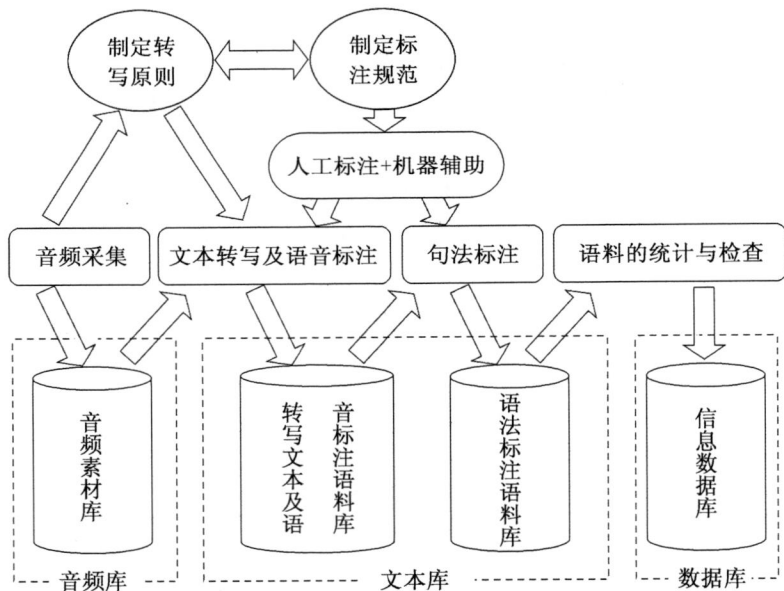

图 1 KHSKKC 建设流程图

3.2 语料的来源及预处理

本语料库的语料来源于在韩国举行的汉语水平口语考试的现场录音。汉语水平口语考试(HSKK)分为初级、中级和高级三个等级,不同等级口语考试的考试内容均分为三个部分(见表 1)。

表 1　HSKK 考试内容分布

考试内容 \ 考试等级	HSKK(初级)	HSKK(中级)	HSKK(高级)
第一部分	听后重复(15 题)	听后重复(10 题)	听后重复(3 题)
第二部分	听后回答(10 题)	看图说话(2 题)	朗读(1 题)
第三部分	回答问题(2 题)	回答问题(2 题)	回答问题(2 题)

　　口语语料库音频库的二级目录为考试等级(初级、中级、高级);每一个考试等级内按照考试年份、考场代码、考生代码依次建立目录。每一个考生的所有音频根据考试内容的不同划分为 T1、T2、T3 三个子任务。在转写语料时,三个子任务转写为对应的三个 txt 文件,保证音频库和文本库的结构层次清晰、便于管理。图 2 展示了音频库和文本库的库结构。

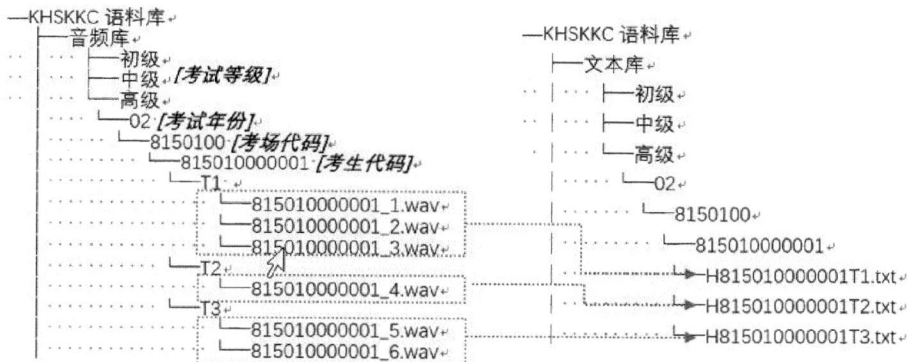

图 2　音频库和文本库目录树

　　如一个考生的全部音频因噪音太大而无法进行转写,就将该考生的所有音频删除。如一个考生的大部分音频比较清晰、符合转写条件,为了最大限度保留并记录音频内容,将该考生的全部音频整理归档,并依次进行转写,其中因噪音或者音质受损而无法转写的音频在文本库中对应的位置标记为〈无效〉。

3.3　语料的转写与标注

　　在新的技术条件下,母语口语语料的转写已非常方便快捷,而汉语中介语口语语料因大量的语音问题使自动转写准确率偏低,不得不仍然选用耗时费力的人工转录方式。为此,我们制定了 KHSKKC 语料库的转写原则与标注规范。

转写音频语料遵循真实性原则,包括三个层面。一是忠实于考生原表达,不做任何修改或删减,如实录入或进行标记。对于非正常停顿和转写人反复听仍无法辨识的字词或字串不做猜测,而用标记来代替。二是口语语料里存在大量的"嗯""啊""呃"等语气词均要如实转写,以为后期研究提供真实材料。三是一些非言语成分,如音频中考生的笑声和一些如呼气、咳嗽等伴随语音现象也要原样标示,以为口语表达情态研究、流利度研究提供真实佐证。

为避免转写后重复听录音进行语音现象处理,最大限度地减少多人同时作业造成的听辨严格度、准确度不一致问题,在确立转写原则的前提下,参考北京语言大学《全球汉语中介语语料库》口语语料的转写与标注规范(张宝林,2019),我们制定了较为细化的转写和标注规范。

口语语料转写时,转录员边听边转写,在转写的同时需对文本语料进行语音层面的标注。对于如何确立口语语料库标注内容,张宝林(2019)指出,"说话时伴随的一些语音现象,例如笑声、咳嗽声之类,以及拖长的声音。这些语音现象不一定是偏误,在这里进行标注只是为了方便",而我们认为非偏误语音现象对口语不同维度的研究深具意义,因此标记时将其直接分为对语音现象的标注和对语音偏误的标注两类。其中语音现象的标记共有 9 个,语音偏误的标记共有 7 个。具体标记详见表 2。

表 2　语音标记详表

语音现象标记		语音偏误标记	
标注项目	标注代码	标注项目	标注代码
非正常较长停顿	［Yp］	声调偏误	［Yd］
语音存疑	［Y?］	声母偏误	［Ys］
字串语音存疑	［Yc?］	韵母偏误	［Yy］
语音疑似	［Yz?］	整字偏误	［Yw］
外语词语存疑	［Yw?］	轻声偏误	［Yq］
话语标记	［嗯］［啊］［呃］	儿化偏误	［Ye］
笑声	［L］	重音偏误	［Yz］
句子未完	［Ww］		
伴随语音现象	［咳嗽］［呼气］等具体的语音现象		

完成中介语口语语料转写和语音层面标注后,我们对文本语料进行了句法层面的标注。句法标注仍延续之前"国别化汉语中介语发展语料库"笔语库的标注模式,进行基础标注和偏误标注(胡晓清,2018)。基础标注是对语料中

正确的语言现象进行的标注,偏误标注是对语料中不正确的语言现象进行的标注。目前我们对语料进行了分词处理、基本句式的正误标注等。

3.4 KHSKKC 检索系统的开发

KHSKKC 检索系统是基于 Matlab2016a 软件开发的一个可执行文件,旨在为用户提供便捷的查询与统计功能。采用 Matlab 软件开发检索系统的优势在于 Matlab 是一种解释性语言,程序调试非常便捷;同时,Matlab 软件自带大量的函数库,非常便于复杂算法的开发。此外其后续的功能扩展容易实现,另外添加其他功能只需在原软件上再加挂相应的处理函数即可。

该检索系统可以生成语料库的字表与词表,也可以根据用户的需求,使用信息组合进行检索范围的限定,对语料库进行检索查询,对各项标注信息进行统计分析和数据提取。

四、语料库建设中的难点和解决对策

4.1 转写难点及解决对策

口语语料转写是转录者对音频语料的听辨和转录的过程,需要真实准确地记录学习者的口语表达内容。但由于很多考生特别是口语水平较低的考生发音不够准确或者发音不到位,声调、发音错误(如声母偏误/韵母偏误等)或者模糊现象非常普遍。难点是应如何处理上述现象。比如例(1),在音频中,学习者将"旅行"的"旅"说成了"liu",如果在转写时写为"流行",其实违背了说话者的本意,也会给后期的句法标注带来困难。

(1)我的爱好是【旅】[Yy]行。去年,我去【旅】[Yy]行上海的时候,我对【旅】[Yd]行很感兴趣,因为上海的夜景非常感动。

我们采取的处理对策是,如果转写者能够准确判断出此处对应的正确用字或用词,则先录入正字、正词(即正确的字、正确的词)再打上声调偏误或声母偏误/韵母偏误等标记。如果转写者能够听清语音但由于表义模糊无法判断考生所用字或词,则以汉语拼音代替该字、词。如果发音听不清楚,无法判别正字,也无法替写为拼音,则用无法识别的标记【[Y?]来表示。

4.2 分词和词性标注的难点及解决对策

汉语中介语口语语料除存在语音偏误、词语和句法偏误外,还有大量的停顿甚至中断、重复和修复,导致机器自动分词的效果极差。所以在现有的中介语口语语料库建设中鲜有对语料进行分词和词性标注。但在汉语中介语语料库库群建构理念下,为与笔语语料库对齐,以便后期进行汉语学习者口笔语语料库对照研究,我们选择尝试对口语语料进行分词和词性标注。

4.2.1 对于预标记被分词的处理

因为对口语语料转写的同时就进行了语音标注的标记,这些标记对自动分词产生极大的干扰,如例(2)。分词后原文中所有的预标记都被切分。为此,我们自编了程序,在人工校对分词结果之前,先通过程序对标注文本进行清洁后再对其进行人工校对。

(2)我以前偶来偶尔参加朋友聚会,因为我最喜欢的我喜我最喜【欢】[Yd]在家【吃】[Yd]巧克力[L]。

自动分词后:

我/r 以前/f 偶/d 来/v 偶尔/d 参加/v 朋友/n 聚会/v,/w 因为/p 我/r 最/d 喜欢/v 的/u 我/r 喜/Ag 我/r 最/d 喜/Ag【/w 欢/a】/w[/wYd/n]/w 在家/v【/w 吃/v】/w[/wYd/n]/w 巧克力/n[/wL/n]/w。/w

人工校对后:

我/r 以前/f 偶/d 来/v 偶尔/d 参加/v 朋友/n 聚会/v,/w 因为/p 我/r 最/d 喜欢/v 的/u 我/r 喜/Ag 我/r 最/d 喜【欢】/v[Yd]/w 在/p 家/n【吃】/v[Yd]巧克力/n[L]。/w

4.2.2 对于语素的处理

中介语口语语料中,由于学习者在口语表达时有大量的停顿、重复或者修复,而产生了很多非"词"的成分,这些成分有的是语素,有的是非语素字,在语料标注中要加以区分。如:

(3)或者/c 我/r 喜/Vg 我/r 也/d 喜欢/v 和/p 姐姐/n 聊天/v,/w 但是/c 现在/t 我/r 变/v 我/r 变化/v 了/y,/w 我/r 喜欢/v 参加/v 朋友/n 朋友/n 们/k 的/u 聚会/v。/w

上述语料中由于学生自我修正出现了"变"和"喜"两个修正项,前者标为动词,后者标为语素。

4.2.3 对于生造词的处理

生造词是二语学习者在表达中常见的偏误,是学习者根据母语推演出或目的语泛化演变出的、汉语中不存在的"词"（如下例中的"高学"）。那么到底要不要给生造词标记词性呢？如果不对其进行任何标记，在分词中就可能会与其前/后的词结合起来，造成分词的麻烦。我们的处理策略是在语料标注中将生造词标记为[Sz]，但不加注词性。如例（4）所示。

（4）我/r 觉得/v 我/r 的/u 印象/n 最/d 深/a 的/u 一/m 位/q 老师/n 是/v 耐心/a 的/u 老师/n,/w 我/r【高学】[Sz]的/u 时候/n,/w 我/r 的/u 学习/v 成绩/n 不/d 好/a,/w 可是/c 老师/n 耐心/a 等/v 我/r,/w 努力/v 教/v 我/r。/w

4.3 最大检索化的处理

语料库检索软件有转写语料查询的功能，用户可以根据需求检索字、词或者字符串。之前"韩国留学生汉语中介语发展语料库（笔语）"的检索软件不能检索到像"见……面"的用法，此次口语语料库的检索软件对此进行了改进。此外，在对检索软件"转写语料查询"功能进行测试时发现，由于语料中已有语音标记，如果一个词中的某个语素有预标记的话，在"转写语料查询"时，该词所在语句无法检索到。如例（5）中的"孤【单】[Yd]/a"，如要查询"孤单"的使用情况，在"转写语料查询"功能界面的查询项直接输入"孤单"，查询不到"我/r 在/p 我/r 我/r 没/d 感到/v 孤【单】[Yd]/a,/w"。为此，我们在检索软件后台程序中将标注文本的预标记进行自动"清洁"，处理后，即使被检索项有标记也能顺利提取。

（5）但是/c 但是/c 参加/v 朋友/n 们/k 的/u 朋友/n 们/k 朋友/n 聚会/v,/w 我/r 在/p 我/r 我/r 没/d 感到/v 孤【单】[Yd]/a,/w 所以/c 的/u 自然/a 的/u 我/r 也/d 自然/a 我/r 经常/d 参加/v 朋友/n 聚会/v。/w

五、本语料库存在的问题与建设展望

韩国学习者汉语中介语口语语料库的建设，目前来看，存在以下问题。

（1）语料库需要进一步扩容。一是单纯从数量上来讲，目前的语料规模还不够大，与 400 余万字的笔语语料数量相比差距较大。二是从语料来源看，目前主要是纯 HSK 口试语料，形式不够多样。Eric Friginal，Joseph J. Lee 等（2017）至少已采集了学术英语课堂上的学习者话语、英语会话访谈中的学习者话语、同伴反馈活动中的学习者话语等不同口语语料类型。因此,我们的语料库下一步将拓展到日常交际口语、课堂表达口语等领域。现已搜集40小时以上的日常交际对话口语,随后将不断探索,以进一步丰富语料库中的语料形式。

（2）需构建国别化汉语中介语口语语料库。应将单国别的汉语学习者口语语料库扩建为国别化的汉语中介语口语语料库。所谓国别化语料库不是多个单国别语料库的叠加,而是一种建库理念和范式,是以国别化研究为导向,以某个单国别语料库建设为基础,根据不同国别学习者特点,对建库原则、语料采集、标注规范等进行适应性调整,以链条延展式进行不同国别语料库的建设。本次单国别的汉语学习者口语语料库是国别化汉语中介语口语语料库的先行探索,为下一步体系化建库提供参考依据。同时,语料采集的方式也应从松散的、较为随意的各国别学习者语料采集,发展为更为严密的共同主题的不同国别学习者语料采集。这一点 Gaëtanelle Gilquin, Sylvie De Cock & Sylviane Granger 等(2010)已经有了良好的示范。

（3）在人工智能飞速发展的现在,母语语料库(Native Corpora)已可实现自动录入,文本加工也日益智能化。汉语中介语语料库受制于学习者的偏误干扰,在语料的录入、加工、处理等方面仍然是人工化多于智能化。口语语料的转录则因学习者语音的偏误或模糊不清导致效率低下。如何能够借用更为智能化的手段加快口语语料的处理,也是下一步应探索的方向。

参考文献

[1] 崔希亮,张宝林,2011. 全球汉语学习者语料库建设方案.《语言文字应用》第2期.

[2] 甘瑞瑗,2006."国别化"对外汉语教学用词表制定的研究. 北京:北京大学出版社.

[3] 中华人民共和国教育部国家语言文字工作委员会(2010).汉语国际教育用音节汉字词汇等级划分(GF0015—2010). 北京:北京语言大学出版社.

[4] 国家汉语水平考试委员会办公室考试中心,2001.汉语水平词汇与汉字等级大纲. 北京:经济科学出版社.

[5] 胡晓清,2018.国别化汉语中介语动态语料库建设理念、实践与前瞻.《山东师范大学学报(人文社会科学版)》第5期.

[6] 胡晓清,许小星,2018.国别化汉语中介语动态语料库建设与研究. 北京:中国社会科学出版社.

[7] 李如龙,2012.论汉语国际教育的国别化.《语言教学与研究》第5期.

[8] 刘英林,马箭飞,2010.研制《音节和汉字词汇等级划分》探寻汉语国际教育新思维.《世界汉语教学》第1期.

[9] 权立宏,2017.小型汉语口语语料库建设探讨.《广东外语外贸大学学报》第4期.

［10］文秋芳,王立非,2008.中国学生英语口笔语语料库.北京:外语教学与研究出版社.

［11］吴伟平,2010.语言习得汉语口语语料库(LAC/SC)的建设与实用研究,首届汉语中介语语料库建设与应用国际学术讨论会论文,南京大学.

［12］杨翼,李绍林,郭颖雯,田清源,2006.建立汉语学习者口语语料库的基本设想.《汉语学习》第 3 期.

［13］张宝林,2002."HSK 动态口语语料库"总体设计.语言测试的跨学科探索.北京:华语教学出版社.

［14］张宝林,崔希亮,2015.谈汉语中介语语料库的建设标准.《语言文字应用》第 2 期.

［15］张宝林,等.2019.汉语中介语语料库标注规范研究.北京:北京大学出版社.

［16］Eric Friginal, Joseph J. Lee, Brittany Polat & Audrey Roberson. 2017. Exploring Spoken English Learner Language Using Corpora Learner. *Springer Nature*.

［17］Gilquin, De Cock & Granger (eds.). 2010. *LINDSEI (Louvain International Database of Spoken English Language)*. Presses universitaires de Louvain.

二语习得研究"需求侧"视角下的汉语学习者语料库建设①

曹贤文

（南京大学）

提　要：二语习得研究与学习者语料库建设具有密切的互动关系。一方面，利用学习者语料库提供的大规模语料有助于揭示二语发展规律，促进二语习得研究；另一方面，二语习得理论为设计高质量的学习者语料库提供了有力支撑，二语习得研究的需要大大推动了学习者语料库的建设力度，二语习得研究方法的发展则对学习者语料库的建设水平提出了更高的要求。本文尝试从当前二语习得研究"需求侧"视角，分析汉语学习者语料库建设与二语习得研究的互动发展趋势，探讨如何加强汉语学习者语料库建设以便更好地满足二语习得研究的需要。

关键词：汉语中介语语料库；二语习得研究；"需求侧"视角；互动发展

近年来，基于大规模真实文本的、定量与定性分析相结合的研究方法正逐渐成为汉语教学与习得研究的一种主要方法，学习者语料库②的基础平台作用日益受到重视。除了语言教学、辞书编纂和语言处理等方面的需要以外，二语习得研究也对建设高质量的学习者语料库提出了迫切需求。在语料库语言学研究中，有"语料库指引"（corpus-informed）、"基于语料库"（corpus-based）、

————————————

①　本研究得到语言资源高精尖创新中心项目"汉语中介语语料库建设创新工程"（编号：KYD17004）、教育部哲学社会科学研究重大课题攻关项目"全球汉语中介语语料库建设和研究"（编号：12JZD018）和国家社科基金项目"动态系统理论视角下汉语二语发展中的变异研究"（编号：14BYY088）的资助。本文刊载于《华文教学与研究》2020年第1期。

②　本文采用Granger等（2015：1）的定义，学习者语料库即中介语语料库，学习者语言即中介语，对两种表述不做区分。

"语料库驱动"（corpus-driven）等研究路径（梁茂成，李文中，许家金，2010；Callies，2015），这些研究路径可视为根据语料库之于语言与语言教学研究的作用，从语料库资源平台的"供给侧"视角所做的分析。本文则尝试从当前二语习得研究"需求侧"视角，分析汉语学习者语料库建设与二语习得研究的互动发展趋势，探讨如何加强汉语学习者语料库建设以更好满足二语习得研究的需要。

一、学习者语料库建设与二语习得研究的互动发展趋势

1.1 学习者语料库建设与二语习得研究的互动关系

学习者产出的书面和口头数据一向是二语习得研究的关键资源。Myles & Mitchell（2004：173）认为，"二语习得研究除了清晰的理论框架以外，最宝贵的资源是可使用的高质量数据"。崔希亮、张宝林（2011）也指出，汉语中介语语料库在对外汉语教学相关研究中发挥了巨大作用，作为基于大规模真实文本分析方法所依托的基础工程，作为国际汉语教学研究的基础性平台，高质量的汉语中介语语料库的建设需求日益凸显。

国际上学习者语料库著名专家 Granger 等（2015：1）主编的《剑桥学习者语料库研究手册》中，将学习者语料库定义为"按照明确的设计标准收集汇编的，由外语或二语学习者产出的自然数据或近乎自然数据的电子集合"。并总结了利用学习者语料库进行研究的两大优点：第一，这些数据库通常非常大，包含了大量学习者，无疑比只涉及有限学习者的少量数据样本更有代表性；第二，语料库为电子数据格式，可使用软件工具提取和分析，不但可提供以往需要花费大量人力物力进行大规模调查才能获得的数据，而且大大提高了分析和研究的效率。

二语习得研究与学习者语料库建设存在密切的互动关系。一方面，学习者语料库的出现大大便利了二语习得研究，利用学习者语料库提供的大规模语料有助于深入揭示二语发展规律，建设学习者语料库可有效促进二语习得研究；另一方面，二语习得理论为设计高质量的学习者语料库提供了有力支撑，二语习得研究的需要大大推动了学习者语料库的建设力度，二语习得研究方法的发展则对学习者语料库的建设水平提出了更高的要求。例如，在学习者语料库建设的早期阶段，主要关注的是描写而非解释，这一阶段的学习者语料库基本上是相对简单的共时语料集合。不过这种状况已逐渐发生变化，近

年来,学习者语料库建设开始重视以二语习得理论作为设计的基础,并在建设目标中更自觉地追求能有效服务于二语习得研究。

施春宏、张瑞朋(2013)认为,"就目前建库实践而言,中介语语料库的建设基本上都是研究目标驱动的"。针对汉语学习者语料库建设的现状,郑艳群(2018)呼吁,"应重视基于教学或学习理论研究的语料库建设,这类语料库目前尚属空白"。因此,有必要从二语习得研究"需求侧"视角系统地思考汉语学习者语料库建设,以二语习得研究前沿理论和方法为指引,以更好满足二语习得研究实践需要为目标,建设能有效服务于二语习得主要研究范式的高质量汉语学习者语料库。

1.2 汉语中介语语料库建设与汉语二语习得研究

早在 20 世纪 90 年代,北京语言大学首开先河,建成首个真正意义上的汉语中介语语料库——"汉语中介语语料库系统"。近年来,不少大学或研究机构已建成或者正在建设一批不同类型的汉语中介语语料库。例如:北京语言大学的 HSK 动态作文语料库和全球汉语中介语语料库、南京师范大学的外国留学生偏误信息语料库、鲁东大学的多层偏误标注的汉语中介语语料库、中山大学的汉字偏误中介语语料库、暨南大学的留学生中介语语料库、香港中文大学的语言习得汉语口语语料库、南京大学的汉语中介语口语语料库等等。

通过汉语中介语语料库建设实践的锻炼,以及围绕各项研究课题所需研究团队的组建、专业学术研讨会的定期召开、相关学术刊物所给予的支持,汉语中介语语料库建设和研究逐渐形成了一支比较稳定的专业学术队伍,成为一个充满活力的学术领域。例如,为了共同探讨汉语中介语口语语料库的建设、应用和研究,促进海内外相关领域专家、学者之间的交流与合作,进一步推动汉语中介语语料库建设与基于语料库的汉语教学研究的发展,北京语言大学、南京师范大学、南京大学、福建师范大学、扬州大学和美国莱斯大学等高校已经联合召开了五届"汉语中介语语料库建设与应用国际学术讨论会",以及三届"汉语中介语口语语料库建设与应用国际研讨会"。通过这些有组织的定期学术研讨,学界在汉语中介语语料库的建库目标、语料采集、语料标注、检索使用等方面取得了一定的共识,为推动语料库建设及共建共享奠定了重要基础。

由于得到了汉语中介语语料库的有力支撑,最近一二十年来,基于汉语中介语语料库的研究得到较快发展,取得了不少代表性成果,例如,基于以往四届会议并已正式出版的四届《汉语中介语语料库建设与应用国际学术讨论会论文选集》,集中展示了汉语中介语语料库建设与应用研究的最新成果。同时,《语言文字应用》《世界汉语教学》《语言教学与研究》等核心刊物相继发表了一批本领域的高质量论文,另外一批基于汉语中介语语料库的二语习得研究著作也陆续出版。

施春宏、张瑞朋(2013)指出,"不同的语料库自然体现出不同的研究理论和研究方法,或者说不同的语料库必须满足不同的研究理念和研究方法"。从已有的汉语中介语语料库所体现的二语习得理论和方法来看,或者从基于汉语中介语语料库的过往习得研究来看,主要采用了以下几种学习者语言分析理论和方法。

1.2.1 偏误分析

偏误分析是由英国爱丁堡大学教授 Corder(1967)最早提出的理论和方法,是对学生学习第二语言过程中所犯的偏误进行分析,总结偏误的类型和偏误产生的原因,从而发现第二语言学习者产生偏误的规律。20 世纪 80 年代鲁健骥(1984)首先把偏误分析方法和中介语理论引入汉语二语习得研究。三十多年来偏误分析在对外汉语教学界受到了普遍重视,产生了一大批研究成果,涵盖了语音、词语、语法、语篇、语用和汉字等各个方面。汉语二语习得研究中偏误分析的研究成果数量最多,不过,其缺点也显而易见:只分析学习者语言错误的部分,对学习者语言的正确部分则弃置不谈。"偏误分析的最大弱点在于只研究中介语的偏误部分,而且是横切面式的静态分析,并未研究中介语的正确部分。其结果,只能了解学习者未掌握的部分,而不能了解学习者已掌握的部分。这就割裂了中介语体系,看不到中介语的全貌及其动态的发展轨迹。"(刘珣,2000:202)

1.2.2 频率分析

频率分析是研究中介语表现的一种主要方法,与偏误分析只研究语言偏误不同,频率分析关注学习者语言中各种特征的使用频率,既研究中介语的错误部分,也研究正确部分,是研究学习者语言表现、习得顺序和发展过程的常用分析方法[①]。频率分析法通过对学习者语言特征的正误情况进行统计和分析,来描述和解释语言表现、习得顺序和习得过程,与只关注中介语偏误情况的偏误分析相比,是一种进步,不过频率分析仍是一种比较简单的中介语表现分析方法,由于其测量指标比较单一,仍不足以全面地描述中介语的特征和规律。

---

① 例如,在汉语二语习得顺序研究中常用的"正确使用相对频率法"和"蕴含量表法"都是以频率分析法为基础。

1.2.3　中介语对比分析

中介语对比分析是比利时鲁汶大学教授 Granger(1996)提出的一种基于学习者语料库的中介语分析方法。根据 Granger(1996)的中介语对比分析模型,这种分析方法包括两个方面的比较:一是中介语与目标语的比较,以揭示二者之间的异同,反映中介语的多用、少用和误用等使用特征,这是中介语对比分析的核心部分;二是不同母语背景的中介语语料的比较,以反映不同母语背景的学习者的语言输出情况,揭示不同学习者群体的中介语使用特征。在提出上述分析理论和方法的同时,Granger 率先创建了"英语学习者国际语料库"(International Corpus of Learner English),开启了相关实践研究。近年来,这种方法开始进入汉语二语习得研究领域,并取得了一些研究成果(邢红兵,辛鑫,2013)。不过,作为早期的中介语对比分析法,这种方法也存在一些缺陷。对此,Granger 进行了反思和总结:既未考虑到由于功能变量和地域变量对参照语的多样性的影响,也未能考虑任务变量、学习者个体变量等对中介语变体的影响。针对中介语对比分析的缺陷,Granger(2015)提出了中介语对比分析 2.0 模型,详见下文。

二、二语习得研究和中介语分析方法的发展趋势

上文所述的三种分析方法是已有的汉语中介语语料库作为建库研究目标的主要理论和方法,也是目前基于汉语中介语语料库的习得研究所用的主要方法。近年来,随着二语习得理论的发展,二语习得研究和中介语分析方法不断进步。下面是目前国际上分析学习者语言研究中采用较多或正在发展的一些分析方法,可供汉语中介语语料库建设时借鉴和参考。

2.1　中介语多元对比分析(CIA 2.0)

在 Granger 提出的早期中介语对比分析模型里,主要是中介语与目标语的比较、不同母语背景的中介语之间的比较。之后,学界在此基础上继续探索,中介语对比进一步扩展到相同母语背景的不同水平中介语的比较,学习者母语与中介语的比较,学习者母语、中介语和目标语三者之间的比较,不同任务条件下的中介语比较,相同学习者不同纵向发展阶段的中介语比较,学习者口语与书面语语料比较,双语或多语环境下学习者母语或传承语(heritage language)与第二语言发展的比较等方面,中介语对比分析发展成为多因素、多层面、多角度的多元比较分析。

由于中介语是一个高变量,受多种多样的语言、情境和个体因素的影响,中介语的变异性非常突出。为了弥补早期中介语对比分析的缺陷,Granger(2015:17)提出了中介语对比分析 2.0 模型(图1),突出强调中介语和参照语(reference language)的变异性,以及该模型的多元互动对比特征,是中介语对比分析的新发展。我们将它称为"中介语多元对比分析"。

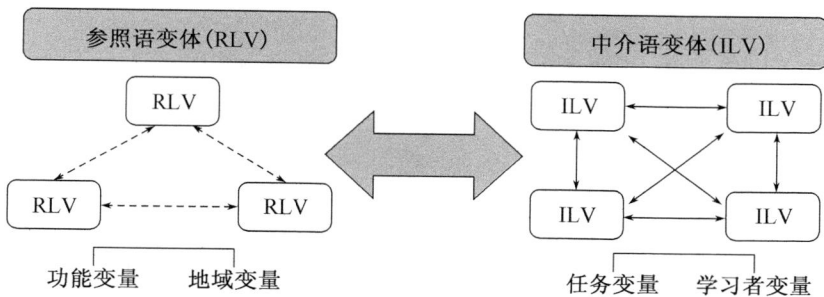

图 1　中介语对比分析 2.0 模型

2.2　二语多维表现分析

二语多维表现分析,也叫"三性"分析,或"四性"分析。根据国外学者的研究(Wolfe-Quintero et al. , 1998),测量学习者语言发展的综合表现通常包括三个维度:复杂性(complexity)、准确性(accuracy)和流利性(fluency),简称为"三性分析"(CAF analysis)。20 世纪 90 年代以来,该分析方法逐渐发展出一套针对学习者语言表现的测量指标,并形成了相对可靠实用的操作框架。在此基础上,一些学者就如何完善多维表现分析法提出了补充思考。例如,文秋芳、胡健(2010)提出在"三性"的基础上,需增加一项多样性,与复杂性、准确性和流利性一起组成"四性分析"。多维表现分析通过采用综合测量框架可以更全面地展现学习者语言的面貌,并有利于揭示中介语系统多维互动发展的规律。目前汉语二语习得研究中单维表现分析较多,多维表现分析较少。由于建库时设计目标的局限,迄今已建成的汉语中介语语料库仍难以全面支持多维表现分析。

2.3　二语动态发展分析

传统的二语习得研究或多或少把学习者语言发展视为连续渐变的线性发展过程,而新兴的动态系统理论(Larsen-Freeman, 1997; van Geert, 2008; Larsen-Freeman & Ellis, 2009)认为,学习者语言是一个复杂、动态的发展过程,发展过程充满了非线性的变异和变化现象。二语动态发展分析将学习者的语言发展变化作为核心内容,追踪学习者语言发展的非线性动态轨迹,描述发展中的各种变异特征。二语动态发展研究基本上都采用纵向历时设计,采用"移动极值图表"(moving min-max graph)、"相变"(phase transition)等方法来描述学习者语言的发展变化,该分析方法对于揭示二语发展的非线性变化过程和变异特征解释到位。不过,要广泛运用这种历时动态发展分析方法,需要大量中介语纵向发展语料的支持。

2.4 学习者个体因素与语言表现的相关分析

学习者的语言系统是一个动态发展系统,其发展从来都不是一种孤立的语言现象,发展过程受到各种内外因素的影响。只有通过分析语言变量与各种内外因素之间的复杂互动,才能比较全面真实地揭示汉语二语习得特征和发展规律。为了研究学习者语言表现与影响因素的互动规律,除了需要得到大规模中介语语料支撑,也需要获得影响中介语发展的各种变量的信息。在采集中介语语料的同时,除了补充学习者的性别、年龄、国籍、母语背景、汉语水平等常用的学习者元数据以外,在条件允许的情况下,还可以选择一些重要的学习者个体因素变量,分门别类进行问卷或实验采集,如学习动机、学习信念、学习策略、语言学能、认知风格、身份认同、情感焦虑等。通过学习者个体因素与语言表现的相关分析,可深入研究学习者个体因素对中介语形成和发展的影响。

2.5 各种社会语言学因素与语言表现的互动分析

二语习得研究的首要目标是描述和解释哪些因素影响学习者语言的发展及其变异和变化,从而制定有效的教学和学习策略,提供最好的帮助来促进语言学习,改善语言表现,提高语言水平。除了要加强学习者个体因素与语言表现的相关分析以外,也要重视各种社会语言学因素与语言表现(特别是中介语的变异性)的互动分析。在采集中介语语料的同时,可以选择一些重要的社会交际因素,如交际参与者、交际情境、交际目的、表达方式、文本类型、输入频率、任务类型、反馈方式等,进行定向采集。通过社会交际因素与语言表现的相关分析,可深入研究学习者语言变异表现及其影响因素之间的发展规律。

2.6 多模态二语话语分析或互动分析

模态是指"人类通过感官(如视觉、听觉、触觉等)跟外部环境(如人、机器、物件、动物等)之间的互动方式"(顾曰国,2013)。人类与外界的交互是多模态的,学习者语言能力是在多模态交互中建构和发展的。多模态分析可探讨二语发展与非语言要素之间的互动关系。例如,利用多模态视频语料,包含经过转写、处理与标注的语言文本及与文本紧密关联的音视频数据,分析二语表达过程中学习者的手势、姿势、目光、表情及场景等非语言符号与二语之间的互动关系。此外,从文本、声音、图像等多模态视角分析二语人机互动以及二语语音识别、手势识别、情感识别等方面的应用研究也日益受到重视。

2.7 双语或多语发展分析

我们生活在一个多语世界,双语或多语存在于同一个国家的情景很普遍,世界上有大量人口在多语言家庭、社区和社会中生活和学习,很多国家的教育都发生在多语背景下,双语或多语人是未来社会的发展趋势。描述和解释双语环境中的语言互动规律、个人双语或多语能力的发展,以及超语言技能(translanguaging)的培养,日益成为学界关注的焦点。由于缺少多语环境下的多语发展语料,个人多语能力的发展、多语的产生和理解、多语与认知的关系等方面的研究很不够。以往二语习得领域有较多研究分析过一语对二语的迁移,而二语对一语的反向迁移则研究很少,二语、三语等非母语之间互相产生的语际影响研究也十分缺乏。此外,海外华裔汉语学习者的华语传承语(heritage language)与所在地区主导语言或其他语言之间多语能力的互动发展状况和规律也亟须加强研究。

2.8 学习者网络二语交际能力及其发展分析

随着宽带无线移动通信技术的进一步发展和 Web 应用技术的不断创新,我们正处在一个全新的信息时代,网络世界日益与现实世界交互重叠在一起,人们的生产方式、生活方式和学习方式正在发生深刻变化。为了适应网络时代的学习和生活,学习者网络二语能力及其发展开始受到关注。可利用学习者网络交际语料,如通过网络聊天室、微信、QQ、博客、多人在线游戏、MOOCs 课程等收集到的学习者语料,分析学习者网络二语交际能力及其发展,或分析线上线下二语互动发展规律。

三、适应二语习得研究新需求的
汉语学习者语料库建设展望

以上是近年来兴起的分析学习者语言的一些重要方法,代表了基于学习者语料库的二语习得研究的发展趋势。本文总结这些研究方法,并非期望所有的二语习得研究数据都由学习者语料库提供,而是希望在建设学习者语料库时,能够确立先进的建库理念和研究目标,能够多考虑如何为二语习得研究提供亟须的数据支持。施春宏、张瑞朋(2013)指出,"基于不同的研究观念和方法,自然会建立不同特征的语料库"。因此,汉语中介语语料库建设应关注二语习得研究的理论、方法和使用需求,从而提高语料库的价值和使用效率。为了更好满足未来二语习得研究的发展需要,我们认为,可从以下几个方面加强学习者语料库建设方法论的思考和相关建设实践工作。

3.1 建设好"全球汉语中介语语料库"

与国外同类研究相比,基于汉语学习者语料库的中介语对比分析研究发展得不够充分。目前的研究主要集中在中介语与本族语语料、不同水平等级中介语语料之间的比较,至于不同母语背景的学习者语料、相同学习者不同任务条件下的语料、不同纵向发展阶段语料、学习者口语与书面语语料等方面的比较研究则很薄弱。另外,已有研究中介语对比分析的维度单一,大都只是针对某个语法项目的使用频率、正确率或错误率进行对比,至于中介语其他发展维度(如复杂性、流利性等)的综合比较则很缺乏。究其原因,很大程度上是由于已有的汉语中介语语料库规模较小,语料不够全面,各语料库之间缺少统一的建设标准,功能比较单一且大都未能实现共享,因而难以提供足够的、可以从不同层面和维度进行对比分析的丰富语料。

目前由北京语言大学牵头、国内外多家单位参与共建的"全球汉语中介语语料库"正在推进中,该语料库得到教育部重大攻关项目和北京语言大学语言资源高精尖创新中心的大力支持,秉承共建共享、整合开放的理念,有效克服了现有语料库规模小、语料不全面、标注内容不丰富、背景信息简单等不足。目前"全球汉语中介语语料库"已经完成了语料收集、书面语语料录入、口语和视频语料转写、标注规范的研制,以及语料库建设与应用综合平台的开发等工作。建设一个"语料样本多、规模大、来源广、阶段全、背景信息完备、标注内容全面"(崔希亮,张宝林,2011)的"全球汉语学习者语料库"是一项极具挑战性的任务,我们期待该语料库建成后能够更好地为汉语二语习得研究服务,能够满足中介语多种分析方法的需要。

3.2 加强汉语中介语多维语料库建设

现有汉语中介语语料库基本是单模态的,其标注也基本是以偏误标注为核心的单维标注,通常只能提供基于偏误或正确性的单维分析,难以进行复杂性、流利性、多样性等维度的多维分析。多维语料库与多模态语料库不同,多模态语料库指语料由文本、声音、图像等不同模态构成,而多维语料库主要强调从语料的准确性、流利性和复杂性等不同维度来呈现语言表现。从目前语言表现多维指标的标注和检索来看,流利性指标可望通过计时软件自动实现,准确性指标可通过偏误标注反向呈现,复杂性和多样性指标在现行语料库基础标注的基础上增加相应内容也可以实现。目前,国内汉语中介语多维语料库还没有完成建设,现有语料库远远不能满足中介语多维表现分析所需数据的要求。"多维度语料库从某种程度上打破了单模态和多模态语料库的界线,可以说是语料库从一维到多维再到立体的建设发展的必然趋势。"(周文华,2015)今后需要加强中介语多维表现分析所需数据的采集、标注和检索平台的设计等工作,积极推进汉语中介语多维语料库建设。

3.3　建设好汉语中介语动态发展语料库

在二语习得理论的发展历史中,早期的个案追踪及其纵向发展研究发挥了重要作用(Ellis,2008)。近年来,二语发展的动态系统理论成为热点之后(van Geert,2008;Larsen-Freeman & Ellis,2009),采集纵向发展语料,开展动态发展研究受到学界关注。目前汉语中介语语料库基本都是共时截面语料库,历时纵向语料库十分缺乏。一些学者提出,可利用不同语言水平等级语料构建类历时语料库(quasilongitudinal corpus),以解决纵向语料缺乏的问题(Granger,2002;颜明,肖奚强,2017)。不过,Gass & Selinker(2008:56)把这类数据称为"伪纵向数据"(pseudolongitudinal data),认为用分层截面数据来取代纵向数据,其有效性充满争议。类历时语料库有一个基本假设:二语是线性发展的,习得过程是线性渐增的。然而二语发展并非总是连续上升的过程,学习者的进步模式除了线性上升或下降以外,也包括 N 形、Ω 形、V 形、U 形等不同模式(文秋芳,胡健,2010),非线性过程是二语发展的常态。

客观地说,类历时语料和真正的历时语料都是需要的,各有其效用。"对于研究汉语二语习得过程,既需要截面数据,也需要纵向数据,纵向追踪语料库起着共时语料库难以替代的作用。"(曹贤文,2013)因此,需要花大力气采集中介语发展过程中的多波纵向数据,通过加强汉语中介语动态发展语料库建设,来支撑相关二语习得研究,尤其是深入考察中介语在时间轴上的变异和变化表现,对学习者中介语系统的动态发展轨迹作出比较完整的描述和解释。

3.4　建设好中介语及其影响变量联动数据库

中介语的发展从来都不是一种孤立的语言现象,其发展过程受到各种内外因素的影响。只有通过分析语言变量与各种内外因素之间的复杂互动,才能比较全面真实地揭示汉语二语习得特征和发展规律。施春宏、张瑞朋

(2013)指出,"无论是社会语言学,还是中介语理论/语言习得理论,最重要的目标就是描写和解释语言变异现象。而建立相应的语料库,必然要对制约语言变异的因素作出合理而充分的说明"。因此,要加强中介语与多种影响变量之间的联动数据收集和整理工作,建设中介语及其影响变量联动数据库。影响中介语发展的变量数据,主要包括三类:学习者元数据、个体差异数据和各种任务情境数据。学习者元数据包括学习者的性别、年龄、国籍、母语背景、汉语学习时间、汉语水平等基本信息。个体差异数据包括学习动机、学习信念、学习策略、语言学能、认知风格、身份认同、情感焦虑等学习者认知心理方面的变量数据。任务情境数据包括交际情境、表达方式、文本类型、输入频率、任务类型、反馈方式等社会互动方面的数据。已有的汉语中介语语料库,一般都或多或少包含着学习者的一些元数据,但缺少影响学习者语言的其他变量数据,因而无法使用相关语料和数据进行更深入的分析和研究,今后需要重视将中介语语料与多种影响变量的联动数据分批打包收集和整理。

3.5 建设好汉语学习者多模态语料库

黄伟(2015)认为,"开展汉语中介语多模态语料库建设与研究工作不仅是汉语学习者语料库建设的有益补充,更能够在汉语作为第二语言的教学与习得研究领域发挥作用"。建设好汉语学习者多模态语料库,不但可以为分析二语表达过程中学习者的手势、姿势、目光、表情及场景与二语之间的互动关系提供丰富的数据,还可以提供犹豫、不流畅等副语言现象和情感状态方面的信息,甚至是皮肤电阻、心率、呼吸等生理信号方面的信息。由于多模态语料库包含着非常丰富的非语言数据,国外多模态语料库一般不采用传统的"语料库"(corpus)命名,而是使用"数据库"(database)的称谓。与传统语料库相比,建设汉语学习者多模态语料库是一次观念和技术的突破,在多模态数据的收集、多模态图像与视频分析软件的研发、多模态数据的标注以及检索平台的设计等方面都带来了全新的挑战,正因如此,多模态语料库将可以为汉语二语习得研究提供前所未有的丰富信息。

3.6 建设学习者多语发展语料库

广义的多语语料库是含有两种及以上语言的语料库,是"任何系统收集的实证性语言数据,其收集的目的是为了让语言研究者能够对多语个体、多语社会以及多语交际进行分析"(Schmidt & Wörner, 2012:XI)。全球话语已进入多语时代,多语制(multilingualism)将成为一种生活方式,个人多语言能力是融入世界的重要技能。通过建设汉语学习者多语发展语料库,将可以为分析学习者的多语能力发展和多语交际规律提供必要的语料。尤其是海外华裔传承语学习者的汉语与当地主导语言的双语或多语发展语料,对于研究华语传承语的特点、传承语习得规律以及与主导语言之间的互动消长关系将会起到非常重要的支撑作用。

3.7　建设汉语学习者网络交际语料库

网络为我们提供了新的交际方式,也提供了新的话语平台。随着互联网和信息技术的飞速发展和日益普及,网上交流已经成为人们学习、生活及参与社会活动的重要方式。虚拟化的网络交际与传统的现实交际愈来愈融合在一起,为研究二语学习者的语言发展带来了全新的课题。通过收集学习者在网络聊天室、微信、QQ、博客、多人在线游戏、MOOCs 课程等平台中产生的汉语语料,建设汉语学习者网络交际语料库,将可以为研究学习者网络二语交际能力及其发展过程,以及分析线上线下二语互动发展规律提供有力的数据支持。

除了加强上述汉语学习者语料库的建设以外,还应继续建设一些聚焦汉语特征的专门语料库,如汉语学习者语音语料库、汉语学习者汉字语料库等,以重点支持与汉语的独特性有关的习得研究。由于二语习得理论和研究方法日益多元,着眼于满足其研究需求的汉语学习者语料库的建设可以采取两条路径并行发展,以适应不同的研究需要:第一,采取共建共享的方式,联合学界力量建设通用型的大型语料库,适应常规分析方法,满足一般性研究需求;第二,鼓励建设个性化、专门化的小型语料库,作为支持新理论、新方法的探索,如果该研究范式逐渐由边缘成为主流,则这种专门化的小型语料库可进一步发展为大型语料库。

汉语中介语语料库建设的根本目的是为教学与研究服务,不过"由于建库实践中存在的随意性,现有的语料库尚不能完全满足汉语教学与研究的使用需求……目前,汉语中介语语料库建设中存在的随意性,已经成为制约语料库建设发展的关键问题"(张宝林,崔希亮,2015)。本文根据二语习得研究和中介语分析方法的发展趋势,结合汉语学习者语料库的建设实践,分析"需求侧"视角下汉语学习者语料库建设的相关问题,目的是想减少汉语中介语语料库建设的随意性,强化以应用为导向的语料库建设和研究,以便根据新的形势和发展需要,以前瞻性的构想和设计,加强合作、共建共享,提高汉语中介语语料库的建设水平,在静态、单一维度语料库的基础上进一步建设动态、多维、多模态、多语、网络交际语料库,推动各种类型的语料库的建设和发展,尽可能满足汉语中介语分析理论和方法的需要,更好地服务于语言习得研究和汉语国际教育事业。

参考文献

[1] 曹贤文,2013. 留学生汉语中介语纵向语料库建设的若干问题.《语言文字应用》第 2 期.

[2] 崔希亮,张宝林,2011. 全球汉语学习者语料库建设方案.《语言文字应用》第 2 期.

[3] 顾曰国,2013. 论言思情貌整一原则与鲜活话语研究——多模态语料库语言学方法.《当代修辞学》第 6 期.

[4] 黄伟,2015. 多模态汉语中介语语料库建设刍议.《国际汉语教学研究》第 3 期.

[5] 梁茂成,李文中,许家金,2010. 语料库应用教程. 北京:外语教学与研究出版社.

[6] 刘珣,2000. 对外汉语教育学引论. 北京:北京语言文化大学出版社.

[7] 鲁健骥,1984. 中介语理论与外国人学习汉语的语音偏误分析.《语言教学与研究》第 3 期.

[8] 施春宏,张瑞朋,2013. 论中介语语料库的平衡性问题.《语言文字应用》第 2 期.

[9] 文秋芳,胡健,2010. 中国大学生英语口语能力发展的规律与特点. 北京:外语教学与研究出版社.

[10] 邢红兵,辛鑫,2013. 第二语言词汇习得的中介语对比分析方法.《华文教学与研究》第 2 期.

[11] 颜明,肖奚强,2017. 论汉语中介语语料库建设的基本问题.《语言文字应用》第 1 期.

[12] 张宝林,崔希亮,2015. 谈汉语中介语语料库的建设标准.《语言文字应用》第 2 期.

[13] 郑艳群,2018. 汉语教学资源研究的新进展与新认识.《语言文字应用》第 3 期.

[14] 周文华,2015. 汉语中介语语料库建设的多样性和层次性.《汉语学习》第 6 期.

[15] Callies, M. 2015. Learner corpus methodology. In Granger, S., G. Gilquin & F. Meunier (eds.) *The Cambridge Handbook of Learner Corpus Research*. Cambridge: Cambridge University Press.

[16] Corder, S. P. 1967. The significance of learners' errors. *International Review of Applied Linguistics* 5: 161—170.

[17] Ellis, N. & D. Larsen-Freeman (eds.) 2009. *Language as a Complex Adaptive System*. Chichester, West Sussex: Wiley-Blackwell.

[18] Ellis, R. 2008. *The Study of Second Language Acquisition* (2nd edition). Oxford: Oxford University Press.

[19] Gass, S. M. & L. Selinker. 2008. *Second Language Acquisition: An Introductory Course* (3rd edition). Oxford: Taylor & Francis.

[20] Granger, S. 1996. "From CA to CIA and back: An integrated contrastive approach to computerized bilingual and learner corpora". In K. Aijmer, B. Altenberg & M. Johansson (eds.) *Languages in Contrast: Papers from a Symposium on Text-based Cross-linguistic Studies*. Lund: Lund University Press: 37—51.

[21] Granger, S. 2002. A bird's-eye view of computer learner corpus research. In Granger

S., Hung J. and Petch-Tyson S. (eds.) *Computer Learner Corpora, Second Language Acquisition and Foreign Language Teaching*. Amsterdam & Philadelphia: Benjamins: 3—33.

[22] Granger, S. 2015. Contrastive interlanguage analysis: A reappraisal. *International Journal of Learner Corpus Research* 1(1): 7—24.

[23] Granger, S., G. Gilquin & F. Meunier. 2015. *The Cambridge Handbook of Learner Corpus Research*. Cambridge: Cambridge University Press.

[24] Larsen-Freeman, D. 1997. Chaos/complexity science and second language acquisition. *Applied Linguistics*, 26: 141—65.

[25] Myles, F. 2008. Investigating learner language development with electronic longitudinal corpora: Theoretical and methodological issues. In Ortega, L. & H. Byrnes(eds.) *The Longitudinal Study of Advanced L2 Capacities*. New York: Routledge.

[26] Schmidt, T. & K. Wörner (eds.) 2012. *Multilingual Corpora and Multilingual Corpus analysis*. Amsterdam: John Benjamins.

[27] Van Geert, P. 2008. The Dynamic Systems approach in the study of L1 and L2 acquisition: An introduction. *Modern Language Journal* 92: 179—99.

[28] Wolfe-Quintero, K., S. Inagaki & H. Kim. 1998. *Second Language Development in Writing: Measures of Fluency, Accuracy, and Complexity*. University of Hawaii, Second Language Teaching and Curriculum Center.

语言学习的语境及语料库标示[①]

刘运同

（同济大学）

提　要：语境是影响语言学习的一个重要因素，但是如何界定语境因素，或者更具体一点在中介语语料库建设中如何标示语境因素，仍然需要进一步的讨论和明晰。本文将对一些重要的语境因素进行讨论，并提出一个粗线条的语境分类系统。

关键词：语言学习；语境；语料库建设；汉语中介语语料库

一、引　言

研究者都承认，影响语言学习的因素有很多种，每一个特定的语言教学环境都是由多种因素综合决定的，都与另一个语言学习环境不同。但是在语言学习或者语料库语言学研究中，除了特殊的情形以外，研究者针对的都是某一类型的语境，而不是某一个特殊的语境。在习得研究或者语料库研究中如何抽取、确定不同的学习类型，在中介语语料库建设中如何标示语境因素，这些问题仍然需要进一步的讨论和明晰。本文将对一些重要的语境因素进行讨论，并提出一个粗线条的语境分类系统。

---

①　本研究得到教育部哲学社会科学研究重大课题攻关项目（批准号：12JZD018）、语言资源高精尖创新中心项目（编号：KYD17004）的资助。

二、几组重要的语境类型

2.1 汉语作为第二语言(CSL)与汉语作为外语(CFL)

必须指出,虽然文献中经常出现第二语言或外语的区别,但在不同的研究者那里这些概念的内涵却有所区别。比如 D. Wilkins(1972:150—153)在讨论英语教学时认为,英语作为第二语言教学(ESL)是指一些前英国或法国的殖民地的英语教学语境,在那些国家因为没有一种地方语言能起到国语的作用,只好采用前殖民者的语言,如印度、坦桑尼亚等国的英语教学。这种语境的英语教学的特点是以当地英语作为规范,而不是英国英语或者美国英语,因为英语教学的目的是用于国内交流,而不是国际交流。

在《朗文语言教学与应用语言学词典》中,对于英语作为第二语言(English as a Second Language)有三种解释,第一种解释是指"英语国家的移民及少数民族使用的英语。这些人可能在家里或朋友之间使用母语,但在学校或上工时使用英语,有时也叫操其他语种者的英语(English for Speakers of other Languages 或 ESOL)"(2000:155)。

目前很多研究者(束定芳,庄智象,1996:29—33;吴勇毅,2016:10—12)认为区别第二语言和外语的关键是目标语在教学环境中的有无及功能,比如很多研究者认为,外国人在英国或美国所接受的英语教学就是英语作为第二语言教学。相应地,外国留学生在中国接受汉语教学就是汉语作为第二语言教学,外国人在自己的国家接受汉语教学就是汉语作为外语教学。

汉语虽然作为第二语言或作为外语的区分是很有用的,但是也遇到一些难题,如:如何界定中国境内的少数民族学生的汉语学习?如何界定华人的汉语学习?中国的少数民族学生学习汉语通常被认为是第二语言教学(束定芳,庄智象,1996:31;吴勇毅,2016:10),因为把它定义为外语教学显然是不合适的。华人的汉语教学情况比较复杂一些。1991 年马尼拉菲律宾侨中学院邀请中国对外汉语教学专家吕必松教授就第二语言教学问题做了 9 场讲演,之后出版了《华语教学讲习》一书。书中把菲律宾的华语教学定位为第二语言教学。但马来西亚独立中学的华文教学若用第二语言教学来概括就不那么准确,因为大多数独中接收的是华人学生,采用华语作为教学语言,把中华文化的传承放在十分重要的位置。

2.2　正式的(课堂)教学与非正式的语言学习

这对概念的区分跟语言教学研究中的另外一对概念有关:学习(learning)与习得(acquisition)。根据束定芳、庄智象(1996:34—35)的总结,习得主要指母语学习的过程,这一过程被一些语言学家看作是一种自然成熟的过程。20世纪80年代,美国学者Krashen据此提出了Monitor Theory(监控理论),把学习与习得作为一组对立的概念。Krashen认为习得是学习者掌握外语的唯一渠道,习得只有在自然的语言环境下才能产生;学习(特别是正式课堂的学习),通过对语言规则的有意识的训练和学习,不可能导致习得。但许多外语教学研究者不赞同Krashen如此绝对地看待二者之间的关系,一些研究者坚持,正式的课堂教学同样可以帮助学习者获得交际能力。还有的研究者认为,即使是在正式的课堂教学中也可以提供不同形式的语言输入,既可以帮助学习者获得未加分析的语言知识(即习得),也可以帮助学习者掌握自动且经过分析的语言知识(即学习)。

同时必须指出,这一对概念的区分也跟上述第二语言学习与外语学习的区分有关系。研究者认为,第二语言学习与外语学习的一个关键区别就是在第二语言学习环境中存在着大量的与目标语接触的机会,可以帮助学习者无意识地习得(在严格意义上使用该术语)一些语言能力。

2.3　正式课堂教学进一步的区分

即使我们确定正式的课堂教学是一个大的教学类型,我们仍然需要对这一大类进行下位的区分,如中学的课堂教学、大学的课堂教学。或者从形式上看,存在普通的课堂教学、一对一教学、网络或远程学习等等。虽然一些研究者对一对一教学或网络环境下的教学组织方式和优势多有讨论,但对不同的教学环境对学习者学习汉语的影响却缺乏研究。

2.4　课堂教学依据教学方式作区分

普通课堂教学形式还可以依据教学方法的不同进一步区分为:传统课堂、沉浸课堂、交际法课堂等等。

所谓传统的课堂教学形式指以3P模式为特点的课堂教学模式,它是"汉语教学采用最多、最普遍的课堂教学模式"(吴勇毅,2016:89)。研究者(吴勇毅,2016:91)认为,3P模式基本上是一个以语言形式为核心的课堂教学模式,对意义和内容的表达注意不够。沉浸式教学(Immersion Programme)是"双语教学的一种形式,只说一种语言的学童在以另一种语言为所有学生的教学媒介的学校里上课。例如,加拿大为操英语的学童设立的学校,那里法语为教学语言"(Richards,Platt and Platt,2000:217)。交际法(Communicative Approach)并不是一种教学方法,而是一种教学理念或理论。它广泛吸收多种教学法的优点,"强调交际过程,如不同的场合下恰当地使用语言;运用语言执行各种任务,如解决难题、获得信息等;运用语言与人们进行社交"(Richards,Platt and Platt,2000:81)。已经有一些研究试图找出不同的学校学习方式或环境对语言学习的影响,如 Feed 等(2004)做的一项研究,对比了三组不同的学习环境:常规的课堂教学(AH)、沉浸式教学(IM)和到目标语国家学习一段时间(SA)。研究发现在流利度方面 IM 组的学习者进步最明显,SA 组的学习者虽然在一些变量上有改进,但不如 IM 组学习者明显。

2.5　一个初步的分类

综合考虑以上不同的语境类型,我们初步提出一个语言学习的语境分类框架,图示如下:

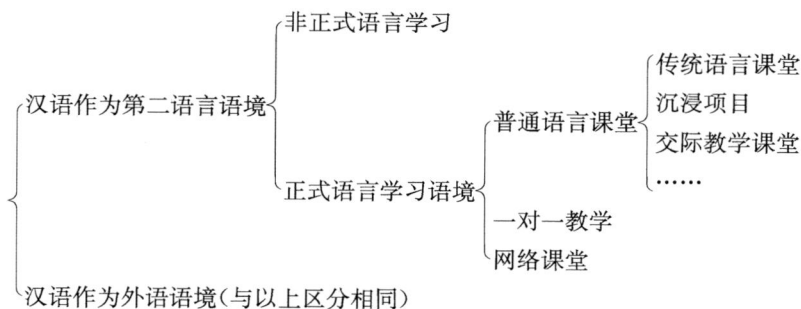

汉语作为第二语言语境
- 非正式语言学习
- 正式语言学习语境
  - 普通语言课堂
    - 传统语言课堂
    - 沉浸项目
    - 交际教学课堂
    - ……
  - 一对一教学
  - 网络课堂

汉语作为外语语境(与以上区分相同)

这个分类是综合文献中对语言学习环境的论述提出的,它涵盖了最基本的语言学习环境类型。我们也注意到,其他研究者基于其他目的提出过另外的分类方法,如李宇明(2009)[①]根据汉语与学习者的文化关系和语言习得的顺序这两项指标,将汉语教学划分为五种类型:1) 汉语作为第一语言的母语教学,如国内的中小学汉语教学;2) 汉语作为第二语言的母语教学,如海外华人华侨子弟的汉语教学;3) 少数民族的国家通用语言教学;4) 汉字圈国家的汉语教学,如日韩学生的汉语教学;5) 非汉字圈国家的汉语教学,如欧美学生的汉语教学。这种分类方法针对汉语教学提出,给人很多启发,但无法与应用语言学文献中的类型进行兼容。另外,汉语作为"第二语言的母语教学"这个提法似乎也有自相矛盾之处。

---

① 感谢中央民族大学国际教育学院娄开阳博士向作者提供此信息。

三、小 结

本文依据研究者对语言学习环境的讨论初步提出了一个语境分类框架，目的是抛砖引玉，引起研究者对此问题的重视和研究。需要进一步研究的问题包括，在语言习得研究及应用语言学研究中到底存在那些因素对语言学习的结果产生影响？如上文提到一些研究者把到目标语国家学习看作是一个重要因素。语境因素之间的关系是什么，是否存在层级关系？

"HSK 动态作文语料库"收录的是在中国大陆学习的留学生的作文，语料类型和学习环境单一。虽然它作为一个大型语料库已经发挥了很好的作用，并产生了许多成果，但是必须看到它本身所存在的局限性，不仅包括语料在时间上的滞后，也包括类型上的单一。所幸北京语言文化大学牵头承担的教育部重大攻关课题"全球汉语中介语语料库建设和研究"正在推进当中。从项目名称就可以看出，此项目建成之后将极大地改变原有语料库的规模和语料类型。在搭建全球汉语中介语语料库时，对语料的元信息（meta-information）的界定和标识就变得十分重要。其中一项重要的信息就是语料来自何种语言学习环境，到底标志何种语境信息，以什么样的结构形式来标志，这些工作都必须纳入语料库总体设计的工作之中。Gilquin（2015：31）在谈到语料库建设的未来研究方向时指出，"一个急迫的工作是对学习者语料库的元信息进行标准化"，最好"采用特定的格式，以便各个语料库之间可以进行比较"。有了丰富而且统一的语料元信息，不仅将完善汉语中介语语料库的功能，对未来以语料库为基础的研究工作提供极大的便利，也将改变目前语料库研究中研究类型和方法略显单调的局面。

同时，在语料库研究中或者更广泛的语言学习研究中，对语言学习与语境关系的研究也可以采用个案研究、先导研究等方法，来更明确地确立哪些因素对语言学习起到重要的作用。这样的研究也为语料库建设的研究打下坚实的基础。这就是我们期待的基础研究与语料库研究互相促进的关系。

参考文献

[1] 李宇明，2009. 海外华语教学漫议.《华文教学与研究》第 4 期.

[2] 吕必松，1992. 华文教学讲习. 北京：北京语言学院出版社.

[3] 束定芳，庄智象，1996. 现代外语教学：理论、实践和方法. 上海：上海外语教育出版社.

[4] 吴勇毅，2016. 对外汉语教学法. 北京：商务印书馆.

[5] Feed, B. F. , Norman Segalowitz and Dan P. Dewey. 2004. Context of learning and second language fluency in French: Comparing regular classroom, study abroad, and intensive domestic immersion programs. *Studies in Second Language Acquisition* 26: 275—301.

[6] Gilquin, G. 2015. From design to collection of learner corpora. In S. Granger, G. Gilquin and F. Meunier (eds.), *The Cambridge Handbook of Learner Corpus Research* , 9—34. Cambridge: Cambridge University Press.

[7] Mukherjee, J. and Sandra Götz. 2015. Learner corpora and learning context. In S. Granger, G. Gilquin and F. Meunier (eds.), *The Cambridge Handbook of Learner Corpus Research*. Cambridge: Cambridge University Press.

[8] Richards, J. C. , John Platt and Heidi Platt. 2000. *Longman Dictionary of Language Teaching and Applied Linguistics*. Beijing: Foreign Language Teaching and Research press.

[9] Wilkins, D. A. 1972. *Linguistics in language teaching*. London: Edward Arnold.

汉字结构识别偏误与部件信息库建设构想①

郭　菁

（福建师范大学）

提　要:汉字结构识别偏误是学习者对汉字结构的错误认知。它较为隐蔽,从认读、书写两种典型的汉字表达活动中难以观察到,通过汉字结构判定与汉字拆分等练习则可以显露出来。汉字结构识别偏误可分外部结构识别偏误与内部结构识别偏误两类。研究汉字结构识别偏误,既依托于建设专门的汉字结构识别偏误语料库,更需要建立一个基于汉字部件规范的教学导向的部件信息库。部件规范对于汉字的教学拆分所具有的指导作用并不是绝对的,因为教师必须考虑到汉字字理的变化,以及学习者的汉语水平、接受能力。

关键词:汉字结构识别偏误;内部结构;部件规范;部件信息库;汉字教学

一、汉字结构识别偏误

汉字偏误研究通常以认读和书写偏误为研究对象。认读和书写是汉字教学的两大环节,我们对学生认读的要求可以概括为知音知义、正确读字,对学生书写的要求可以概括为知形知序、规范写字。知音知义与知形知序属于汉字认知层面,是汉字信息输入并存储在人脑的活动与状态;正确读字和规范写字则从属汉字的表达层面,是汉字信息从人脑中被激发并进行汉字输出的活动。在汉字认知过程中发生的偏误是汉字认知偏误,在汉字读写过程中产生

---

①　本文已发表于山东理工大学学报(社科版)2018 年第 5 期。

的偏误是汉字表达偏误。汉字认知偏误在人脑之中,通过一定条件显现出来,比如最常见的汉字认读、书写活动,汉字认知偏误就转化为汉字认读和书写的偏误。当然也有很多认知无误而读写出错的情况,但按照偏误分析的原则(肖奚强,2001:47),应该归为不小心偶然出现的"失误",并非偏误研究的对象。然而,汉字认知偏误不独表现为认读与书写偏误,一部分汉字认知的问题在认读与书写的汉字表达过程中无法外化显露,只在某些特定的练习活动中展现出来。笔者从事汉字教学多年,在带领学生做汉字结构判定与汉字拆分练习时,每学期都会看到学生将"我"判定为左右结构,将"寄"首先拆分为"宀"与"可"(图1)。此类错误与学生的国别、年龄等背景无关,反映的是学生对汉字结构的错误认知,可以称为汉字结构识别偏误。

图1 "寄"的结构识别偏误例子

综上所述,我们可将汉字结构识别偏误的特性概括为:(1)是一种汉字认知偏误,是学生对汉字结构的错误认知;(2)具有较高的隐蔽性,认读、书写中难以观察到;(3)通过汉字结构判定与汉字拆分等特定的练习可以显露出来。这些特性使得汉字结构识别偏误明显区别于汉字认读、书写偏误,所以应进行专门的考察。搜集此类偏误所建的小型语料库,也是独立的专门化的汉字偏误语料库。汉字结构识别偏误的整理与研究,将会是汉字偏误研究的重要补充。

二、两种汉字结构识别偏误

前面所说的将"我"判定为左右结构、将"寄"首先拆分为"宀"与"可",分别代表不同的汉字结构识别偏误。汉字结构可以分为外部结构和内部结构,陶晓东指出,外部结构是"纯粹的字形外观结构"(陶晓东,1996:70)。通俗领域所说的汉字结构通常指的是外部结构,首先分为独体结构和合体结构,合体结构按照构字部件间的位置关系,又有左右、上下、包围等几大类别。独体与合体判定的关键在于能否拆分——不可拆分、直接由笔画组成的是独体字,能够拆分、由部件构成的是合体字。《现代常用字部件及部件名称规范》(2009:2)

有一条拆分规则是"笔画交叉重叠的，不拆分"，按照这条规则，"我"字中部一横贯穿左右，所以不做拆分。类似的还有"里""果""束""串""出""秉""事"等字，它们都有贯穿的笔画，也都不能拆分。将"我"误判为左右结构，就是分不清独体和合体结构，对汉字外部结构识别不清造成的偏误。对于外部结构识别偏误，一旦教师说清判定规则，指明贯穿笔画，学生注意观察并反复练习就能很快掌握，外部结构识别偏误比较容易纠正。

而将"寄"首先拆分为"宀"与"可"，则是对汉字内部结构缺乏了解导致的偏误。就"寄"来说，正确拆分得出"宀"和"奇"，其中"宀"为形旁，"奇"为声旁，这要求学生掌握"寄"与"奇"的字音，同时对形声字也有一定的了解。学生没学过"奇"而学过"可"，"宀"符合"宀"固定居上的构形规律，所以能拆分出"宀"与"可"还是一种"聪明"的偏误，应该说这种偏误是有积极意义的，将会随着学生识字量的增加而逐渐减少。对于汉字内部结构识别偏误，有两种不同的处理办法。一是进行形声字知识的简单讲解，并且给出"寄""奇"的读音，说明这是声旁。至于"宀"作为形旁，表示有房可凭依、寄居，这"寄"的本义，与初级词语"寄信"中"寄"的义项关联不大，所以不适合讲解。一是将"寄"的部件拆分延至学习了"奇"或者"椅""骑"以后，形成一个声旁系联的字族——奇：椅、骑、寄，然后再要求学生做"寄"的拆分练习就可以减少偏误的发生。认识汉字的内部结构虽然有一定的难度，但是"汉字的结构特别是内部结构是汉字认知的重要内容，汉字结构分析特别是内部结构分析是汉字认知的重要途径"（李大遂，2006:19）。

汉字内部结构的认知要求师生都掌握"偏旁分析"的传统文字学方法，在汉字教学进入合体字阶段之后，从合体字分析出基础部件固然是一种拆分方式，但涉及汉字表意文字本质的还是偏旁分析的拆分形式，也就是从理据功能的角度对汉字进行逐层拆分。因此，在我们的汉字课堂上，教师示范并要求学生进行汉字"偏旁分析"的练习，如"想"要首先拆分为"相"与"心"，"相"是声旁，"心"是形旁，"相"可以再分为两个基础部件"木"和"目"。如果学生一次性拆分为"木""目""心"，就不是偏旁分析，只是基础部件拆分，教师会要求学生更正为偏旁分析。汉字的理据拆分一开始也许会让人觉得比较烦琐，但长此以往地坚持下来，学生逐渐形成举一反三的偏旁分析能力，真正体会到汉字以形声字为主的特点，这种偏旁分析能力是自学汉字、扩大识字量的关键所在，也是系统高效、健康长远地学习汉字的根本途径。

要研究两种汉字结构识别偏误，大量搜集偏误材料、建立汉字结构识别偏误的语料库是一项很重要的预备工作。只有从大量的偏误材料中，才能总结出学生习得汉字结构时的普遍问题，对汉字教学提出相应的建议。

我们刚开始对汉字结构识别偏误进行整理，目前搜集得到的数量还很少，以下仅举图 2 中典型 6 例做简要分析。

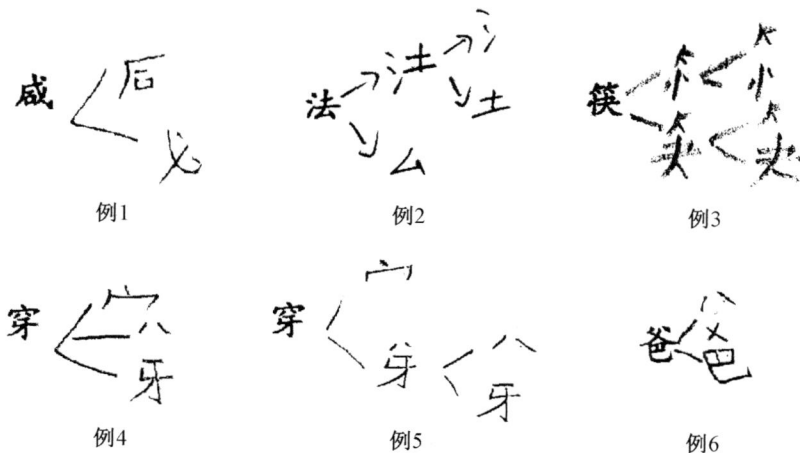

图 2　两种汉字结构识别偏误的典型例子

例 1—3，主要是汉字外部结构识别偏误。例 1 将包围结构的"咸"判定为左右结构，拆分为"后"和"戈"，没有掌握"笔画交叉重叠的，不拆分"的规则。例 2、例 3 没有正确辨识出一级部件，例 2 的"氵""去"，例 3 的"⺮""快"都是一级部件，导致外部结构识别错误——左右结构的"法"误判为包围结构，上下结构的"筷"误判为左右结构。

例 4—6，主要是汉字内部结构识别偏误。例 4、例 5 的"穿"按字理是从"穴"从"牙"的会意字，内部结构分析要分析出两个形旁"穴""牙"，例 4、例 5 都是因为学生没有掌握构字较少的基础部件"穴"（常用字范围构字 24 个），所以无法辨识出这一部件，因此拆分出更常用、更熟悉的"宀"（常用字范围构字 104 个）。例 4 和例 5 的不同在于例 4 是当作平面结构只做一次拆分，例 5 则按照层次结构拆分两次，例 5 的拆分可能是受到"寄"的影响，"寄"与"穿"形体非常接近，因此如果学生对"寄"的层次拆分印象较深，就可能负迁移影响对"穿"的拆分。例 6 的"爸"按字理是从"父""巴"声的形声字，内部结构分析要分析出形旁"父"与声旁"巴"，例 6 没有辨识出"父"，而把基础部件"父"误拆为"八"与"乂"。

三、基于部件规范的部件信息库建设

　　少量的偏误材料只能得到零星的分析结果,更深入的分析解读有待更多偏误的积累,去建立一个小型的专门语料库,而作为偏误来源的学习者的具体信息,如国别、汉语背景等也需要在语料库中一一输入。比起建立专门的汉字结构识别偏误的语料库,构建一个基于部件规范的部件信息库要更为迫切,这主要有以下几方面的原因。

　　第一,部件规范应该成为汉字部件教学的指导,但规范出台后,因为掌握困难和查询不便,在教学领域的运用并不普遍。1997 年,首个国家部件规范文件出台,拆分两万余字的 GB 1300.1 字符集得到 560 个基础部件;2009 年又发布了《现代常用字部件及部件名称规范》,拆分 3 500 个常用字得到 514 个基础部件,更强调部件规范在汉字教育上的运用及字理依据在部件拆分中的重要性——"本规范适用于汉字教育、辞书编纂等方面的汉字部件分析和解说,也可供汉字信息处理等参考……本规范中部件拆分的原则是:根据字理、从形出发、尊重系统、面向应用。"(2009:1—2)两个部件规范在拆分原则、规则上都有区别,不能互补使用,显而易见的是后者更适用于汉字教学。

　　然而新部件规范在教学领域的运用并不普遍,主要是因为规范掌握起来难度不小,查询起来耗时耗力。部件规范是文本形式,只给出拆分原则与规则,以及每个基础部件的 1—4 个构字例字,具体 3 500 个常用字的拆分情况是看不到的。教师要知道常用字的规范拆分,首先要熟悉部件拆分原则和规则,具体到某个字的拆分时,还要先查看这个字是不是基础成字部件(独体字),是则不分,如果不是,又要看它可能拆分出的部件的构字例字中有没有它,有则可以确认,没有的话,基本上就很难确定。因此,只有全面依据部件规范拆分过 3 500 个常用字,核对过全部构字例字以及部件规范的构字数,建立起数字化的可直接检索的部件信息库,教学领域的普遍运用才有可能真正实现。

　　第二,部件信息库可以促进部件规范的普及化,尤其是推动规范在教学领域的运用。2011 年,台湾学者发文讨论了在"中文部件组字与形构资料库"基础上建立的"中文部件、偏旁及整字查询与分析系统",指出通过此系统使用者可以"获得基本属性和组字知识的形音义指标,亦可依华语词汇规范限定产出范围,便利汉字教与学"(Chen & Chang:292—300)。研究首次提出建立部件数据库的设想,并将部件数据库与汉字教学密切联系起来,具有深远的启发意义。而该研究以台湾繁体字及汉字拆分规范为本,无法照搬套用于大陆实际,因此应该借鉴他们的思路,建立以大陆部件规范为基础的部件信息库。通过部件信息库,师生能够查询到部件名称、笔画数、构字数等基本信息,进一步完善后,输入部件能够查询该部件的全部构字,反过来输入汉字也能够查询到该字的具体部件拆分情况。也就是说,部件信息库首先是面向运用的部件规范的数据库化,使用者不需要掌握拆分原则与规则,而只要输入部件或者具体构字,就能轻松查询有关部件的各种规范信息以及有关该构字的规范拆分情况,显然会大为促进部件规范的普及,特别是在教学领域中,部件规范的运用会成为如同查字典中汉字字音和字义那样非常自然、寻常的事情。

建立基于部件规范的部件信息库是我们目前的主要研究方向。建库的工作主要有三块内容。

一是将《现代常用字部件及部件名称规范》基础部件表的全部信息数据库化,建立"基础部件表"数据表,电子存储形式的表格,包括了部件名称、部件笔画数、部件构字例字、部件构字数等基本信息,可以实现部件基本信息的快捷查询。这一部分的内容我们现已完成。

二是严格依照《现代常用字部件及部件名称规范》,就 3 500 个现代常用字进行拆分。具体来说,是先掌握《现代常用字部件及部件名称规范》的拆分原则、规则,查询已建的"基础部件表",通过部件构字数、出现次数等数据的比照核对,最终确定 3 500 字的具体部件拆分情况,建立"现代常用字部件拆分情况"数据表。这一部分的工作我们正在进行中。

三是将完成的"基础部件表"与"现代常用字部件拆分情况",以及教学中常用的汉字、词汇等级大纲彼此关联,经由互联网技术,建成一个可以交互的网络部件信息库。教师和学生既可以使用网络部件信息库快捷查询,也可以将查询中出现问题或者汉字教与学中的有关问题进行反馈,还可以促进部件信息库的完善与更新,建库后期还可以增设教学使用建议模块,集中总结运用部件信息库于教学的注意点。这些都能加强部件信息库的实用价值。

还有一个进阶的工作内容有待将来完成,就是对部件理据功能进行分析,形成部件理据信息表。部件是否具有理据功能,这一理据功能现在是否依旧,即部件是否为形旁、声旁,而形旁、声旁现在还能不能表意与示音。这些信息对于汉字内部结构教学来说非常重要,也应该纳入部件信息库中去。

四、汉字的规范拆分与教学拆分

汉字部件信息库以部件规范为依据,能够为教师和学生拆分汉字提供便捷可靠的查询服务,也是判定学生汉字结构识别是否存在偏误的主要依据。然而,按照部件规范进行的汉字规范拆分,与从教学需要出发做出的汉字教学拆分并不全然相同。应当承认,部件规范具有的指导作用并不是绝对的、无条件的。

首先,部件规范并非尽善尽美,个别汉字的拆分规则并不统一。如"京"与"交"从造字法来说都属于象形字,"京"像高台建筑(李学勤,2012:476),"交"像人腿部交叉,初文均为独体而不可分割;从现代字形来看,它们都不再象形,有相离、相接的部件,具备拆分的前提条件。虽然两字情况非常接近,但按新部件规范,前者不拆分,后者则拆分为"六""乂",是为拆分规则不统一。又如"今""令"与"刀""刃"两组字,从造字法来说,"今"为指事字,像倒过来的口,口中一横,指示口有所言,是"吟"的本字;"刀"是象形字,像一把刀的样子;"令"也从倒口,下加一人表示对人发号施令。如果按字理解析,"今""令"两字都应分出"亼"(源自倒口形),但是部件规范拆分规定"今"不可拆分,"令"拆分为"今"和"丶";再比照"刃","刃"无论从字形上还是从字理上,都可以分析为象形的"刀"字上附加一个指示刀刃位置的"丶",然而部件规范以"刃"为基础部件不做拆分,这也是让人感到十分费解的。

其次,汉字字理会发生变化,有些字的理据拆分客观上就存在难度。汉字本身具有多样性和复杂性,在漫长的历史演变中,从外部结构到内部结构,都可能经历巨大的变化,汉字的理据可能传承下来,也可能削弱、丧失,或者是重新得到构建。王宁在《说文新证·序》中说:"《说文》字义讲解的是字理,字理是发展的,每个时代的字理都有重构现象,不是与字源全然相同的。"也就是说,因为字理改变的缘故,使得一些字客观上就是难作拆分的。例如,"真"按初文字形为从"贝""匕"声的形声字("贝"或作"鼎"),后来"贝"讹作"目",其下又增"丌"(李学勤,2012:723),发展至现代字形,可见的每个形体要素都是讹变的结果——"十"变化自"匕"、"目"变化自"贝"或"鼎"、"六"变化自"丌","目"已经与"六"黏合共笔而无法分开,到底"真"该怎么拆分呢? 无论分作"直"与"八",还是分作"十"与"具",都不是理据拆分。又如"炭",如果只从现代字形来看,相信大多人首先拆分出"山"与"灰",因为我们拆字时习惯于先拆出最大可辨识的形体成分,这种习惯通常是没有问题的。但是"炭"真正的字理是从"火","岸省"声,"岸省"声写作"屵",下部的"厂"后来讹变为"ナ",与"火"组合出"灰"字,但"灰"对于"炭"来说,并非具有理据的偏旁,因此"炭"这个现在内外结构相矛盾的字也是难以理据拆分的汉字。

再次,汉字的教学拆分要充分考虑学生的汉语水平与接受能力,理据拆分未必总是最佳选择。比如从"言""射"声的形声字"谢",外部结构是左中右的合体结构,字形比较复杂,但是因为构词"谢谢"为基本礼貌用语,汉字等级 1 级,所以是学生最早学的汉字之一,我们教这个汉字时还在笔画教学阶段,合体字与形声字知识均未讲授,按理据拆分"讠""射"讲解费劲,"射"又不是典型的声旁,学生不容易接受理解,所以直接拆分为"讠""身""寸"更加直观更为合适。

综上可知,我们在构建基于部件规范的部件信息库的同时,也应该着眼教学需求,补充相应的教学拆分建议,这一项工作还有待进一步细化与深入探索。李华指出:"部件规范指导了汉字教学,同时汉字教学实践亦进一步促进汉字部件规范的完善。"(李华,2017:765)所言甚是。既然新部件规范以教学为首要运用领域,那么教学中的运用反馈也会成为改进完善部件规范的重要指标。研究汉字结构识别偏误,构建基于部件规范的部件信息库,研究部件规范在教学中的运用,以教学反馈改进部件规范,这几项工作似分实合,结合开展起来就会彼此促进,形成良性循环(参见图 3),能够使得部件教学法在汉字教学中运用得更加规范科学,师生汉字教与学的效率效果都得到进一步的提升。

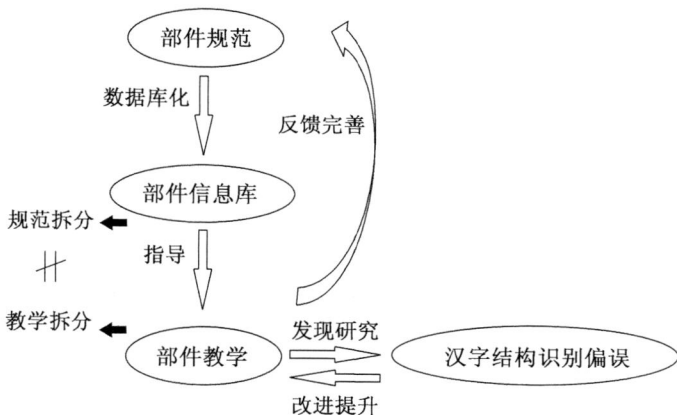

图 3 部件规范、部件信息库、部件教学与汉字结构识别偏误的关系图

参考文献

［1］肖奚强,2001.略论偏误分析的基本原则.《语言文字应用》第 1 期.

［2］陶晓东,1996.现代汉字字形结构研究的三个平面,语文现代化论丛第 2 辑.北京:语文出版社.

［3］教育部,国家语委,2009.现代常用字部件及部件名称规范(GF 0014—2009).北京:语文出版社.

［4］李大遂,2006.汉字的系统性与汉字认知.《暨南大学华文学院学报》第 1 期.

［5］李学勤,2012.字源.天津:天津古籍出版社.

［6］季旭昇,2014.说文新证(第 2 版).台北:艺文印书馆.

［7］李华,2017.部件拆分与对外汉字部件教学.《海外华文教育》第 6 期.

［8］Hsueh-Chih Chen & Li-Yun Chang. 2011. A Query and Analysis System for Chinese Radical, Component, and Character,汉语国际传播与国际汉语教学研究.北京:中央民族大学出版社。

语料采集标准研究①

杨星星

（北京语言大学）

提　要：语料采集是一个庞杂的工作。目前，语料的采集还没有统一的标准，即对于采集什么样的语料、怎样采集语料等问题还没有形成规范，通常的做法是采集能采集到的语料。为了给汉语中介语语料库的语料采集工作提供借鉴性的参考，我们主要从语料采集原则、语料采集渠道、语料采集内容与方法三个方面进行了研究。语料采集原则包括真实性、自然性、平衡性、代表性、多样性、丰富性、连续性、系统性。对于汉语中介语语料库来说，无论是书面语语料、口语语料还是多模态语料，最好的采集渠道就是学校、培训机构等教育场所。至于内容与方法，书面语语料、口语语料、多模态语料各自有自己的特点，但总的原则是自然产出的成段表达。

关键词：语料采集；标准；汉语中介语语料库；语料库建设

一、引　言

语料是建库的基本前提，建设一个语料库首先要解决语料采集问题。语料采集标准研究主要涉及采集什么样的语料、怎样采集语料两个问题。卫乃兴等（2007）指出并非所有的真实话语材料都可采作语料。语料的选择和采集要按照一套明确表述的标准。目前，语料库的采样主要依据一套外部标准而

---

　　①　本研究得到语言资源高精尖创新中心项目（编号：KYD17004）、教育部哲学社会科学研究重大课题攻关项目（批准号：12JZD018）、北京市社会科学基金项目重点项目（编号：15WYA017）的经费资助。

非内部标准。外部标准是社会语言学的标准,即根据文本或话语的社会语言学功能而界定的有关语域变量标准;内部标准是根据文本或话语内部的语言特征、风格等因素界定的标准。外部标准基本上是客观的,内部标准则因目前的技术水平制约而有较大的主观性。我们主要从语料采集原则、语料采集渠道、语料采集内容与方法三个方面来研究。

二、语料采集原则

2.1　真实性与自然性

真实性是语料的首要属性。没有真实性,语料就失去价值。张宝林、崔希亮(2015)指出真实性是建设汉语中介语语料库的基本前提,没有这个前提,语料库就不能反映汉语学习者真实的语言面貌,基于语料库的研究及得出的结论也必然是毫无意义的。

张瑞朋(2013)指出语料的真实性至少应该包括两层含义。一是水平真实性,即采集的语料必须是外国学生真实语言水平的反映;二是文字真实性,即采集的语料忠实于原来的语言文字面貌,对错字的保存和呈现要能体现出错误特征。其中,第一层含义是我们采集语料时要考虑的;第二层含义涉及语料的转写和录入,即语料的呈现要真实,保证原貌。关于语料采集时的真实性,张宝林、崔希亮(2015)进一步指出语料的真实性指语料必须是由学习汉语的外国人自主产出的成段表达语料。所以,为了保证语料的真实性,应剔除那些在指导下或借助学习工具完成的语料;单纯的造句也不是我们采集的对象。

一般情况下,语料的自然性越高,真实性也就越高。但在实际操作中,因为涉及个人隐私等问题,完全自然的语料很难获得。我们不得不退而求其次,选择不完全自然但也在很大程度上反映学生汉语水平的考试语料,也叫受控语料。以口语库为例,自由、即兴话语是最自然真实的,也是最有价值的。它具有真实的交际目的、真实的交际者角色关系,实现真实的意义和功能,可真实地反映语言使用者在给定场景中的语言运用特征。但即兴话语语料却很难获得,基本上都是受控话语或者说考试场景话语。影响自然性的另一个因素就是学生是否意识到了他们的谈话正被录音。是,就可能影响交谈的自然性;否,就可能较好地保证交谈的自然性(卫乃兴等,2007)。

其实,真实性与自然性不是完全成正比的关系。杨惠中(2002)指出试卷作文能够真实反映学习者目前的写作水平,但考场压力和焦虑使他们的作文并非常态的语言运用,其数据的自然性较弱。考试作文却可以避免考生查阅资料,又在一定程度上能客观反映作文水平的真实性。另外,不完全自然的试卷语料也有自身的优势。卫乃兴等(2007)指出考试语料的自然性不如即兴话语,受内容和时间限制,学生有一定程度的心理紧张等情绪因素,会影响真实水平的发挥和话语特点的反映;但是,从另一方面看,考试话语具有较强的话题针对性,便于反映有关的词语运用能力。

综上,语料的真实性与自然性是语料库建设的理想状态,在实际操作时我们可以根据研究目的来分配考试语料和非考试语料的比例。

2.2　平衡性与代表性

语料库并非越大越好,而是应该在足够大的规模下达到一种分布的平衡(张瑞朋,2013)。平衡性包括学习者背景的平衡和不同性质语料本身的平衡。学习者背景包括学习者的外语水平、性别信息、所学专业、学校、所属地区等变量。这些变量在采样时应认真考虑,适当平衡,使语料库具有较好的代表性,且日后进行相关的对比研究(卫乃兴等,2007)。语料本身的平衡包括口语与书面语的平衡、自然语料与考试语料的平衡、正式语体语料与非正式语体语料的平衡等。

平衡性也直接关系到语料的代表性,没有平衡性就谈不上代表性。邓海龙(2016)指出要达到语言研究目的,语料库的均衡性和规模量都是很重要的指标。只有做到这两点的语料库才具有代表性,才使检索结果具有实证意义。

语料的代表性指所选语料要能真实反映学习者整体或大多数学习者的汉语面貌与水平,而不仅仅是反映个别或某一小部分学习者的汉语学习情况。因为“我们需要分析由许多说话者采集的大量语言,以保证我们的结论不是基于少数说话者的个性语言而做出的”,“语料库的代表性反过来决定研究问题的种类和研究结果的普遍性”(道格拉斯·比伯等,2012:152,转引自张宝林,崔希亮,2015)。

2.3　多样性与丰富性

保证语料来源的多样性非常重要(约翰·辛克莱,2000)。卫乃兴、李文中、濮建忠(2007)指出话题与语言形式和话语模式的关系紧密,围绕一定话题展开的话语往往共享一个语义场,话语模式也有规律可循。话题多寡也直接影响所含词汇量的大小。所以,“话题多样性”应是口语语料库建设的重要原则之一。语料库建设者应尽可能扩大语料源,增加话语类型,使其更具代表性,体现丰富的语言形式和交际内涵。黄伟(2015)也提出:建设多模态汉语中介语语料库,在采集语料时应注意多样性与丰富性。

所以,通用型语料库的语料要尽可能地涉及生活的各个方面,话题、情境要多元化,不要只局限于校园生活。而专用型语料库的语料也要注意话题的广度和交际内容的多样性。

2.4 连续性与系统性

为了对语言现象或个体学习者做动态跟踪研究,就需要所采集的语料具备连续性(张瑞朋,2012)。连续性不仅可以方便用户对不同级别的语言发展趋势做整体的对比研究,而且可以方便用户对个体学生做语言追踪研究(张瑞朋,2013)。有了"历时"特征,中介语的纵向变化研究才能进行。大时间跨度的语料便于进行中介语的纵向或跟踪调查,研究特定水平的学生群体外语能力发展的模式和规律,或给定语言形式的习得特征(卫乃兴等,2007)。成系统的语料能够反映学习者的整个学习过程和完整的语言面貌,便于从各种角度对语料进行观察分析,对基于语料库的相关研究具有重要意义(张宝林,崔希亮,2015)。

但留学生学习时长不稳定,连续性语料很容易断层甚至流失,所以单个学生语料的连续性很难保证。只有进一步增强初级、中级和高级语料分布的平衡性,才能更好地体现该语料库的连续性,而且即使同一个学习者不能连续学习,但是只要尽量增加各阶段的语料,提高语料库对各阶段的覆盖率,也可以在宏观上增强语料的连续性(张瑞朋,2013)。连续性、系统性的语料有助于我们观察到学习者学习语言时的动态变化,从而发现哪些问题是阶段性的,哪些是持续性的难题,并在此基础上指导一线的教学。

三、语料采集渠道

在采集语料前,首先要确定采集点,并详细深入地了解各个采集点的语料情况。这一步是保证语料质量的关键,也是后续建设工作的基础。如果该采集点语料不适合(如不是成段的自主表达)或者同类语料过多(如日韩母语背景的语料),我们可以选择放弃;也可以跟采集点的负责人商议,让对方产出符合我们要求的语料,包括学生背景信息全面、话题设定、时间/字数要求等。只有找好了采集点,语料的质量才有保证,我们的采集方案才能合理,从而实现语料的真实性、自然性、平衡性、代表性、多样性、丰富性、连续性、系统性。

无论是书面语语料、口语语料还是多模态语料,最好的采集渠道就是学校、培训机构等教育场所。一方面,学生背景信息易获取且全面,另一方面能保证语料采集的连续性。所以,我们可以通过跟学校、培训机构、教师个人合作的方式来采集语料。合作最好采用共赢的方式,如提供语料的单位或个人可以免费享用研究成果等。当然,网络上也有各样的资源,但是其真实性、可追踪性太差,且无法获得学生背景信息,因此,其语料质量是不过关的。

四、语料采集内容与方法

汉语中介语语料库总共有三类语料:书面语语料、口语语料和多模态语料。每种语料的特性不同,其采集内容和方法也不一。

4.1 书面语语料

书面语语料的采集内容是自然产出的成段书写表达。如:平时的作文练习、报告稿、演讲稿、考试的作文(周测、月考、期中、期末、HSK 等),甚至是便签、日记、周记等。就可操作性而言,作文是书面语语料的主体。

4.2 口语语料

口语语料的话语类型涉及"独白、演讲、报告、访谈、会话、辩论"等体裁形式,也涉及交际者的角色关系,如"教师—学生、学生—学生、家庭成员—家庭成员、应聘者—招聘者"等关系。体裁形式和角色关系不同,语言使用的特征也就不同。如,"独白"类的话语不具有一般话语的交互性,缺乏话论转换、会话策略的使用等内容,从而使有关研究无法进行,故必须适量控制或者不选;"演讲"和"报告"类的话语经过事先准备并参照讲稿,体现极强的书面语特征,因而不是口语语料库应选的话语类型(卫乃兴等,2007)。

因此,口语语料采集的对象主要是访谈、会话、辩论等事先无准备且交互性强的成段的口头表达。另外,常用的口语语料获得手段包括:背景调查、单独访谈、图片诱导、课堂观察(赵守辉,刘永兵,2007)。我们还可以借助语伴聊天、考试等方式获得语料。

4.3 多模态语料

多模态语料库采集具有声音、图像信息的汉语学习者口头产出的话语材料,与一般所说的口语语料相比,强调语言(语音)层面以外的副语言信息或非语言信息,比如动作、表情、环境等;采集的语料主要包括但不限于考试录像、演讲比赛、课堂教学和日常会话等(黄伟,2015)。一些电视节目的聊天画面也可以成为此类语料库的采集对象,如《世界青年说》《非正式会谈》《世界大不同》等,其话题丰富,贴近生活并联系当下热点,交谈自然。

五、结　语

综上,语料采集原则包括真实性、自然性、平衡性、代表性、多样性、丰富性、连续性、系统性。对于汉语中介语语料库来说,无论是书面语语料、口语语料还是多模态语料,最好的采集渠道就是学校、培训机构等教育场所。至于内容与方法,书面语语料、口语语料、多模态语料各自有自己的特点,但总的方向是自然产出的成段表达。

语料的采集是一项庞杂的工作,在采集语料的过程中会受到各种客观条件的限制,很难达到真正的全面和平衡;当然不同的语料库依据不同的建库原则和目的在采集语料时会有不同的取舍,采取的抽样方法和比例也是不同的(何丹,2012)。所以,本文所提出的原则和方法有些是努力的方向,如自然性、平衡性;有些则是在建设语料库时要严格遵守的,如真实性、代表性、丰富性、多样性;实际操作时,连续性、系统性可结合建库原则和目的来取舍、调整。

参考文献

[1] 邓海龙,2016.赣南客家方言语音语料库及其检索平台的设计与实现.《考试周刊》第81期.

[2] 何丹,2012.三个汉语中介语语料库对比分析. 中山大学硕士学位论文.

[3] 黄伟,2015.多模态汉语中介语语料库建设刍议.《国际汉语教学研究》第3期.

[4] 卫乃兴,李文中,濮建忠,2007.COLSEC语料库的设计原则与标注方法.《当代语言学》第3期.

[5] 杨惠中,2002.语料库语言学导论. 上海:上海外语教育出版社.

[6] 约翰·辛克莱,著,王建华,译,2000.关于语料库的建立.《语言文字应用》第2期.

[7] 张宝林,崔希亮,2015.谈汉语中介语语料的建设标准.《语言文字应用》第2期.

[8] 张瑞朋,2012.留学生汉语中介语语料库建设若干问题探讨.《语言文字应用》第2期.

[9] 张瑞朋,2013.三个汉语中介语语料库若干问题的比较研究.《语言文字应用》第3期.

[10] 赵守辉,刘永兵,2007.新加坡华族学前儿童口语语料库的生成.《世界汉语教学》第2期.

汉语中介语笔语语料录入标准研究①

齐　菲　段清钒　张馨丹

（北京语言大学）

提　要：21世纪以来，汉语中介语语料库的建设和应用研究得到长足发展，跨入了繁荣发展时期。同时也还存在一些问题，例如语料录入，录入过程没有标准可循，录入的随意性会降低语料的真实性，进而也会影响研究结论的可靠性。本文专门探讨汉语中介语笔语语料录入相关问题，提出现阶段语料录入应以人工录入为主，且需遵守三大原则：实录原则、标识系统性原则以及保密原则，以期促进语料库建设的规范化和标准化，进而确保应用研究结果的有效性。

关键词：汉语中介语语料库；实录原则；标识系统性原则；保密原则

一、引　言

目前，汉语中介语语料库建设得到迅速发展，从中国知网关于"汉语中介语语料库"建设的相关论文来看，大多数学者对于汉语中介语语料库建设研究主要集中于语料收集、语料标注、语料检索以及数据统计等方面，少有学者注意到语料录入的重要性。张宝林、崔希亮（2015）提出"对录入与转写的语料进

① 语言资源高精尖创新中心项目"汉语中介语语料库建设创新工程"（编号：KYD17004）；北京市社会科学基金重点项目"汉语中介语语料库建设标准研究"（编号：15WA017）；教育部哲学社会科学研究重大课题攻关项目"全球汉语中介语语料库建设和研究"（编号：12JZD018）。

行严格的校对。这是确保语料真实可用的重要环节"。曹贤文(2013)以及张宝林、崔希亮(2015)文中都提到语料录入应尽量保持语料原貌，以及错字录入规则。但上述文章并没有明确指出汉语中介语语料库的录入方式以及人工录入和文字识别软件录入的差别。除了错字录入规则，还有哪些需要注意的方面？录入过程中，除了坚持实录原则，是否还需遵守其他原则？至今这些问题尚未有文章进行充分讨论。因此本文着重探讨汉语中介语笔语语料录入原则以及如何处理录入过程中的具体问题，以期最大程度保持语料原貌，有效处理语料标注前的核心环节，提高语料标注有效性，从而推进汉语中介语语料库高质量建设。

二、笔语语料录入方式

　　笔语语料录入即把文字输入到计算机里。文字输入有哪些方式且何种方式最适合汉语中介语语料库录入是录入标准研究需解决的问题之一。目前笔语语料录入方式主要有两种。第一，文字识别系统。由于信息时代的快速发展，输入方式也发生了变化。对于一些纸质印刷品、大量图片资料、手写稿等可以通过文字识别系统输入，比如 OCR 技术，"将图像信息中的印刷体文字通过相应的转换形成一定的字符，并与字符数据库进行比对，最终将标准的文本信息输出"(王学梅，2019)。该方式能够快速生成文本，但同时也存在一个问题：如何确保识别正确率。就印刷体汉字而言，"由于图片拍摄的清晰度和光照等因素，或者文档扫描不完整，甚至于原件的污损等原因，都有可能造成文字的切割错误，从而影响文字的识别正确率"(刘冬民，2018)。而对于汉语中介语语料来说，不仅上述提及的客观因素会影响识别正确率，汉语学习者汉字书写不规范对文字识别系统也是一个很大的挑战，识别率值得进一步考察。第二，人工录入，即由录入员将纸质版语料或者图片版语料录入为 txt 文本。

　　相比文字识别系统，人工录入具有较强的灵活性：(1)对于一些电脑字库中没有的汉字，人工录入可根据录入标准用相应的标识替代，而不是随意识别，导致对语料语义的曲解；(2)人工录入能够提高非规范汉字字形识别率。录入完成后，建库人员将对人工录入语料进行再次审核，进一步提高录入准确性。汉语学习者汉字书写字形不如印刷体文字整齐、规范，常常会出现一个汉字、多种字形。由于语料录入者为汉语母语者且具有一定的文字基础，虽然字形不规范，但能够准确录入汉语学习者书写的汉字。以全球汉语中介语语料库建设与应用平台为例(以下简称"全球库")，"城""跟""那"等为汉语学习者语料中截取的汉字。这些字从字形上看，书写不够规范。如果使用文字识别系统可能会识别出形近的汉字，且文字识别系统需要人工的二次校对。对于这种不规范的汉字，人工录入是最高效的方式。人工录入的灵活性能够克服文字识别系统面临的一些问题，并且与专业的录入公司进行合作会大大提高录入的效率。

考虑到汉语中介语语料库中的语料为汉语学习者的主观成段表达，语料内容具有主观性且汉字书写的规范程度不高，因此为了保证汉语中介语语料库建设质量，笔者认为人工录入的灵活性更能适应汉语中介语笔语语料的录入。所以对于汉语中介语语料库而言，目前人工录入是最优的录入方式。

大多数汉语中介语语料库采用人工录入的方式，但所建成的汉语中介语语料库不同，所采用的录入媒介也不同，大致可分为线上录入和线下录入。线上录入是指依托语料库一体化建设平台，对上传的图片版语料进行录入。语料上传—语料录入—语料标注，各环节环环相扣，体现了汉语中介语语料库建设流程的连贯性。典型的线上录入平台是"全球库"，该平台充分利用互联网带给我们的便捷，以众包思想指导录入工作。线下录入是指线下将笔语语料录入为 txt 文本，语料加工的一切工作完成后才入库。目前大多数汉语中介语语料库采用线下录入的方式进行录入。笔者认为两者最大的差异在于线上录入具有极强的连贯性与开放性，录入员一旦完成某条语料的线上录入，审核通过后即可进行语料标注，标注审核完成后即可实时检索，实现了"边建设边开放"。但在线上录入，还需注意录入员对平台操作的熟练度以及录入员使用的浏览器是否支持上传的图片语料。因此笔者认为汉语中介语语料库建设应根据建库实际情况选择相应的录入方式，而线上录入符合当今信息化时代发展的趋势，今后可能会更加普遍。

三、笔语语料录入原则

语料录入是其他环节的基础，处理得当与否决定语料标注是否有效，所建成的语料库是否有信度。目前已有学者对汉语中介语语料库建设的其他环节进行研究探讨，但还未有关于汉语中介语笔语语料录入标准的研究。录入以何为纲且原则是什么？该问题的解决有利于推动录入标准研究的发展。

3.1　实录原则

汉语中介语语料库建库目的是更好地为对外汉语教学与研究服务，提供最真实的语料,以供学界研究使用。语料录入的核心原则为"实录原则"(张宝林,崔希亮,2015),即人工录入过程中对汉语学习者语料不添、不漏、不改,以"保持语料原貌"为纲。因此在建库基础环节——语料录入,应该严格把关,确保录入语料的真实性。

3.1.1 汉字与标点符号的真实性

汉语中介语语料库中的语料为汉语学习者在学习汉语过程中所产出的主观成段、成篇表达,这些语言材料并非全部正确。正确的语言现象按照语料原貌录入,错误的语言现象也是汉语学习者学习情况的反映,且有利于对外汉语教师发现教学问题,制订相应解决办法。因此在录入环节,应全面展示汉语学习者的语言真实面貌,如实记录错误的语言现象是保持语料真实性的重要方面。

在录入过程中,会碰到一些可识别的汉字、标点错误,对于这些错误,我们坚持"只录不改",不改汉字书写错误,不改词语搭配错误,不改语法错误等。以"全球库"为例,汉语学习者在书写汉字时,会出现各种各样的错误。比如"好"写为拆分字"女""子","龙"写为繁体字"龍"等。在使用标点符号方面,有时该用逗号的地方用了句号,或者把句号写为一个点等。以上出现的错误,录入过程中不得修改。

3.1.2 语料格式的真实性

除了注意录入字与标点的真实性外,还需注意原始语料格式的保持。语料中出现的空格、分段、居中等均需如实录入,不对语料格式做任何改变。在汉语中介语语料录入过程中,大多数建设者已注意到录入内容应与原始语料保持一致,但有时忽略了语料格式的真实性,录入文本没有分段、空格,一段贯之,一定程度上削弱了录入文本的真实性。

3.1.3 汉语母语者信息无需录入

录入过程中并非所有的语言文字都需录入。如果收集的语料是留学生的课下作业,一般会有教师对作文的修改以及评语,这些文字无须录入。我们所需录入的语言材料是汉语学习者的主观成段表达,教师批改的文字属于汉语母语者语料,不符合建库的性质,因此录入过程中汉语母语者信息不予录入。目的是保持语料库语料的纯粹性,仅需如实录入汉语学习者的主观表达,真实反映汉语学习者的汉语水平。

3.2 标识系统性原则

对于一些可识别录入的语言材料,如实录入即可。而对于一些无法准确识别因而难以录入的语料,应当坚持标识系统性原则。标识系统性原则是指在笔语语料录入过程中,无法如实录入时需遵守的原则。不同的汉语中介语语料库,处理无法直接录入的文字和标点符号时,所采用的标识方式也不同。但不管采用何种标识,该标识应与语料库的其他环节保持相关性,成为语料库系统中的一部分,而不是自成体系。一来有利于保持汉语中介语语料库各环节的一致性,二来减轻语料库使用者识记标识的负担。

如果对这些无法录入的语料处理不当,在一定程度上会影响行文表达的意义和流畅性,进而降低语料真实性。

3.2.1　非标准汉字标识

非标准汉字是指电脑标准字库中不存在的汉字。该汉字往往是由笔画部件的构组错误或者缺失,或者书写不清晰导致无法直接录入。这主要由两方面造成。① 由于汉语学习者汉字书写不正确,生造出了汉字系统之外的字。比如汉字部件构组错误,"忍"字原本由上"刀"下"心"组合,而汉语学习者在书写过程中写为上"刀"下"心",不成汉字,即错字。② 汉语学习者书写不清晰导致无法判断汉字原貌,即存疑字。以上两种无法直接录入的汉字,性质不同,且为了避免歧义,笔者认为不该采用"错字"统而概之,而用"非标准汉字"比较妥当。

肖奚强、周文华(2014)指出:"汉字偏误的主要形式有错字和别字,别字比较容易处理……对于错字在语料库中的呈现有多种方式,可以用其他字代替、造字或截图。"肖文中提到用其他字代替或者造字的方式,需考虑用什么字代替,造出的字是否得到大家的认可以及不同的错字是否需要造出不同的字等,而且这两种方式会在一定程度上破坏语料的真实性。截图是呈现错字原貌最理想的方式,但在录入或标注过程中,截图不同于其他汉字偏误的处理方式,标识不一致会造成建库体系不统一,且截图方式标识错字不利于检索。

基于上述方式可能会破坏语料真实性且不便检索,在考虑标识系统性以及标识易于识记和理解的基础上,本文认为非标准汉字的录入应该使用简便且意义清晰的代码进行标识,并且该代码应与标注环节的代码处于同一系统中。比如某语料库系统使用汉语拼音作为标注系统,那么非标准汉字的标识也应该使用汉语拼音,而不使用其他符号或者字母进行标识。这样不仅可以保持录入与标注环节的一致性,也最大程度保证了行文的流畅性。

不同的汉语中介语语料库,标注代码不同。录入环节对非标准汉字的标注应当与标注环节的字标注代码保持一致性。本文分别以 HSK 动态作文语料库和"全球库"进行说明。两者都是使用标注代码对非标准汉字进行标识,但"全球库"使用的代码与标注环节的代码更具系统性且清晰明了。HSK 动态作文语料库字层面的标注代码基本采用大写字母表示,比如:用大写字母[B]表示别字,用大写字母[C]表示错字,而用符号[♯]表示无法识别的字。[♯]与字层面的其他代码不一致,且通过 HSK 动态作文语料库对非标准汉字的代码标注无法直接明确何种层面存在无法录入的字符。而"全球库"使用的非标准汉字的代码避免了上述出现的问题,本文将进一步说明。非标准汉字包括两种无法录入的字符,错字和存疑字。第一,错字指书写错误、汉字中没有的字(电脑中没有,打不出来),通常是多笔画或少笔画的字,全球库用错字代码[Zc]标识,[Zc]中大写字母"Z"表示字层面,小写字母"c"表示字层面具体的偏误类型。比如:应【该】[Zc],表示"该"在原始语料中,汉语学习者多写或少写笔画,导致汉语中不存在该字。在录入过程中,用正确的汉字代替,且在汉字后面标识出错字代码,提醒语料库使用者语料原文中汉字"该"的书写不正确。第二,有些字看不清楚且无法准确判断汉字原貌,这类字在录入过程中处理为字存疑,用字存疑代码[Z?]标识,"?"表示无法判断该字属于何种偏误类型。比如:更[Z?][Z?]保存自己的生命,表示"更"与"保存自己的生命"中间有两个字无法判断。但别字、繁体字、拆分字等在录入环节不做标识,按照语料原貌录入。

汉语中介语语料库各个环节既独立又联合。独立是指各个环节互不干扰,分工明确,录入环节只需进行语料录入,忠实原作,无须修改。联合是指各个环节环环相扣,具有极强的连贯性。录入完成后,进入语料标注环节,标注出语料中的语言偏误现象。因此录入环节只做错字和字存疑的标注,一方面是为了保证语料真实性,对一些无法录入的字符做特殊化处理;另一方面体现了各环节之间的联合,录入环节与标注环节使用的标注代码处于同一系统中。

3.2.2　非标准标点符号标识

非标准标点符号是指输入法中无法录入的标点形式。无法直接录入的标点有以下两种类型。第一,汉语学习者标点书写错误,造成无法直接录入,比如语料作者将"?"下面的"."写为"。"。第二,汉语学习者书写不清晰,无法判断正确的标点。为了保持字与标点层面的一致性,笔者认为非标准标点也应该使用标注代码对其标识,这样能够更加准确地反映汉语学习者的真实水平,也利于研究汉语学习者标点符号的使用情况。

相比起字、词、句等层面,标点层面出现的标注代码比较少。在录入环节,如何标识无法录入的标点符号是汉语中介语语料库建设者必须考虑的一个问题。本文仍以"全球库"为例,"全球库"中对于这类错误的标点符号进行了统一的代码标注。[Bcx]为标点形错代码,代码[Bcx]中的大写字母"B"表示标点层面,小写字母"cx"为形式错误两个词语第一个字的首字母。比如:【?】[Bcx]表示该问号写法错误。此外,有些标点不清晰且无法准确识别,我们用标点存疑[B?]标识,表示该位置的标点无法判断。但标点缺失、标点错位、标点多余等错误在录入环节不用考虑,这属于语料标注的内容。需要注意的是,其他形式错误的标点,如果能够人工输入,则按原文录入,无需做标识。例如,原始语料中的句号写为".",录入时应录入".",而不是"。"。

针对无法录入的文字与标点符号,"全球库"的处理方式为我们提供了更好的借鉴。规范性的代码使得语料库系统更加条理清晰,这样不仅确保后续语料阅读的流畅性和最大程度保持了汉语学习者的语料原貌,而且代码标注有利于研究者进行语料检索,研究汉字标点相关问题。

3.3 保密原则

相关研究表明,虽然语料库建设取得了较大的成绩,但面向大众开放的语料库较少,语料库资源共享成为汉语中介语语料库建设未能解决的问题。一来由于版权限制等因素,一些建成的语料库只供学校内部人员使用,校外人员无法登录;二来语料库中的有些语料涉及作者私人信息,不方便公开。为了进一步推动语料库资源共享的局面,对语料作者隐私的保护是建库过程中必不可少的工作。且对语料作者私人信息的保密处理也是对语料作者最大的尊重。因此在语料录入过程中,一旦涉及作者私人信息,比如姓名、学号、电话号码等,本文建议一律用"×××"代替。

"今天是一个以互联网、云计算、大数据为显著特征的信息时代,其核心观念是开放。"(张宝林,崔希亮,2015)笔者期待解决上述问题后,有更多的汉语中介语语料库面向大众开放,尽早实现资源共享。

上述三大原则是汉语中介语笔语语料录入时应该遵循的原则。实录原则是语料录入中的核心原则,失去该原则,语料录入就没有价值。标识系统性原则是针对无法直接录入的字符所提出的重要原则,这一原则能够降低语料的失真程度。对于整个语料库系统来说,也更能体现语料库的系统性。实录原则与标识系统性原则之间关系十分紧密,后者是对前者的补充,对实录原则中无法实录的部分做最大程度的保持,体现汉语学习者的真实水平。保密性原则是我们对语料作者的最大尊重。因为有了语料作者的语料产出与提供,才有了成千上万的语料以供学者进行研究,语料作者的隐私是语料建库中必须要考虑的一个问题,保密性原则是对作者隐私保护的体现。

四、结语与展望

汉语中介语语料库正处于"建库热"时期,注重数量的同时,也应严格把控所建语料库的质量。一个好的汉语中介语语料库,建库者应严谨对待每个环节。语料录入是建库的基础环节,同时也是确保标注质量和研究结论有效性的重要部分。"语料录入质量也只有对照原始语料才能作出准确评价。"(张宝林,2015)因此语料录入过程中,坚持以实录原则为核心,最大程度保持语料的真实性,确保录入质量;坚持标识系统性原则是无法实录部分应遵守的准则,且该原则有利于语料库体系更加统一;遵守保密原则,保护语料作者私人信息,对语料提供者表示最大尊重。与此同时,以期改善语料库资源较封闭的局面。

汉语中介语语料库的建设需要多领域的人才共同实现,文字识别软件录入可能是今后发展的一个方向,但在那之前,需要技术人员解决上述所涉及的问题,完善识别软件,促进该软件在汉语中介语语料库中的应用。因笔语语料录入标准是汉语中介语语料库建设领域较少谈及的话题,且未有专文进行探讨。本文提出的录入原则不一定全面,但希望引起建库者对录入环节的重视,推进汉语中介语笔语语料录入标准研究的进一步发展。

参考文献

[1] 曹贤文,2013. 留学生汉语中介语纵向语料库建设的若干问题.《语言文字应用》第2期.

[2] 贡贵训,2019. 现代汉语教学语料库建设及应用.《保定学院学报》第6期.

[3] 蒋琴琴,2019. 近十年国内汉语中介语语料库建设研究概述.《海外英语》第6期.

[4] 刘冬民,2018. 基于深度学习的印刷体汉字识别. 广州大学硕士学位论文.

[5] 刘华,2020. 全球华语语料库建设及功能研究.《江汉学术》第1期.

[6] 王学梅,2019. OCR 文字识别系统的应用.《现代信息科技》第18期.

[7] 吴涛,2009. 基于数字墨水技术的留学生作文标注和评测系统研究. 北京语言大学硕士论文.

[8] 肖奚强,周文华,2014. 汉语中介语语料库标注的全面性及类别问题.《世界汉语教学》第3期.

[9] 张宝林,2019. 从1.0到2.0——汉语中介语语料库的建设与发展.《国际汉语教学研究》第4期.

[10] 张宝林,崔希亮,2015. 谈汉语中介语语料库的建设标准.《语言文字应用》第2期.

［11］张宝林,等.2014.基于语料库的外国人汉语句式习得研究.北京:中国书籍出版社.

［12］张瑞朋,2012.留学生汉语中介语语料库建设若干问题探讨——以中山大学汉字偏误
中介语语料库为例.《语言文字应用》第 2 期.

面向汉语中介语语料库的汉语专用词表研究①②

陈 钊 刘 悦 荣钟宁

（北京语言大学）

提 要：文章主要通过对中介语语料偏误类型的分析，拟定出汉语中介语语料库专用词表收词原则为全面性、针对性与动态性；并结合现有词表框架拟定出中介语语料库中几类主要实词的基础词表与偏误词表框架，为汉语中介语语料库的建设提供一定的指导意义。

关键词：汉语中介语；专用词表；语料库

一、引 言

1.1 缘 起

词表是语料库中不可或缺的一部分，是对分词规范的重要补充，特别是可以将分词规范中定义模糊、操作困难的部分进行规定，从而明确切分与否。因此语料库词表在某种程度上是切分单位表，包括了需要切分的语素、词以及一部分使用频率较高的固定结构。

从很早以前我国就开始了词表研究，各个领域都有自己专用的词表。现

---

① 本文依据北京语言大学 2012 级语言学及应用语言学专业研究生李子月的《汉语中介语语料库分词规范和专用词表研究——名词部分》、师丽媛的《汉语中介语语料库分词规范研究——专有名词部分》、王丹的《汉语中介语语料库分词规范和专用词表研究——形容词部分》、柴璐的《汉语中介语语料库分词规范和专用词表研究——动词部分》加工整理而成。

② 本研究得到语言资源高精尖创新中心项目（编号：KYD17004）、教育部哲学社会科学研究重大课题攻关项目（批准号：12JZD018）、北京市社会科学基金项目重点项目（编号：15WYA017）的经费资助。

代汉语词表如 1998 年经国家语委批准制定的《现代汉语通用词表》,孙茂松(2003)《信息处理用现代汉语分词词表》,梁南元(1991)《信息处理用现代汉语常用词词表》,对外汉语相关的词表如国家对外汉语教学领导小组办公室汉语水平考试部开发研制的《汉语水平词汇和汉字等级大纲》,其他领域的主题词表如中国地质情报所(1984)编制的《地质学汉语叙词表》,中国国家军用标准、经中央军委批准(1991)的《军用主题词》等。词表在语料库建设、信息检索等方面都有非常重要的意义。

目前的中文信息处理最基本的分词方法是最大匹配法,而最大匹配法对词表的依赖性非常大。黄昌宁(1997)指出,最大匹配法在分词过程中除了依靠一个分词词表以外不再拥有其他词法、句法和语义知识。但目前已有多个汉语中介语语料库建成或在建,却没有一个专门针对汉语中介语的专用词表。又由于汉语中介语的特殊性,特别是存在较多偏误问题而不能完全搬用现代汉语词表,因此我们亟须制定一个汉语中介语语料库专用词表。

1.2 研究对象

现代汉语里名词、动词、形容词是数量最多、用途最广、作用最大的三类实词,绝大多数的句子都离不开它们,而现代汉语中其他词类,如副词、量词、数词等相对封闭,因此我们只对这三类实词进行研究。其中专有名词是汉语名词中一个特殊的类别,也是非常重要的组成部分。专有名词是相对于普通名词而言的,其数量多,种类杂,又有极大的不确定性,是汉语自动切分中未登录词的主要部分,因此我们将其单独列出进行讨论。

二、学习者汉语中介语偏误类型研究

中介语不同于目的语的特点决定了汉语中介语语料库不同于汉语母语语料库。汉语中介语语料库包含大量的偏误,本研究从分词和词性标注需要的角度出发,对中介语语料库存在的偏误进行穷尽性分析,对那些影响分词和标注准确性的偏误加以提取,总结出影响汉语中介语分词和标注准确性的偏误类型,以此为根据,确定偏误词表。

影响汉语中介语分词和标注准确性的偏误包括汉字层面的偏误和词汇层面的偏误两个方面。为更加全面地覆盖这两方面的偏误,我们采取分版标注。

2.1 汉字层面的偏误

汉字层面的偏误指的是学习者因汉字字形、读音相近或书写困难等原因，将汉字写成不成字的字、使用别字或其他不规范字（如繁体字、异体字）产生的偏误。偏误字使汉语中的词发生了变化，或成为不规范的词，或成为汉语中不存在的词，从而引起了切分的错误，将词切分成一个个汉字，但这不符合中介语中词的本质：学习者在口语中可能掌握了此词，但在书面语中由于汉字书写的困难使得词存在汉字问题，但这些词还是具有"独立运用"功能的，字层面的偏误并未改变词独立充当句子成分的本质。

2.1.1 错字

外国人学习汉语，能够掌握汉语的正确发音和语法知识已经很有难度，而汉字是方块字，由各种笔画构成，与印欧语系的拼音文字完全不同，外国人写起来更是难上加难，在这种高难度下，外国人不可避免地会写错字。语料库在收录语料的时候，为了收录语料的方便，直接将错字收录为正确的字，并在该字后用符号[Zc]标示出来，如"【北】[Zc]京"。但是，这样做产生的一个问题就是，在进行词语切分的时候，切分系统会因为不识别错字符号[Zc]而将一个完整的词切开，从而降低切分正确率。

解决这个问题可以从两个方面考虑。一是切分系统，在进行切分系统的设计时，可以将错字符号[Zc]隐去，从而正确切分。二是词表层面，可以将有错字的分词单位提取出来，组成一个单独的偏误词表，从而使切分系统能够识别有错字的专有名词，并自动切分为一个切分单位。

（1）我弟弟在【北】[Zc]京清华上学，他放假才能回来，不能每天在一起。

（2）他是国际创价学会会长，曾【以】[Zb 已]经【访】[Zc]问过中国十次，如周恩来【总】[Zc]理，邓小平先生【等】[Zc]会见【过】[Zc]很多中国领【导】[Zc]人，而且被授【与】[Zb 予]了北京大学、复旦大学、武汉大学、【深】[Zc]圳大学等许多大学的名【誉】[Zc]教授称号。

（3）不考虑人的心【里】[Zb 理]【将】[Zb 状]]态，可是法【律】[Zc]也是为了人类、人的幸【福】[Zc]组成的。

（4）只有这样才能真正【地】[Zb 的]改变挨饿的现【状】[Zc]。

2.1.2 别字

学习者由于汉字形体相近、语音相同或相近而使用其他汉字导致的偏误。
① 字形相近造成的偏误

"兴趣"写成了"兴取","启事"写成了"后事","背叛"写成了"背反","促进"写成了"捉进","夏目漱石"写成了"夏日漱石"。

② 字音相同或相近造成的偏误

"公司"写成了"工司","体制"写成了"体质","谅解"写成了"量解","教育"写成了"效育","觉得"写成了"解得"。

③ 字形字音都相近造成的偏误

"环境"写成了"坏景","谈谈"写成了"淡淡"。

2.1.3　多字(词)

学习者在词语之外增加了单音节不成词语素,我们称之为"多字",若为单音节成词语素则分为"多字"和"多词"两版进行标注。

"处所"代替"所","挨饥饿"代替"挨饿","亲抱"代替"抱","不有利"代替"不利","不平安"代替"不安"。

2.1.4　漏字

学习者遗漏了词语中的组成成分导致了偏误。

"社会"写成了"会","法国话"写成了"法话","发脾气"写成"发气","频繁出现"写成了"繁出"。

2.1.5　繁体字

繁体字多是汉字文化圈的外国人使用,如韩国、东南亚等,他们使用的汉语文字多为繁体字。语料库中有一些语料是用繁体写作的,在语料录入时为保持语料的本来面貌而录入繁体。但是中国大陆通行的是简体汉字,词语切分系统、词表收词也是按照简体设计的,因此在词语切分时,切分系统可能会因为识别不出繁体汉字而产生切分错误。

(5) 我的专门的知【識】[Zf 识]和才能一定会为贵公司贡献。

(6) 经【驗】[Zf 验],很丰富,【營】[Zf 营]业额也相当高。

(7) 比如说【韓】[Zf 韩]国以前经过 36、25【戰】[Zf 战]争。

(8)【我】[Zc]今年二十五岁,在日本的【駒】[Zf 驹]泽大学经【管】[Zc]学部经【管】[Zc]学科毕业、然后参加了两年工作来华。

2.2　词层面的错误

学习者由于偏误成分与目标词意义相近、语音相同而误用了汉语中其他词、短语或语素。

2.2.1　语素颠倒

这里指构成合成词的语素是目标词的语素,但语素位置颠倒。如把"托付"写成了"付托","介绍"写成了"绍介","返回"写成了"回返","解决"写成了"决解","界限"写成"限界","安静"写成了"静安","长久"写成了"久长","善良"写成了"良善"等。

(9)【付托】[Cx 托付]終身。

(10) 亲戚朋友【绍介】[Cx 介绍]的時后。

(11)【回返】[Cx 返回]洛阳。

(12) 有时候有些事情用法律不可【决解】[Cx 解决]的。

(13) 但是人的欲望没有【限界】[Cx 界限]。

(14) 我想说并不是特别【静安】[Cx 安静]、不讲话,就是淑女绅士的风范。

(15) 中国历史的【久长】[Cx 长久],文化的广博高深,懂得汉语的人及能流利使用汉语的人是难能可贵的。

(16) 在医院看到姑姑替人治病,觉得姑姑是一个很认真、很【良善】[Cx 善良]的人。

2.2.2 目标词语素十非目标词语素

这里指偏误词和目标词有相同或相关的语素,其他构词语素不同,主要包括五种情况。

1. 意义相似的语素替代。偏误词和目标词之间有一个或多个语素相同,但是至少有一个语素完全不同。如偏误词"推售员"是学习者生造出来的,汉语中不存在"推售员",它与目标词"推销员"有共同的语素"推、员",也有不同语素"售、销"。还有"合当"和目标词"适当"中有一个语素相同;"安闲"和目标词"安静"有一个语素相同,不同的语素"闲"和目标词无关;"慈蔼"与相对应的"慈祥"也有不同且语义无关的语素"蔼"。又如"包有"代替"包括","步进"代替"进入","迟延"代替"拖延"。

(17) 我是一个友好时装公司的推销员。这次我想应聘贵公司的【推售员】[Cb 推销员]。

(18) 国家有关部门也制定【合当】[Cb 适当]的法律规定。

(19) 到了假期,城市人纷纷上农村里去度假,他们说农村很安静,鸟的声音使心里【安闲】[Cb 安静]。

(20) 她是个【慈蔼】[Cb 慈祥]的人,但当我犯错时,她的态度会变得很严厉。

(21) 流行歌曲【包有】[Cb 包括]各种各样的表现形式。

(22) 在我【步进】[Cb 进入]书法班时我更觉得汉字真的很美妙。

（23）这么恶劣的东西我们还要【迟延】[Cb 拖延]不戒吗？

2. 复合语素代替单纯语素，指偏误词中包含了另外一个合成词，这个合成词和目标词中对应单纯语素意义相同或相近。如偏误词"职人员"与目标词"职员"相比，是用"人员"替代语素"员"，"人员"和"员"同义。又如"吃亏损"代替"吃亏"，"作家庭"代替"成家"，"不平安"代替"不安"，"不有利"代替"不利"。

（24）本人从報章上得到贵公司由於业务发展之需要而须招聘新【职人员】[Cb 职员]，本人似应聘导游一职。

（25）若学语言，非多听多说不可，所以这一点对我来说【不有利】[Cb 不利]。

（26）如果那时候他们选择"安乐死"的话，现在没有他，而且家里人的心情也【不平安】[Cb 不安]。

3. 语素多余，指偏误词受目标词影响，偏误词和目标词差异在于增加其他语素导致了偏误。如偏误词"导游员"与目标词"导游"相比，多了语素"员"。

（27）我以前当过导游，而且很感兴趣，所以想当你们公司的【导游员】[Cb 导游]。

4. 缺少语素，指偏误词受目标词影响，偏误词和目标词差异在于减少了其中的语素导致了偏误。例（28）从整句看这不是偶然少字，是将"设师"等同于"设计师"，缺少语素导致了偏误。又如把"发脾气"写成"发气"。

（28）我父亲也是广告设计师，从少时候一直看广告设计师是怎么样【的】[Cd]工作【】[Cq 的]，我【从来】[Cd 一直]很想当广告设【计】[Cbq]师。

5. 缩略错误，指不该用缩略而用缩略形式，或缩略形式不正确。例（29）"助导"可能是"助理导游"的缩略。例（30）"中语"是"中国语"的缩略，在国外的汉语教学或教材中，常用"中国语"表示"汉语"，但在国内很少用这个词，这一现象需要引起对外汉语教学界的重视，如何统一汉语术语或普通词语，使学习者习得的汉语是比较纯正、规范的语言。又如把"频繁出现"写成"繁出"，"相应提高"写成"相高"，"快速地变化"写成"速快"。

（29）我作为一名旅游节目的【助导】[Cb 助理导游]，走遍【】[Cq 了]几乎全国各个角落，对当地的历史，风俗，特点，民间故事，风景区都有相当的【认识】[Cd 了解]。

（30）因为在大学的时候，我的专业是汉语【中语】[Cb 中国语]，所以参加工作以后,我专门从事日本与中国之间的贸易工作。

2.2.3 外文词

指汉字圈的学习者把本国的汉字词使用到汉语语义相同或相关的语境中。例(31)"殿"在日语中表示"大人",此例为表示对相关人员的敬称,但是汉语中"殿"表示高大的房屋,特指供奉佛或帝王受朝理事的房屋。例(32)日语"社"表示公司,迁移汉字词代替汉语的"公司"。又如专有名词"米国"代替"美国"。

(31)快乐家庭旅游公司有关负责【殿】[Cw 人],您好。

(32)除了上午下午上课以外,晚上也跟着【米国】[Cw 美国]留学生"互相学习"。

(33)我看【】[Cq 了]【您们】[Cb 你们]的广告,就给贵【社】[Cw 公司]写信【的】[Cd]。

2.2.4 偏误词是汉语中不存在的词

偏误词是学习者根据汉语现有规律结合意义生造出来的,根据语境推知偏误词对应汉语中的一个词,但偏误词与目标词之间没有相同或相关的语素。如生造词"公业"与目标词"工作",没有相同语素,语义无关;"弱而脆"其实是对目标词"脆弱"的一种描述性表达;"自心满意"是留学生通过对目标词"自愿"的意义的理解造出的。又如"下班"写成"放工","结婚"写成"娶嫁人"。如:

(34)从一九八三年到现在近过好多努力才能【当】[Cb 当上]导游,但我还有一个希望是为了我国的快乐我想在你们的公司【公业】[Cz 工作]。

(35)我母亲是一个心理【脆而弱】[Cz 脆弱]的人。

(36)因此我【自心满意】[Cz 自愿]地随从她。

(37)但【放工】[Cz 下班]回来一定会争取时间跟我聊天。

(38)古代的时候他们不吃肉,也不能【嫁娶人】[Cz 结婚]。

2.2.5 无对应词

偏误词是学习者根据汉语现有规律结合意义生造出来的,偏误词所表示的意思在汉语中没有对应的概念词,根据原文推测,偏误词意思在汉语中可通过一个短语来表达。例(39)根据原文推测,生造词"女心"指的是"女孩子的心理",汉语中没有一个词可以表达这样的概念。如"勤干",与它相对应的应该是短语"勤劳能干"。再如"愚鲁"应该是"愚昧鲁莽"的意思;"紧忙"则是指"紧张又繁忙"的意思。如：

（39）从一个【女心】[Cz 女孩的心理]来说，我很喜欢穿【格重格样】[Cb 各种各样]的衣服。

（40）国家要进步，也是要有【勤干】[Cz 勤劳能干]的人民，才有【强】[Cb 富强]的国家。

（41）除了说他们【愚鲁】[Cz 愚昧鲁莽]，我可想不出另一个更贴切的形容词了。

（42）当时我除了学校功课【紧忙】[Cz 紧张又繁忙]外，又好玩，而且觉得跟我读的商业没有关系，所以不是很热衷。

三、汉语中介语语料库专用词表拟定

中介语语料库不同于母语语料库，它需要一部合理准确且可以通用的分词规范和与之相配的词表来解决分词问题。词表所选取的词一定是留学生输出的词，并且要求能够最大程度上覆盖语料中出现的词语。要达到上述要求，就需要词表建立者在选词时充分考察留学生的语料，并吸收对外汉语大纲和教材的成果，对留学生使用哪些词、哪些词容易出错等情况有所了解，并且反映到所建立的词表之中。在借鉴《信息处理用现代汉语分词词表》的基础上，尝试制定出汉语中介语语料库专用词表。

3.1 词表的收词原则

《信息处理用现代汉语分词词表》的基本原则是：（1）凡任一汉语语言学规则认可的词，只要达到常用性指标，均与收录；（2）靠纯粹的语言学规则界定不清但具有合适词法结构的某些成分，只要频度足够高，一般应收录；（3）凡拆开后无助于机器分析甚至增加了机器分析的困难程度的成分，应尽量从合①，常用的收入词表；（4）该词表认同的单字词收入词表。

3.1.1 全面性

作为通用型汉语中介语语料库，词表收录的词语越丰富、全面，越能满足语料切分需求，所以词表中的词覆盖的领域、范围要尽可能全面。选词既要涵

---

① 从合，意为"不予拆分"。有些词语拆分后会影响机器的自动分析，如缩略语"国内外"拆开后，增加机器的识别困难，因此尽量不做拆分。

盖现代汉语常用词,又要兼顾对外汉语教学和中介语中出现的常用词、偏误现象。可以学术影响大、使用范围广、比较规范的教学大纲、词表、教材为依据,同时还需要兼顾中介语语料中学习者高频使用的名词和偏误词,将大纲、词表、教材和语料相结合。

3.1.2 针对性

指要考虑学习者特有的偏误情况,针对学习者偏误特点,建立错词词表。需对已有的汉语中介语语料库进行考察,如北语"HSK 动态作文语料库",统计归纳出所有的偏误词,同时还要兼顾待加工的语料库语料,可随机选取一部分语料,统计归纳偏误词。

3.1.3 动态性

中介语语料库加工是一件浩大、复杂的工程,一般采取分批动态建设法,即先对一定规模语料进行切分、词性标注和偏误标注等加工,试运行并加以完善,然后开放供研究者、教学者使用,待语料库运行良好后可添加第二批、第三批语料。随着语料的不断更新,固有的词表不能满足新添加语料的切分需求,所以汉语中介语词表应是动态、开放的,时时根据新增加的语料扩大词表内容,使词表体现学习者语言使用的最新情况,提高汉语中介语动态语料库的切分准确性。

3.2 词表框架

《信息处理用现代汉语分词词表》的制定主要分为三个阶段:首先,将多部词典、词表以及汉字词汇大纲合并,去重后,得到一个初表;然后,加入定量信息,即从大规模语料库中统计获取初表中词汇的串频和词频信息;最后,依据定性和定量相结合的原则,即运用各类语言学规则并参照统计数据,对初表中的词逐条作出是否应该收入词表的判断。《信息处理用现代汉语分词词表》的建立步骤符合词表制定的原则,因此,在制定汉语中介语语料库专用词表时也可以借鉴这一制定方法。

我们拟定的汉语中介语语料库词表分为两个部分,基础词表和偏误词表。基础词表是涵盖汉语中介语语料库中的正确的词表,我们认为可以先按照词与词组之间是否具有争议对其进行层级划分,然后按照汉语中介语系统的分类,数量较大的大类列为子表,每类数量较少的小类合成为一个大的子表——综合类。词表具有开放性,随着语料的更新而随时增加或删减。需要注意的是,基础词表中不包含偏误。

3.2.1 名词、动词、形容词方面

结构表中的一级词汇是指可以按照语言学规则界定清楚,没有争议的词;

二级词汇是那些界限模糊,存在争议,游移于词和词组之间的语言成分,这部分的收录必须以频度为标准,只有频度够高的才可以收入词表。偏误词词表,收入的是汉语中介语语料库中存在偏误的词。

词表	基础词表	一级词汇	
		二级词汇	
	偏误词表	字层面	错字
			别字
			多字
			漏字
			繁体字
		词层面	语素顺序颠倒
			目标词语素＋非目标词语素
			生造词

3.2.2 专有名词方面

虽然专有名词是相对于普通名词而言的,其数量多,种类杂,又有极大的不确定性,但是其偏误的数量很少,可是我们仍不能忽略偏误,偏误对于我们制定汉语中介语语料库专用词表有很大的意义,因此我们结合留学生专有名词的使用情况将其单独列出进行讨论。

词表	基础词表	人名表		
		地名表		
		国名表		
		团体、组织、机构名表		
		行政区划名表		
		综合表		
	偏误词表	偏误类型	偏误词	目标词
		语素顺序偏误	花雨台	雨花台
		漏字偏误	法话	法国话
		别字偏误	车南亚	东南亚
	错字词表		【北】[Zc]京	北京
	繁体字词表		亞歷山大	亚历山大

有的目的词可能不止有一种偏误形式,那么每一种偏误形式都要录入,对应一个目的词,如:

	偏误词	目的词
别字	多论多	多伦多
	多沦多	

四、结　语

由于汉语中介语语料库具有包含大量偏误的特点,本文以中介语语料库为语料来源,对其中名词(包括专有名词)、动词、形容词的偏误进行穷尽性统计分析,总结出影响汉语中介语语料库分词和标注准确性的偏误类型,主要包括构词偏误和汉字层面上的别字偏误,并通过建立偏误词表解决这一问题,以期对汉语中介语的研究和教学提供借鉴。而本研究所制定的词表还需在今后的研究和使用过程中查找纰漏,并加以完善。

参考文献

[1] 国家汉语水平考试委员会办公室编制,1996. HSK 中国汉语水平考试大纲(初、中等).北京:现代出版社.

[2] 国家汉语水平考试委员会办公室考试中心制定,2001. 汉语水平词汇与汉字等级大纲.北京:经济科学出版社.

[3] 国家语言文字工作委员会,2008. 现代汉语常用词表(草案).北京:商务印书馆.

[4] 胡明扬,2002. 关于外文字母词和原装外文缩略语问题.《语言文字应用》第 2 期.

[5] 胡双宝,2012. 异体字规范字应用辨析字典.北京:北京大学出版社.

[6] 黄昌宁,1997. 中文信息处理中的分词问题.《语言文字应用》第 1 期.

[7] 梁南元,1991. 制定《信息处理用现代汉语常用词词表》的原则与问题的讨论.《中文信息学报》第 3 期.

[8] 孙茂松,王洪君,董秀芳. 2003. 信息处理用现代汉语分词词表规范. 语言计算与基于内容的文本处理——全国第七届计算语言学联合学术会议论文集. 北京:清华大学出版社.

[9] 孙茂松,王洪君,等. 2001. 信息处理用词汇研究九五项目结题汇报信息处理用现代汉语分词词表.《语言文字应用》第 4 期。

[10] 孙茂松,等. 2001. 信息处理用词汇研究九五项目结题汇报信息处理用现代汉语分词词表.《语言文字应用》第 4 期.

[11] 孙茂松,等. 2003. 信息处理用现代汉语分词词表规范. 全国第七届计算语言学联合学术会议论文集.

[12] 王洪君,2001. 信息处理用现代汉语分词词表的内部构造和汉语的结构特点.《语言文字应用》第 4 期.

[13] 邢红兵,2003. 留学生偏误合成词的统计分析.《世界汉语教学》第 4 期.

[14] 袁毓林,1997. 关于分词规范和规范词表的若干意见.《语言文字应用》第 4 期.

附 录 一

汉字标注(10 项)

偏误类型	标注代码	示例
错字	[Zc]	地【球】[Zc]
别字	[Zb]	【题】[Zb 提]高
繁体字	[Zf]	【單】[Zf 单]纯
异体字	[Zy]	【災】[Zy 灾]
拼音字	[Zp]	【yúan】[Zp 缘]分
拆分字	[Zl]	【女子】[Zl 好]
多字	[Zd]	后悔【悔】[Zd]
缺字(构词成分不全)	[Zq]	资【源】[Zq]
复合偏误字	分别加两种标记	俭【僕】[Zb 楼][Zf 朴] 不【酉星】[Zb 行][Zl 醒]
字存疑	[Z?]	更[Z?][Z?]保存自己的生命

词汇标注(10 项)

偏误名称	标注代码	示例
词语误用	[Cb]	他是韩国人,还有跟我一样的【岁】[Cb 岁数]。
构词成分不全（缺字）	[Cbq]	资【源】[Cbq]
错序词	[Cx]	代沟什么时候可以【失消】[Cx 消失]了。
生造词	[Cz]	……导致了光碟 CD 的【卖量】[Cz 销售量]逐渐下降的后果情况。
外文词	[Cw]	我一點兒不懂中文和中國人的種種【culture】[Cw 文化]。
离合词	[Cl]	现在我也有机会【见面】[Cl]他们。
同义叠加	[Cdj]	我就不用想就可以说我是【很非常】[Cdj]喜欢。

偏误名称	标注代码	示例
缺词	［Cq］	有的农民【】[Cq 在]不使用化肥和农药的情况下养农作物。 因为祥林嫂【】[Cq 是]嫁过二次的女人。
多词	［Cd］	但我觉得【按照】[Cd]上面所写的方法是现在很多人或国家用的方法。 你真是【个】[Cd]我的好朋友。
偏误存疑	［C?］	……但我和他们的【忆惯】[C?]，是忘不了的。

面向汉语中介语语料库的汉语分词规范研究①②

陈　钊　荣钟宁　刘　悦

（北京语言大学）

提　要:随着中介语语料库在汉语国际教育与相关研究中的作用日益凸显,语料库建设越来越受到学界重视。然而中介语语料库建设并不完善,至今还没有一套专门面向汉语中介语语料库建设用的统一、规范的分词规范,而是采用为中文信息处理或汉语母语语料库建设服务的分词规范,各语料库分词标准也不统一。因此,亟须对汉语中介语语料库分词规范展开研究,以求建立一套具有针对性的汉语中介语语料库建设专用分词规范。文章主要通过对现代汉语分词规范进行对比分析,拟定出汉语中介语语料库分词规范的语言学原则、一致性原则、形式为主意义为辅原则和理论中性原则,并且制定出具体细则,以供汉语中介语语料库建设参考。

关键词:汉语中介语;分词规范;语料库

---

①　本文依据北京语言大学 2012 级语言学及应用语言学专业研究生李子月的《汉语中介语语料库分词规范和专用词表研究——名词部分》、师丽媛的《汉语中介语语料库分词规范研究——专有名词部分》、王丹的《汉语中介语语料库分词规范和专用词表研究——形容词部分》、柴璐的《汉语中介语语料库分词规范和专用词表研究——动词部分》加工整理而成。

②　本研究得到语言资源高精尖创新中心项目(编号:KYD17004)、教育部哲学社会科学研究重大课题攻关项目(批准号:12JZD018)、北京市社会科学基金项目重点项目(编号:15WYA017)的经费资助。

一、引　言

　　完善的分词规范和词表的制定是为语料库提供自动分词的重要依据。目前针对汉语中介语语料库,还没有专门的分词规范和专用词表。汉语中介语语料库以汉语中介语为对象建立,其建库的目的是研究外国人学习汉语的特点和规律,语料来源主要是外国人的日常生活话语和汉语考试的作文等,语料标注也需要从正确和偏误两方面进行考虑。而现代汉语语料库主要是为了研究现代汉语的特点和规律,语料来源主要有现当代的文学作品、报纸杂志等,规模大,涉及范围广。因此汉语中介语语料库与现代汉语语料库在建库目的、语料来源、偏误切分等方面的差异决定了汉语中介语语料库不能完全照搬现代汉语语料库的分词规范,且分词规范作为一个语料库建设的基础和重要组成部分,也应该体现汉语中介语的特点。

　　随着汉语国际教育事业的蓬勃兴起,汉语中介语语料库的建设也越来越受到学界的重视,目前汉语中介语语料库的分词和词性标注完全是依据现代汉语分词规范,而现代汉语分词规范本身也存在很多问题。宋柔(1997)对现行分词规范提出了一些问题。(1)现行规范大多以词类作为规范分词的单位的基础,但是词类系统本身尚无公认标准,如何将词入类也尚无规范可循。(2)在动词的重叠形式的细则中,规范要求把 AAB 式的动词切成 AA/B,有时并不合理。杨成凯(1997)认为,从总体上看,国家分词规范的标准往往没有明确的定义或指标。比如其中说道:"二字或三字词,以及结合紧密、使用稳定的二字或三字词组,一律为分词单位。"这就需要考虑:(1)这里说到的"词""词组"和分词单位三者之间是什么关系;(2)结合紧密与否,使用稳定与否,没有具体标准,不好判断。此外还有众多学者对现有分词规范提出一些疑问,如黄居仁(1998)认为国家标准规范并未对自动分词的技术瓶颈做深入探究,只是在拟定个别词型切分原则时考虑了自动分词的可行性。许顺、吕强(2006)从完备性、一致性角度对国家分词规范的切分规则逐条对比,并进行了详细的分析,文章认为,可以从两方面解决完备性问题,一是对相关规则进一步细化,二是增强分词词库的完备性。从一致性角度看,作者列举了多处分词规范中同一切分对象的不同切分结果,指出出现不一致的根源是"国家规范由于完备性问题而不能对一致性问题进行检查所致",最后该文总结了国家分词规范的积极意义,提出中文分词规范化还需要进一步的研究。

　　以上对于现代汉语分词规范的探讨中,都比较客观地指出了分词规范存在的问题,而其主要问题在于词的分类以及分词单位的界定。而关于词的分类问题尚无公认标准,根据理论中性原则,我们在此研究中采用众多学者认同的分类方法。现代汉语里名词、动词、形容词是数量最多、用途最广、作用最大的三类实词,绝大多数的句子都离不开它们,而现代汉语中其他词类,如副词、量词、数词以及虚词相对封闭,因此我们在文中只对这三类实词进行研究。其中专有名词是汉语名词中一个特殊的类别,也是非常重要的组成部分。此外,我们还需要对现代汉语分词规范进行对比分析,从而为制定汉语中介语分词规范提供一定的借鉴。

二、现代汉语分词规范对比

汉语中介语分词规范是将汉字串形成的句子切分成词语序列应遵循的规则,并对切分好的词语赋予相应标记代码,包括词语切分和词性标注。本小节主要对现代汉语分词规范进行对比,分析其优缺点,并对其中存在的问题进行梳理,并给出自己的处理意见和说明,为制定汉语中介语语料库分词规范提供借鉴。

我们收集到的现代汉语分词规范有以下几部:

1.《信息处理用现代汉语分词规范(GB/T 13715—92)》,中华人民共和国国家标准(1992),下文简称"国标";

2.《北京大学现代汉语语料库基本加工规范》,北京大学(2002),下文简称"北大版";

3.《973 当代汉语文本语料库分词、词性标注加工规范》,山西大学(2003),下文简称"973";

4.《汉语拼音正词法基本规则(GB/T 16159—1996)》,中华人民共和国国家标准(1996),下文简称"正词法";

5.《信息处理用现代汉语词类标记规范(GB/T 20532—2006)》,中华人民共和国国家标准,下文简称"标记规范";

6.《资讯处理用中文分词规范》,台湾计算语言学会(1998),下文简称"台湾版"。

我们选择了前三个规范进行详细的对比分析。这三个规范相对来讲比较权威,使用也较为广泛。国标是首部关于分词规范的国家标准,而北大版和973 是在国标的基础上制定的。正词法和标记规范虽然也是国家标准,权威性强,但是正词法主要是针对汉语拼音的切分规范,标记规范主要是对词类、词性标记进行规定,与分词规范关系不紧密。而台湾版与大陆的分词规范差别较大,可比性较小。因此,我们选择国标、北大版、973 三个规范进行对比分析。

2.1 对"分词单位"的定义

国标中使用了"分词单位"这一概念,规定"分词单位"是汉语信息处理使用的、具有确定的语义或语法功能的基本单位,它包括本规范限定的词和词组。该规范同时对词和词组进行了规定,"词"是最小的能独立运用的语言单位;"词组"是由两个或两个以上的词,按一定的语法规则组成,表达一定意义的语言单位。

北大版的分词规范使用了"切分单位"这一概念,并指出这个概念本质上与国际中的"分词单位"是一样的,即"汉语信息处理使用的、具有确定的语义或语法功能的基本单位"。北大版的分词规范另外规定,"切分单位"主要指的是词,也包括一部分结合紧密、使用稳定的词组,在某些特殊情况下孤立的语素或非语素字也可能出现在切分序列中,如离合形式"出了一次差"中"差"就是一个语素。

973 中同样使用了"分词单位"这一概念,指出"分词单位"主要是词,也包括了一部分结合紧密、使用稳定的词组以及在某些特殊情况下可能出现在切分序列中的孤立的语素或非语素字。

三个规范对于使用"分词单位"还是"切分单位"持不同的观点。我们比较倾向于使用"分词单位",因为文本切分是以词为单位,而固定短语的结构紧密,使用稳定,作用相当于词,因此我们采用"分词单位"这一概念。

2.2 文本切分原则

文本切分原则是整个切分规范的总指导,制定分词规范,首先要解决的问题就是制定词语的切分原则。

国标中没有具体的关于切分原则的规定。

北大版切分规范的基本原则有以下三条。

1. 词语的切分规范尽可能同国标保持一致。

2. 多方面的适应性。既要适应语言信息处理与语料库语言学研究的需要,又要能为传统的语言研究提供充足的材料;既要适合计算机自动处理,又要便于人工校对。

3. 汉语词组本位语法体系的指导作用。汉语的词类与句法成分之间不存在简单的一一对应关系,同一个句法成分可以由不同词性的词来充任;而具有确定词性的同一个词又可以充当不同的句法成分,形式上可以没有任何不同的标记。

973文本切分原则有以下几点。

1. 词语的切分规范尽可能同国标保持一致。追求分词后语料的一致性是本规范的目标之一。

2. 分词中充分考虑形式与意义的统一。形式上要看一个结构体的组成成分能否单用,结构体能否扩展,组成成分的结构关系,以及结构体的音节结构;意义上要看结构体的整体意义是否具有组合性。

3. 本规范规定的分词原则及规则,既要适应语言信息处理与语料库语言学研究的需要,又力求与传统的语言学研究成果保持一致;既要适合计算机自动处理,又要便于人工校对。

4. 分词时遵循从大到小的原则逐层顺序切分。一时难以判定是否切分的结构体,暂不切分。

这两个规范的切分原则表述相似,又有各自的特点。我们认为,切分原则应该具有较强的指导性和可操作性。而在国标中提出的"结合紧密,使用稳定"原则具有较强的主观性,相比之下,973的文本切分原则的可操作性更强,指出切分应在遵循从大到小的原则上,考虑形式与意义的统一,先从大到小划分语言单位,但划分出的单位要确保其具有一定意义。

2.3 切分原则的拟定

结合现代汉语分词规范的切分原则,以及汉语中介语的特点,我们制定了以下原则。

2.3.1 语言学原则

制定分词规范,首先应该符合语言学原则。建设汉语中介语语料库的目的,首先是为了方便对外汉语领域的研究,包括汉语中介语的研究、现代汉语和中介语的对比研究等;其次是为对外汉语课堂教学提供指导,促进留学生的汉语水平。而分词规范作为汉语中介语语料库的基础,也必须符合语言学的原则。

符合语言学原则具体来说包括以下几个方面。

一是应符合现代汉语的特点和规律。汉语中介语是动态的、无限靠近现代汉语的一种中间状态,因此它必然包含着现代汉语的特点和规律。制定汉语中介语分词规范,应符合现代汉语双音节词数量占优势,词类和句法成分不是简单的一一对应关系等特点和规律。

二是符合汉语中介语的特点和规律。既然是中介语,那必然有一些不同于目的语的、属于自身的独特的特点和规律。制定汉语中介语分词规范,不能忽视中介语系统性、可渗透性、"化石化"和反复性的特点。

2.3.2. 一致性原则

一致性原则包括两个方面,一是分词规范中的每一条规则与其他规则没有矛盾冲突的地方;二是在使用分词规范进行文本切分时,前后应保持一致,不能同样的情况用不同的切分方式,同样的语言现象切分出不同的分词结果。

2.3.3. 形式为主,意义为辅原则

形式与意义是不可或缺的两个方面,二者应结合起来,形式为主,意义为辅,不能只顾形式不管意义。先从形式上看该切分单位的结构是否完整,是否能够单用,是否能够扩展等,然后再从意义上看该切分单位是否有完整独立的意义。

2.3.4. 小颗粒度原则

"颗粒度",简称"粒度"。在命名实体中,根据其组成单位的大小,可以定义颗粒度的概念。确定粒度应注意一条规律:细化程度越高,粒度越小;细化程度越低,粒度越大。具体到分词规范中,则是切分的粗细问题。粒度大,则切分程度较低,如将"中国人民大学"作为一个切分单位;粒度小,则切分程度较高,如将"中国人民大学"作为三个切分单位,分别是"中国""人民""大学"。我们倾向于对词的切分遵循小颗粒度原则。

2.3.5. 理论中性原则

理论中性是指在众多理论中为学界所普遍接受的一种理论准则,中介语语料库是为使用者提供研究中介语语料的工具,为众多人群所使用,因此我们在制定切分原则时采用理论中性原则,即采用大多数人所接受的理论,分为12大类,实词细分为名词、动词、形容词、区别词①、数词、量词、代词,虚词细分为副词、介词、连词、助词、叹词和拟声词。

三、中介语分词规范的拟定

分词规范是中文信息处理的首要的理论问题,现在的重点应该放在如何"具体处理"上,并且应该根据使用目的和使用范围的不同而进行不同的处理。

---

① 这里的"区别词"采用的是朱德熙先生《语法讲义》提到的概念,指的是"男""女""新式"等非谓形容词。

汉语中介语分词规范是针对外国人输出的汉语,因此在规范中应针对中介语的特点。

3.1　名词

3.1.1　普通名词

3.1.1.1　合成式

合成式可将两个构词成分结合成一个新词。构词成分通常认为是语素。复合词构词方式包括定中、状中、述宾、主谓等。

1. 并列关系

并列关系的两部分一般属于同一意义类型,两部分凡在词表普通名词的同一小类或相邻小类中,不可扩展、意义具有整体性,则不切分,一般双音节并列关系不切分,标为 n。如:兄弟/n。

2. 定中关系

(1)名+名:

① 双音节"名+名"的定中结构,一般为一个分词单位,标为 n。如:饭店/n。

② 三音节及以上,若结构体意义是组成成分意义相加,中间可加"的"意义不变,两者均可被其他词语替换,符合其中之一者,则切分,否则不切分,整体标为 n。如:[凤仙/n 花/n]/n 汁/n、大气层/n。

(2)动+名:

① 双音节"动+名"的定中结构,一般为一个分词单位,标为 n。如:烤肉/n。

② 三音节"动+名"的定中结构,一般为"动(双音)+名(单音)",结构意义具有整体性,一般不切分,如:消耗品/n。

③ 四音节及以上的"动+名"定中结构,一般两部分音节长度大于或等于 2,需从意义整体性、扩展法上判断,若意义具有整体性,不可加"的",则不切分,整体标为 n,如:失足青年/n;否则切分,如:生产/v 关系/n。

(3)形+名:

① "形+名"的定中结构,若中间不能插"的"或插"的"后意义改变,则作为一个分词单位,标为 n,如:老油条/n;否则切分,如:年轻/a 人/n。

② 有些组合有象征意义,不切分。如:红旗/n。

③ 组合结构意义具有整体性,切分后意义发生很大变化,不切分,标为 n。如:白菜/n。

(4)量+名/名+量

① 双音节,若不可扩展,具有整体意义,组合整体充当词组句子成分,不切分,标为 n;否则切分。如:个人/n、船只/n。

② 三音节以上的,切分,量词与名词分别标注。如:亩/q 产量/n、公里/q 数/n。

（5）数＋名

① 结构可扩展,则切分。分两种情况。

a. 表序数的一般要切分,数词与名词分别标注。如:五/m 楼/n,可扩展成"第五层楼",意义不变,故切分。

b. 省略量词的组合,结构可扩展为"数量名结构",意义不变,切分。如:两/m 脚/n 都/d 是/v 泥/n。

② 结构不可扩展,意义具有整体性,则不切分,如:半岛/n。

（6）代词＋名

"我、你、您、她、他、它、咱"后接名词,具有很强能产性,短语意义是组成成分的简单相加,我们采用扩展法,一般中间可加"的",切分,如:我/r 家/n。当代词后接名词性黏着语素时,不切分,如:我国/n、我校/n。

3. 述宾关系

① 若"动＋名"述宾结构中存在不成词语素,则不切分,标为 n,如:研究生/n。

② 若均为成词语素,可扩展则切分,如:压缩/n 饼干/n;否则不切分,如:烤鱼/n。

4. 主谓关系

① 主谓关系,若为陈述关系,则需切分。如:他/r 说/v。

② 若结构体是体词性,整体可作主、定、宾,则为具有整体意义的词,不切分,标为 n。如:癌变/n。

3.1.1.2　重叠式

名词重叠形式只有一种,为"AA"式,当为语素的重叠,具有遍指性,结构增加了"遍指"意义,不切分,整体作为一个分词单位,标为 n。包括下面两种情况。

（1）普通名词重叠。如:年年/n、山山水水/n。

（2）名词充当临时量词。如:家家/n。

当为词的重叠,表示重复,没有增加新的意义。需要切分。如:前有数词"一",后接动词,重叠式需要切分。如:一/m 步步/n 地向前走。

3.1.1.3　附加式

附加成分与前面成分组合表示某类词,结构构词能产性强,不能切分,整体标注。为覆盖更多的词,可在词的内部对组成成分进行标注,前加成分为 h,后加成分为 k,其中"儿"为儿化标志,非语素,标注为 x。

(1) 前加成分＋名语素或名词,不切分:阿、小、大、老、非、超。如:[阿/h 哥/n]/n。

(2) 名语素或名词＋后加成分,有的后加成分具有类化作用,不切分:家、手、性、员、子、化、长、头、者、儿。如:[花/n 儿/x]/n。

(3) 名词＋"们",不切分。"们"不能单独作句子成分,位于名词后表示名词复数,是不成词语素(即后附成分),不是词,不能切分,同时"n＋们"结构具有很强能产性,可在词内部标注具体成分,即[xx/n 们/k]/n,如:[老师/n 们/k]/n。

3.1.2 时间名词

(1) 一周的七天,农历的初一到初十,不切分,标为 nt。如:星期日/nt。"大年初一"是词组,"大"是前加成分,情感上带有兴奋、喜爱色彩,"大年"只能与"小年"相对,而我们不能说"小年初一",因此"大"是修饰"年初一",应切分为:大/a[年/n 初一/nt]。

(2) "年、月、日、时、分、秒"作为一个分词单位,标为 n。如:1998/m 年/n3/m 月/n2/m 日/n8/m 分/n10/m 秒/n。

当表示一段时间,"年、日、时、分、秒"为量词,标注为"q",如:8/m 年/q。具有整体意义、不可扩展的"元月""腊月""正月"等,作为一个分词单位,不切分。"时候、期间、时代、时"是普通名词,不是时间词,标为 n。

(3) 十二生肖表示的年不切分,如:牛年/n。

(4) 节日名具有专门意义,不能扩展,能独立充当句子成分,是词,不切分。同时本身构词具有一定特点,为"xx＋节",为了覆盖更多的词,"单音节语素＋节"不切分,如:春节/n。其余情况使用"短语方括号式",标注词内部成分,如:[国庆/n 节/n]/n。

(5) "点钟、分钟、秒钟、刻钟"常放在数词后,表示某一整数时间点或时间段,此结构应为:"数＋点/分/秒/刻"＋钟,"钟"为一个独立的词,附加在数量短语后,表示整时间,应切分。如:一/m 点/n 钟/n。

(6) "年间、年终、此间"均不切分。如:年间/nt。

"公元前、前不久"为使用频率很高的固定短语,短语需要切分,但因"公元前、前不久"具有固定性,因此不切分。为了揭示其内部结构,可采用"短语方括号式"标注法,即整体内部标注组成成分词性。"公元前"不能单独作状语,不属于时间词,是广义名词。如:[公元/n 前/nd]/n。

(7) "本、此、每、各、某、该＋单音节名词"已成为一种短语结构,具有较强的能产性,除"本地"等具有特定意义的词外,其他都切分,如:本/r 市/n。若"本、此、每、各、某、该"后为不成词的名语素则不切分。如:本校/n。

(8) 时间名词后接"……来(以来)",要切分。如:三/m 年/q 来/nd。

(9)"年、月"后跟"初、中、末、底"等词时,整体表示特定时间点,可作状语,不切分,如:年初/nt、月底/nt。如前面有数词,则切分,如:三/m 月/n 底/n。

3.1.3 方位名词

(1) 方位词+语素,结构体不能扩展,意义不是组成成分简单相加,不切分;可扩展,意义不具有整体性,需切分,否则不切分。如:里屋/nl、上/nd 赛季/n。

(2) 黏着语素+方位词,不切分。如:桌上/nl。

(3) 方位词+数词(量词)+时间词时,切分。如:下/nd 半/m 年/nt。

(4) 用于表概数或范围的方位结构,切分。如:50/m 左右/nd。

3.2 专有名词

专有名词是相对于普通名词而言的,其数量多,种类杂,又有极大的不确定性,因此我们结合留学生专有名词的使用情况将其单独列出进行讨论。

3.2.1 生命类专有名词

3.2.1.1 汉族人名

a. 汉族人名包括以下几种情况。

姓+名,不切分:王小明/n;

姓+称呼,不切分:邱老师/n;

名+称呼,切分:春花/n 同学/n。

姓作为专有成分不能单独使用,因此不进行切分,而名这一专有成分可以单独使用,因此我们将其切分。

b. 著名作者的笔名作为一个切分单位,不切分。如:老舍/n。

3.2.1.2 非汉族人名

1. 中国少数民族人名,姓和名,不切分。如:萨仁图雅/n。

2. 外国音译名有姓有名的,姓和名,不切分,如:约翰·史密斯/n。

3.2.2 非生命类专有名词

3.2.2.1 自然类专有名词

1. 地名

a. 水名

水名的通用成分一般包括江、河、湖、海、洋、水等。通用成分前的专有成分可以单独使用且语义不发生改变,则进行切分,否则不切分。

江:长江/n、嘉陵/n 江/n。

河:黄河/n、密西西比/n 河/n。

湖:西湖/n、鄱阳/n 湖/n。

海:南海/n、加勒比/n 海/n。

b. 山名

山名的通用成分一般包括山、峰、山脉、岳、岭等。通用成分前的专有成分可以单独使用且语义不发生改变,则进行切分,否则不切分。

山:泰山/n。

峰:回雁峰/n、珠穆朗玛/n 峰/n。

c. 岛名

岛名的通用成分一般为岛、半岛等。通用成分前的专有成分可以单独使用且语义不发生改变,则进行切分,否则不切分。

岛:台湾/n 岛/n。

半岛:朝鲜/n 半岛/n。

d. 平原、高原、盆地、沙漠名

平原、高原、盆地、沙漠等,通用成分前的专有成分可以单独使用且语义不发生改变,则进行切分,否则不切分。如:华北/n 平原/n。

3.2.2.2 社会类专有名词

1. 国家名有三种形式,全称、简称和缩略。国家名的全称应按照其构成切分,简称作为一个切分单位不切分,缩略的国名是一个语素,应切分。

全称:日本/n 国/n。

简称:中国/n。

缩略:中/n 日/n。

2. 行政区划名中,不带通用成分的专有名词作为一个切分单位不切分;带通用成分的专有名词,通用成分前的专有成分可以单独使用且语义不发生改变,则进行切分,否则不切分。

不带行政区划名:北京/n。

带行政区划名:浙江/n 省;易县/n。

3. 民族名

缩略的民族名是一个语素,不切分。带有通用成分,其前的专有成分可以单独使用且语义不发生改变,则进行切分,否则不切分。包括以下几种形式。

"族"省略:傣/n 白/n 藏/n。

"族"不省:回族/n。

通用成分为"民族":中华/n 民族/n。

4. 种族名

通用成分前的专有成分可以单独使用且语义不发生改变,则进行切分,否则不切分。主要包括以下几种形式。

国家＋人:奥地利/n 人/n。

民族＋人:希伯来/n 人/n。

城市＋人:上海/n 人/n。

洲＋人:非洲/n 人/n。

5. 语言名

语言名中,通用成分有"文、语、话、文字"。通用成分前的专有成分可以单独使用且语义不发生改变,则进行切分,否则不切分。

文:中文/n。

语:汉语/n。

话:中国/n 话/n。

文字:象形/n 文字/n。

简称:使用短语方括号标注法,将通用成分前面的简称结构内部进行切分。如:[中/n 泰/n 蒙/n]语/n。

6. 节日名在上述名词部分已经提及,按上述方法切分。

7. 宗教名作为一个分词单位,通用成分前的专有成分可以单独使用且语义不发生改变,则进行切分,否则不切分。主要包括以下几个方面。

宗教名:基督/n 教/n。

宗教相关:耶稣/n。

8. 事件名按照其组成成分切分。如:[辛亥/n 革命/n]。

9. 团体、组织、机构名

团体、组织、机构名应用短语方括号式标注法对其内部组成成分标注,简称不切分。

全称:[北京/n 语言/n 大学/n]。

简称:央视/n。

10. 通用成分前的专有成分可以单独使用且语义不发生改变,则进行切分,否则不切分。

路:成府路/n。

街:大通街/n。

11. 场站名按照其组成成分切分。如:首都/n 机场/n。

12. 赛会名按照其组成成分切分。如：北京/n 奥运会/n。

13. 商品名、品牌名若无通用成分，则专有成分作为一个整体切分；若有通用成分，通用成分前的专有成分可以单独使用且语义不发生改变，则进行切分，否则不切分，如：麦当劳/n、联想/n 电脑/n。

14. 篇章著作、报纸杂志名按照其组成成分切分。篇章著作、报纸杂志名作为一个整体不切分，如是短语形式，采用短语方括号式标注法标注其内部组成成分。

报纸杂志名：[北京/n 青年/n 报/n]。

篇章著作名：红楼梦/n。

15. 货币名作为一个整体不切分。如：韩币/n。

16. 乐器名作为一个整体不切分。如：二胡/n。

17. 菜名作为一个整体采用短语方括号式标注法，不切分。如：[红烧/n 狮子头/n]。

18. 疾病名作为一个整体不切分，如是短语形式，采用短语方括号式标注法标注其内部组成成分。如：感冒/n、[流行性/n 感冒/n]。

19. 考试名按照其组成成分切分。如：[汉语/n 水平/n 考试/n]。

20. 奖项名按照其组成成分切分。如：[诺贝尔/n 文学/n 奖/n]。

21. 旅游景点名作为一个整体不切分。如：故宫/n。

22. 字母词按照一个整体不切分。如：Beatles/n、HSK/n、卡拉 OK/n。

3.3 动词

本文确立动词的研究范围包括普通动词、趋向动词、助动词、离合动词及形式动词。具体将在下文说明。

3.3.1 重叠式动词和动词重叠结构

（1）"AA"式

"AA"式为词的重叠，因而予以切分，标为 A/v A/v，如"走/v 走/v"。

（2）"A 一 A"式、"A 了 A"式，"A 了一 A"式

"A 一 A"式中，"一"为数词，常用于重叠的动词中间，表示动作的短暂或尝试性，应切分并分别标记词性，A/v 一/m　A/v，如"读/v 一/m 读/v"；"A 了 A"式中，"了"是动态助词，应单独切分并标记词性，A/v 了/u　A/v，如"看/v 了/u 看/v"；同样"A 了一 A"式应予以切分，A/v 了/u 一/m　A/v，如"想/v 了/u 一/m 想/v"。

（3）"AAB"式

"AAB"式的重叠大部分为动宾结构的离合动词的重叠，离合动词的重叠

为语素的重叠,因而宜将此类结构看作一个切分单位,不予切分,标记为:AAB/v,如"洗洗澡/v"。

而在"A 了 AB""A 一 AB"格式中的离合动词,应予以切分,A 根据其性质标记为语素字或动词,如"握/v 了/u 握手/vlh"。

（4）"AABB"式

"AABB"式是语素的重叠,因而重叠后的词仍为一个新词,表达和原有动词不同的语法意义,所以本文不予切分,标记为:"吵吵闹闹/v"。

（5）"ABAB"式、"AB 了 AB"式

"ABAB"为动词的重叠,应予以切分为 AB/AB,标记为 AB/v AB/v,如"研究/v 研究/v"。

"AB 了 AB"式中,"了"是动态助词,表示完成,应切分,标为 AB/v 了/u AB/v,如"研究/v 了/u 研究/v"。

3.3.2 合成式动词和动词短语

（1）并列式动词和联合结构动词短语

并列式动词不予以切分,如:借贷/v;而联合结构动词短语中,动词无连词并列仍属于词的并列,因而均予以切分,如:调查/v 研究/v。

（2）动宾式动词和动宾结构动词短语的区分

在解决动宾式动词与离合词区分问题时,我们赞同张宝林老师的观点。张宝林(1996)提出了四种较为具体的标准:(1)用组合成分中是否含有黏着语素来鉴定离合词;(2)搭配严格受限,即一个动词成分只能与一个名词性成分组合或一个名词性成分只能与一个动词性成分组合的动名组合是离合词;(3)非动宾式而用动宾式的动名组合是离合词;(4)可以扩展又兼属名词或形容词的是离合词。

利用替换法和扩展法来区分词和短语,词不予以切分,短语予以切分,如:"吃饭"可以扩展为"吃了一顿饭"其扩展形式自由,因而"吃饭"是短语,应切分,标记为"吃/v 饭/n";"开门"表示"打开门"这个动作时切分,标为"开/v 门/n",表示"开始营业"或"比喻公开做某事或听取广泛意见"的意义时,不能扩展,不予以切分,标为"开门/v"。

考虑到离合词的特殊性,本文对离合词予以单独标注,合起来使用时标记为 vlh,取"离合"二字拼音的第一个字母;分开使用时,在分开使用的离合词下加下划线"﹏﹏",下划线中间的部分切分,分别标注词性,如果离合词中有一个是语素,则标为 g(语素字)。如:毕业/vlh 后/n 回/v 国/n、打/v 了/u 临时/a 工/n。

（3）动补式动词和动补结构动词短语

动补结构中多数是动补式离合动词,其特点是,可以扩展,中间可以插入"得""不",后面可以加动态助词"了""过",可以带宾语,上文提到的"对得起""形成"就属于此类。由于这类词能产性很高,因而不对它做单独标记,仍标为v。如:"打倒/v"。

除此之外,三字结构的应切分,如:"说/v 清楚/a"。

动补式结构中趋向动词常作补语,趋向动词表示动作或行为的方向,可以表示实际的趋向意义,也可以表示抽象的趋向意义。趋向动词用在普通动词后作补语,不论表示实际的趋向意义,还是抽象的,都是"词"的身份,应切分,并单独标记,如:"寄/v 来/vd""爱/v 上/vd"。

(4)状中式动词和状中结构动词短语

我们采用替换法和扩展法来确定是不是词,是词则不切分,否则切分。本文认为,助动词用在动词前起修饰动词的作用,少数用在动词后,表明说话者的态度等,应予以切分,并单独标记为 vu,如:"瞎/d 说/v""可以/vu 去/vd"。

3.3.3 附加式动词

(1)后加成分

主要指构成动词的后加成分,如"化""于"。

"化"用作后缀构词时不切分,整体标注词性。对于"于"的词性判断,我们以动词能否独立使用作为切分依据,如"低于"中"低"可以单独使用,因而应做切分,标为"低/v 于/k"。

(2)"所"字结构

"所"字结构为古汉语格式的遗存,在现代汉语中不能单用,起表述功能转化作用,应看作助词,标记为 u,"所"与动词组合时要切分,并标记为助词 u,如"所/u 用/v 办法/n"。刘艳(2015)认为"无所谓"是由"所谓"词汇化演变而来,"有所谓"则是根据"无所谓"对举产生。"所谓"是"所"加动词组合,需要进行切分,因此"有所谓""无所谓"应切分为"有/v 所/u 谓/v""无/v 所/u 谓/v"。张谊生(2014)将"有所""无所"处理为动词,我们采用其观点。理由是从语法功能来看,"有所"前可以加状语修饰,带宾语,在句子中作谓语中心,符合动词的语法功能,对其不进行切分。

3.3.4 动词疑问式

动词肯定否定并列表示疑问时,动词完整的切分,如"相信/v 不/d 相信/v"。动词中某一语素重叠时,将该语素标记为 g,其他部分仍切分,如"相/g 不/d 相信/v"。

3.4 形容词

按照本研究的分类原则,形容词部分实则指形容词、状态词和区别词三类。通过对比收集到的汉语分词规范对这部分的具体处理办法,找出异同,并进行分析,找出理据。

3.4.1 颜色词

单音节颜色词标注为形容词 a,例如:红/a。

双音节和双音节以上的颜色词不切分,标注为状态词 z,例如:浅黄/z。

颜色词后加“色”字,一般不切分,标注为 n,例如:红色/n。

3.4.2 重叠式

形容词和状态词都有重叠形式,具体可以归纳为“AA”式、“AABB”式、“ABB”式、“ABAB”式、“A 里 AB”式等。

(1)“AA”重叠型

基式为不成词语素的“AA”式形容词重叠型作为一个切分单位,标注为状态词,如:久久/z 没/d 说话/v。

基式为单音节形容词的“AA”重叠式作为一个切分单位,并标注为状态词 z,如:好好/z 干/v 吧/y。如果只有紧跟着“的”或“地”才成词,则“AA 的”或“AA 地”合为一个切分单位。

(2)“ABB、AABB、A 里 AB”重叠型

重叠形式“ABB、A 里 AB”作为切分单位,并标注为状态词 z,例如:孤单单/z;古里古怪/z。

“AABB”式的词实际上存在两种情况:基式是双音节形容词的为一个切分单位,标注为状态词 z,如高高兴兴/z;基式是两个单音节形容词的应切分开,如“红红/z 绿绿/z”。

(3)“ABAB”重叠型

双音节形容词的重叠形式是“ABAB”式,可以分为两种情况。

双音节性质形容词重叠为“ABAB”式,重叠后变为动词性短语,表示“使……怎么样”的意思,因此应当切分,如:高兴/a 高兴/a。

双音节状态词的“ABAB”式重叠也是整个词的重叠,基式和重叠式的语法功能相同,都是状态词性的,属于句法重叠,所以也应当进行切分,如:雪白/z 雪白/z。

(4)“AB 不 AB”和“A 不 AB”

形容词肯定否定并列表示疑问时“AB 不 AB”,一般要切分开,例如“漂

亮/a 不/d 漂亮/a"。"A 不 AB"形式是对"AB 不 AB"的缩略,形容词的某一
语素重叠,将该语素标记为 g,其他部分仍切分,如"漂/g 不/d 漂亮/v"。

3.4.3 形容词的并列形式

对于形容词的并列式,如果仅用是否结合紧密这样的标准来决定是否切
分是非常模糊的。什么样的算是结合紧密,应该有一个量化的标准。本研究
还是通过扩展法来决定形容词并列式是否应该切分。

两个单字形容词并列并且改变词性的,一律不切分。如:长短,扩展为"长
和短",意义和词性都发生了改变,因此不切分。

形容词并列且各自保持原有形容词语义的短语,应切分开。如:大/a 小/
a 尺寸/n。

3.4.4 状态词

除了上文提到的有关重叠形式状态词的切分规则,还有对"AB、A 不 X
(Y)"以及"一 A 一 B、一 A 二 B、半 A 半 B、半 A 不 B、有 A 有 B"形式的切分。
"AB"式状态词如"冰凉"是典型的状态词,因此应作为一个切分单位。"A 不
X(Y)"式以及其他形式如"酸不啦叽"是带后缀的形容词,也属于状态词,因此
也应作为一个切分单位。而"一 A 一 B、一 A 二 B、半 A 半 B、半 A 不 B、有 A
有 B"等类型的形容词性词组,如"一心一意、一清二楚、半生不熟、有声有色"
等属于成语范畴,作为一个切分单位。

3.4.5 区别词

包含区别词的结构有的是词,有的是词组。我们可以通过扩展法来判断
哪些是词、哪些是短语。单音节区别词和单音节名词或名词语素组合,一般不
能插入别的成分,如"雄鸡"不能扩展为"﹡雄的鸡","女人"不能扩展为"﹡女
的人",因此不可以切分开。而区别词和双音节或双音节以上词的组合,在插
入别的成分后不会改变词性和意义,如"女司机"可以扩展为"女的司机"。

四、总　结

本文以名词(包括专有名词)、动词、形容词为研究对象,在前人研究的基
础之上,通过对汉语语料库分词规范的研究现状的回顾,对比分析收集到的国
标、北大版和 973 三个分词规范,从而拟定汉语中介语语料库分词规范。但是
本文研究对象只选择了数量较多、使用频率高的名词、动词和形容词,其他实
词以及虚词没有涉及,这对于语料库分词规范的拟定是不完善的。我们还需

对没有涉及的词类进行规范的拟定。同时我们仅仅是基于汉语中介语的特点以及现代汉语分词规范进行研究，所以仍需大量的中介语语料的支持。又由于对中文信息处理领域认识的局限性，制定的切分规范存在着诸多的不足，这也需要我们进一步学习和完善。

参考文献

[1]《973 当代汉语文本语料库分词、词性标注加工规范》，2003. 山西大学.

[2]《北京大学现代汉语语料库基本加工规范》，2002. 北京大学.

[3]《汉语拼音正词法基本规则(GB/T 16159—1996)》，1996. 中华人民共和国国家标准.

[4]《信息处理用现代汉语词类标记规范》. 中华人民共和国国家标准(GB/T 20532).

[5]《信息处理用现代汉语分词规范》. 中华人民共和国国家标准(GB/T 13715).

[6]《资讯处理用中文分词规范》. 台湾计算语言学会(1998).

[7] 黄居仁，陈克健，陈凤仪，魏天真，张丽丽，1997.《资讯处理用中文分词规范》设计理念及规范内容.《语言文字应用》第 1 期.

[8] 刘艳，2015. 从"无所谓"的形成到"没所谓"的演变——论词汇化和反词汇化在词语发展中的作用.《常州工学院学报(社科版)》第 3 期.

[9] 宋柔，1997. 关于分词规范的探讨.《语言文字应用》第 3 期.

[10] 许顺，吕强，2006. 试析中文分词国家规范，《中文信息学报》第 3 期.

[11] 杨成凯，1997. 关于汉语分词问题之我见.《语言文字应用》第 3 期.

[12] 张宝林，1996. 离合词的确定及对性质的再认识.《语言教学与研究》第 1 期.

[13] 张谊生，2014. 从前加到后附："(有)所"的跨层后缀化研究——兼论"有所"的词汇化及其功能与表达.《汉语学报》第 1 期.

附　录

词性编码表①

代码	名称	举例
a	形容词	最/d 大/a 的/u
b	区别词	副/b 书记/n 王/nr 思齐/nr
vlh	离合词	洗澡/vlh
f	方位词	在/p 桌子/n 上/f
nd	方位名词	从/p 一/m 大/a 堆/q 档案/n 中/nl 发现/v 了/u

————————

① 本文中的"词性编码表"是以"PFR 人民日报标注语料库词性编码表"为框架，在北大版分词规范标记集和 973 分词规范词类标记集的基础上，修改制定而成。

代码	名称	举例
g	语素字	例如 dg 或 ag
h	前接成分	目前/t 各种/r 非/h 合作制/n 的/u 农产品/n
k	后接成分	权责/n 明确/a 的/u 逐级/d 授权/v 制/k
m	数词	科学技术/n 是/v 第一/m 生产力/n
n	名词	希望/v 双方/n 在/p 市政/n 规划/vn
q	量词	不止/v 一/m 次/q 地/u 听到/v
d	副词	好好/d 干/v 吧/y
r	代词	有些/r 部门/n
nl	处所名词	移居/v 海外/nl
nt	时间名词	当前/nt 经济/n 社会/n 情况/n
u	助词	工作/vn 的/u 政策/n
vu	助动词	可以/vu 去/vd
v	动词	举行/v 老/a 干部/n 团拜会/n
vd	趋向动词	可以/vu 去/vd
x	非语素字	花/n 儿/x
y	语气词	好好/d 干/v 吧/y
z	状态词	雪白/z
p	介词	在/p 学校/n

基于汉语中介语语料库
的习得研究

韩国学生"这/那"类指示代词篇章回指习得考察①

杨永生　肖奚强

（南京师范大学）

　　提　要: 文章基于 30 万字韩国学生作文语料,通过分析韩国学生"这/那"类指示代词篇章回指的正确用例和偏误用例,考察了韩国学生"这/那"类指示代词篇章回指的分布特点和偏误类型,得出了不同回指形式和回指类型的习得难度,并提出了教学建议。

　　关键词: 韩国学生;指示代词;篇章回指;习得

引　言

　　回指(anaphora)指在语言交际中用一个表达式(即回指语,anaphor)来指示一个之前已经引入的事物(即先行语,antecedent)的语言现象(Yule,1985)。作为篇章衔接的重要手段,回指一直是篇章语言学关注的热点问题。在汉语作为第二语言习得研究领域,对回指的研究还比较有限,已有的成果主要集中在对外国学生零形回指、代词回指和名词回指等使用状况的比较研究及偏误分析方面,对代词回指和名词回指内部小类的习得研究还相对匮乏。例如,有关代词回指的习得研究多集中在人称代词,如高宁慧(1996),肖奚强(2001),徐开妍、肖奚强(2008),金柳廷(2009),周晓芳(2011)等,相比而言,指示代词回指的习得研究还很不充分,目前看到的文献以曹秀玲(2000a)涉及的较多。事实上,指示代词不仅高频使用,而且其用法也较为复杂。以"这/那"

────────────

　　①　本文为国家社科基金项目"韩国留学生汉语篇章衔接手段习得研究"(项目编号:16BYY102)的阶段性成果,收入文集前已发表于《汉语学习》2020 年第 4 期。

类指示代词来说,作为回指语,"这/那"类指示代词不仅涉及代词回指、名词回指,同时还有近指和远指之分,其先行语既可以是名词性成分,又可以是小句、句子等。因此,我们认为有必要对指示代词进行专门的习得考察。本文拟以中介语理论为背景,基于一定规模的汉语母语者语料和韩国学生作文语料,对韩国学生"这/那"类指示代词(以下简称"指示代词")篇章回指的习得情况进行考察。文章首先考察汉语母语者指示代词篇章回指的使用情况,接下来以汉语母语者使用情况为参照,考察韩国学生指示代词篇章回指正确用例情况,最后分析偏误用例情况。

一、汉语母语者指示代词篇章回指使用情况

汉语学界有关指示代词篇章回指的研究,关注的主要是"这""那"的不对称,即"这"的使用频率高于"那"的现象。吕叔湘(1985)较早指出回指用法中"这""那"的不对称,并从空间、时间和心理距离的远近对立对这一现象作了概括性解释。此后,研究者进一步从认知、语用、篇章等角度对"这""那"的不对称进行了解释,曹秀玲(2000b)、方梅(2002)的观点较有代表性。曹秀玲(2000b)认为近指的"这"在心理上的可及性高于远指的"那",用"这"复指前文会增强语篇连贯性,使前后语段语义紧密衔接,用来指称事物,描摹时间、空间、程度等,会使听话人有身临其境之感。方梅(2002)指出"这"具有较强的言谈连贯功能,比"那"更容易表现"相关性",因此"这"是说话人保持话题连续性的偏爱手段。

对"这""那"在篇章中不对称的量化考察主要有曹秀玲(2000b)和杨玉玲(2010),但曹文和杨文重视依据指示代词本身的形式对不对称现象进行分类考察,依据指示代词回指功能进行的考察还不够细致、充分。本文拟在已有研究的基础上,尝试从回指功能的角度进一步考察"这""那"的不对称现象,同时依据回指功能对指示代词具体形式的分布情况进行考察。

在指示代词篇章回指中,指示代词作为回指语,本文将其具体形式称为回指形式,回指形式包括"这/那""这/那复合式""这时/那时""这里/那里"和"这

样/那样"。① 根据指示代词的回指功能,将指示代词篇章回指区分为语篇回指、人物回指、事物回指、时间回指和地点回指。② 我们在 30 万字汉语母语者语料中收集到指示代词篇章回指用例 1 964 例,对这些用例的回指类型和回指形式进行了标注。③ 数据如表 1 所示。

表 1　汉语母语者指示代词篇章回指使用情况

回指类型	回指形式												回指形式不对称性		
	这/那		这/那复合式		这里/那里		这时/那时		这样/那样		合计			这类	那类	比值
	频次	比例	频次	比例	频次	比例	频次	比例	频次	比例	频次	比例	频率			
语篇	320	38.4	340	40.8	11	1.3	—	—	163	19.5	834	100	2.78	767	67	11.5
人物	12	5.0	229	95.0							241	100	0.80	163	78	2.1
事物	101	15.6	545	84.4							646	100	2.15	523	123	4.3
时间	15	8.5	65	36.7	—	—	97	54.8			177	100	0.59	102	75	1.4
地点	4	6.1	13	19.7	49	74.2					66	100	0.22	37	29	1.3
合计	452	23.0	1 192	60.7	60	3.1	97	4.9	163	8.3	1 964	100	6.55	1 592	372	4.3

注:表中"比例"以百分位计,"频率"以千分位计,频率计算方法为:频次/30 万。

从表 1 看,汉语母语者指示代词篇章回指使用情况大体有以下特点。

1. 回指类型和回指形式分布不均衡。回指类型上,语篇回指出现频率较高,其次为事物回指和人物回指,时间回指和地点回指的出现频率较低;回指

① "这/那"可用于代称和指示,本文将"这/那"的称代和指示用法分别记作"这/那"和"这/那复合式"两组回指形式;"这里/那里"组回指形式除"这里/那里"还包括"这儿/那儿""这边/那边";"这时/那时"组包括"这时候/那时候";"这样/那样"组包括"这么/那么"。以上回指形式有的是代词,有的属名词性短语,为方便陈述本文均称指示代词。与指示代词同形的连词及虚化的篇章连接成分不在本文考察范围,判断依据主要是看其是否在句中充当句法成分,不充当句法成分的为非指示代词用法(石毓智 1997、黄均凤 2014)。

② Lyons(1977)认为指示词有"直指"和"回指"两个基本功能,"直指"指示存在于谈话情景中的客观实体,"回指"指示上文提到的对象。Lyons 还指出,与指示上文名词性成分的"回指"不同,指示词指示上文提到的命题、事件或言语行为的情况可称为"篇章直指(text deixis)"。本文中的人物、事物、时间和地点回指大致属于 Lyons 说的"回指"范畴,语篇回指大致相当于"篇章直指"。需作如下说明:(一)"篇章"和"语篇"所指经常相同,本文用"篇章回指"指从篇章角度观察回指现象,用"语篇回指"指篇章回指中回指对象为小句、句子或段落的情况;(二)时间回指的先行语经常不是上文出现的表示时间的名词性成分,而是上文陈述的事件,回指语指示所陈述事件发生的时间,本文将这类用法也归入时间回指。

③ 汉语母语者语料选自《读者》杂志。

形式上，"这/那复合式"出现比例占绝对优势，其次为"这/那"，而"这样/那样""这时/那时""这里/那里"的出现比例较低。

2. 回指类型和回指形式整体上呈现为错综的对应关系。从回指类型看，每种回指类型都有两种或两种以上的回指形式；从回指形式看，除了"这里/那里""这时/那时"和"这样/那样"主要用于地点、时间和语篇回指，占到80%以上用例的"这/那"和"这/那复合式"可用于任意一种回指类型。

3. "这"类回指形式和"那"类回指形式的分布具有不对称性，且在不同回指类型中其不对称的显著程度有差异。语篇回指中"这""那"的不对称性最为显著（11.5∶1），事物回指（4.3∶1）和人物回指（2.1∶1）次之，时间（1.4∶1）和地点回指（1.3∶1）不对称显著程度低。

对于研究者普遍关心的"这""那"不对称现象，本文统计结果表明"这""那"的不对称分布在不同的回指类型中显著程度不同。我们认为，语篇回指所指的是当前语篇，近似于 Lyons(1977)所说的篇章直指，因此更倾向于使用近指的"这"类回指形式。而相对于人物和事物回指，时间和地点回指更容易受到客观的时间和空间距离影响，所以相对来说"这"类回指形式的优势地位就不那么显著。

以下根据汉语母语者的使用情况考察韩国学生指示代词篇章回指的习得情况。

二、韩国学生指示代词篇章回指习得情况

我们在30万字韩国学生作文语料中收集到指示代词篇章回指用例1 968例，其中正确用例1 749例，偏误用例219例。① 用例分布情况见表2。

表2　韩国学生指示代词篇章回指用例总体情况

回指类型	正例	误例	总例	正确率(%)	频率(‰)
语篇回指	723	48	771	93.8	2.57
人物回指	86	30	116	74.1	0.39
事物回指	386	74	460	83.9	1.53
时间回指	340	44	384	88.5	1.28
地点回指	214	23	237	90.3	0.79
合计	1 749	219	1 968	88.9	6.56

---

① 韩国学生作文语料来源于南京师范大学"韩国留学生汉语中介语作文语料库"，30万字语料包含初级、中级和高级水平学生作文语料各10万字。

可以看到,韩国学生语篇回指使用频率和汉语母语者接近,人物回指、事物回指使用不足,而时间回指、地点回指使用超量。正确率方面,语篇回指正确率最高,其次为时间、地点回指,人物、事物回指正确率较低。综合以上判断,韩国学生习得人物、事物回指难度较高,时间、地点回指次之,习得语篇回指难度最低。

以下从正确用例和偏误用例两个方面分析韩国学生指示代词篇章回指的使用情况。

2.1 正确用例情况

2.1.1 回指形式分布情况

表3反映了韩国学生指示代词篇章回指的回指形式分布情况。

表3 韩国学生指示代词篇章回指回指形式分布情况

回指类型	这/那		这/那复合式		这里/那里		这时/那时		这样/那样		合计	
	例数	比例(%)	例数	比例(%)	例数	比例(%)	例数	比例(%)	例数	比例(%)	例数	比例(%)
语篇回指	226	31.3	249	34.4	5	0.7	—	—	243	33.6	723	100
人物回指	1	1.2	85	98.8							86	100
事物回指	43	11.1	343	88.9							386	100
时间回指	7	2.1	121	35.6			212	62.4			340	100
地点回指	8	3.7	20	9.4	186	86.9					214	100
合计	285	16.3	818	46.8	191	10.9	212	12.1	243	13.9	1 749	100

结合表1和表3可以看到,"这里/那里""这时/那时"和"这样/那样"三组回指形式,除"这里"偶用于语篇回指外,每组回指形式只用于一种回指类型,用法相对简单,同时韩国学生这三组形式的使用频率高于汉语母语者,存在超量使用的情况;与之相对,"这/那""这/那复合式"可用于任意一种回指类型,用法相对复杂,同时韩国学生这两组形式的使用频率也低于汉语母语者,使用不足。据此推测,韩国学生习得"这里/那里""这时/那时"和"这样/那样"应相对容易,习得"这/那""这/那复合式"应相对困难。

2.1.2 回指形式不对称分布情况

表4反映了韩国学生指示代词篇章回指的回指形式不对称分布情况。

表 4 韩国学生指示代词篇章回指回指形式不对称分布情况

回指类型	初级			中级			高级			总计		
	这类	那类	比值	这类	那类	比值	这类	那类	比值	这类	那类	比值
语篇回指	107	18	5.9	243	32	7.6	295	28	10.5	645	78	8.3
人物回指	11	13	0.8	13	17	0.8	19	13	1.5	43	43	1.0
事物回指	22	18	1.2	96	36	2.7	145	69	2.1	263	123	2.1
时间回指	20	98	0.2	18	111	0.2	30	63	0.5	68	272	0.3
地点回指	33	34	1.0	32	24	1.3	40	51	0.8	105	109	1.0
总计	193	181	1.1	402	220	1.8	529	224	2.4	1 124	625	1.8

可以看到,韩国学生语料中"这""那"类回指形式出现比为1.8∶1,总体上"这"类出现频率高于"那"类。但和汉语母语者(4.3∶1)相比,韩国学生仍使用了较多的"那"类回指形式,在"这""那"不对称分布上和汉语母语者存在较大的差距。

随学习阶段的提高,韩国学生"这""那"不对称性有向汉语母语者靠拢的趋势,但这一趋势仅在初级向中级过渡时显著,高级较中级没有显著变化,并且即使到了高级阶段,韩国学生和汉语母语者之间仍有较大差距。这说明韩国学生在"这""那"不对称的习得上存在僵化现象(Fossilization)。

从回指类型看,按照回指形式不对称性显著程度从高到低,可以将各回指类型排列成一个显著度序列。序列Ⅰ和序列Ⅱ分别为汉语母语者和韩国学生显著度序列:

Ⅰ. 语篇回指(11.5)＞事物回指(4.3)＞人物回指(2.1)＞时间回指(1.4)＞地点回指(1.3);

Ⅱ. 语篇回指(8.3)＞事物回指(2.1)＞人物回指(1.0)＞地点回指(0.96)＞时间回指(0.3)。

对照序列Ⅰ和Ⅱ可以看出:(1)韩国学生显著度序列和汉语母语者基本一致;(2)韩国学生各回指类型不对称显著程度均低于汉语母语者;(3)不同于汉语母语者,韩国学生在显著度序列后段的地点回指和时间回指上,"那"类回指形式出现频率高于"这"类回指形式。

在序列Ⅰ和Ⅱ的基础上,根据韩国学生和汉语母语者不对称相近程度从高到低,各回指类型形成一个相近度序列:

Ⅲ. 地点回指(0.74)＞语篇回指(0.72)＞事物回指(0.49)＞人物回指

(0.48)＞时间回指(0.21)。①

可以看出,除地点回指外,各回指类型不对称分布的相近程度与该回指类型不对称的显著程度(序列Ⅰ)整体上呈正相关关系:不对称显著程度越高,相近程度越高;不对称显著程度越低,相近程度也越低。

根据前文所述曹秀玲(2000b)等的研究,可以认为,韩国学生和汉语母语者"这""那"不对称分布上的差异,总体上反映了韩国学生在篇章的连贯性、叙述的生动性等方面和汉语母语者还存在一定差距。

韩国学生和汉语母语者"这""那"不对称分布的差异,我们认为可以从汉韩篇章回指指示词选择的不同制约机制上得到解释。根据魏义祯(2010、2017)的观点,汉语发话人和韩语发话人在选择篇章回指指示词时的"话者视角"不同。汉语发话人从"话题延续"的角度选择指示词,因此更多地选择近指指示词以增强篇章的连贯性。韩语发话人是从"信息传递"的角度选择指示词,从"信息传递"角度看,尚未完成传递的概念处于"言者域",用近指指示词指示;已完成传递、受话人已知的概念处于"听者域",用中指指示词指示。②因此,韩语发话人对已提及过的"概念实体"进行回指时,有理由认为听者已经知道该"概念实体",在篇章回指中会更多选择中指指示词。由于上述差异,韩国学生在使用汉语指示代词进行篇章回指时,可能因母语影响而比汉语母语者更多地使用"那"类回指形式。

2.2 偏误用例情况

30万字韩国学生作文语料中共出现偏误用例219例,总体偏误率为11.1%。偏误情况详见表5。

表5　韩国学生指示代词篇章回指偏误用例情况

回指类型	初级			中级			高级			全部		
	正确	偏误	偏误率(%)	正确	偏误	偏误率(%)	正确	偏误	偏误率(%)	正确	偏误	偏误率(%)
语篇回指	125	21	14.4	275	14	4.8	323	13	3.9	723	48	6.2
人物回指	24	11	31.4	30	10	25.0	32	9	22.0	86	30	25.9

---

① 序列Ⅲ中的数值＝序列Ⅱ中对应数值/序列Ⅰ中对应数值,数值越接近1说明不对称性越接近。

② 韩语指示词近指、中指和远指三分,中指和远指均对应汉语的远指。在韩语篇章回指中,仅近指和中指二元对立,远指指示词不用于篇章回指。

回指类型	初级			中级			高级			全部		
	正确	偏误	偏误率（%）	正确	偏误	偏误率（%）	正确	偏误	偏误率（%）	正确	偏误	偏误率（%）
事物回指	40	19	32.2	132	29	18.0	214	26	10.8	386	74	16.1
时间回指	118	21	15.1	129	12	8.5	93	11	10.6	340	44	11.5
地点回指	67	9	11.8	56	6	9.7	91	8	8.1	214	23	9.7
总计	374	81	17.8	622	71	10.2	753	67	8.2	1 749	219	11.1

可以看到,语篇回指在几种回指类型中偏误率最低,其次为时间回指和地点回指,人物回指和事物回指偏误率最高。从纵向发展看,中级阶段较初级阶段偏误率下降显著,高级阶段较中级阶段偏误率下降趋缓,这也说明韩国学生在指示代词篇章回指习得过程中存在僵化现象。

根据偏误实际情况,以下分语篇回指偏误、人物和事物回指偏误,以及时间和地点回指偏误三类分析韩国学生偏误用例情况。

2.2.1　语篇回指偏误

语篇回指偏误共 48 例,偏误类型包括误代(22 例)、遗漏(17 例)和错序(9 例)。偏误具体分布情况见表 6。

表 6　语篇回指偏误用例情况

偏误类型	具体偏误情况	初级	中级	高级	合计
误代	谓词性与体词性指示代词误代	3	2		5
	"这个/那个"误代"这/那"	8	5	2	15
	其他	2			2
遗漏	主语遗漏	1		7	8
	中心语遗漏	2	2		4
	先行语缺失		2	1	3
	其他(定语、状语遗漏)	1		1	2
错序		4	3	2	9
合计		21	14	13	48

2.2.1.1　误代

误代偏误包括两类,一类是谓词性指示代词"这样/那样""这么/那么"误代体词性指示代词"这/那""这些/那些"等;一类是体词性指示代词内部"这

个/那个"误代"这/那"。例如:

(1)我爱中国,中国是很漂亮。可是我进淑明女大中文系。这么我为什么要学中文。(初级)

(2)尤其我在小学的时候,她对我的态度很严谨。那时我不喜欢妈妈,但现在才知道,那个也是妈妈对我的爱情。(中级)

(3)到处都有红花绿叶、青山绿水。所以我以后在冬天一定要去中国的南方。这个不仅是我一个人的主张,而且诸多的中国人也都是这样说。(高级)

例(1)中的"这么"应修改为"这(就是)",例(2)(3)中的"这个/那个"应修改为"这/那"。韩语中"이(这)""그、저(那)"经常和依存名词"것"组合,构成"이것、그것、저것"用来指称,韩国学生可能将"这/那"和量词"个"的组合等同于韩语的"이、그、저"和依存名词"것"的组合,从而出现例(2)(3)中的偏误。

2.2.1.2 遗漏

遗漏偏误包括回指语遗漏和先行语遗漏,其中回指语遗漏包括主语遗漏和定中结构中心语遗漏。例如:

(4)我在中国已经八个月了。上学期我觉得赶快过了。这个学期跟妻子一起住。不是我被别的条件派中国,∧我自己决定的事情。(初级)

(5)……突然一个男的坐在我旁边问:你是哪个国家的?我一直不回答。因为我觉得他太过分。怎么第一次看见的人面前问那样的∧。(中级)

(6)徐太智是一个在韩国非常有名的歌手。他对歌坛引起了很大的变化,有了他,韩国歌坛发展到这一步。(高级)

例(4)应在"∧"处添加回指语"这(是)";例(5)可在"∧"处添加"问题",与"那样的"构成定中结构。在韩语中,"이/그런 것"表示"这/那样的(事物、情况等)",可用于回指,例(5)中的偏误应是韩国学生母语迁移所致;例(6)中"这一步"具体指什么,前文没有交代,缺少先行语。

2.2.1.3 错序

错序主要表现为"这样/那样"与"想""说""做"等动词搭配时,将"这样/那样"放在动词后。例如:

(7)幸福这种感觉不一定是人多钱买一个贵品才能得到的东西。因小事而感到的幸福才是真正的幸福。我希望人人都想这样。

（初级）

（8）我们开始考虑养乌龟还是放回到池塘里。我建议把它们放回到池塘里的时，孩子们不愿意做这样。（中级）

（9）当时读朝鲜的时候，和以前一样读 ch oxiǎn,每个人都说这样。（高级）

以上 3 例中，"这样/那样"应放在动词前面作状语。这类偏误可能是韩国学生不了解汉语状语和补语的区别，错误地将应该放在动词前作状语的成分放在了动词后。

2.2.2 人物、事物回指偏误

人物、事物回指偏误共 104 例，偏误类型包括误代（74 例）、冗余（9 例）和遗漏（21 例）。偏误具体分布情况见表 7。

表 7 人物、事物回指偏误用例情况

偏误类型	具体偏误情况	初级	中级	高级	合计
误代	"这/那复合式"误代人称代词	4	9	7	20
	人称代词误代"这/那复合式"	10	11	12	33
	"这""这个"等误代"它"	1	1	2	4
	"这个/那个"误代"这/那"	7	4		11
	"那（个）中"误代"其中"	2	1		3
	其他	1	1	1	3
冗余	主语冗余	1		1	2
	宾语冗余		1	1	2
	定语冗余			5	5
遗漏	主语遗漏	1	2		3
	定语遗漏	2	2	2	6
	先行语缺失	1	6	5	12
合计		30	39	35	104

2.2.2.1 误代

误代偏误最常见的是指示代词和人称代词的误用，包括"这/那复合式"误代人称代词、人称代词误代"这/那复合式"，以及"这""这个"等误代人称代词"它"。例如：

（10）我有南京的朋友。那个朋友回了菲律宾。我们一起学习

英语在菲律宾。今天打算会那个朋友。那个朋友名字是何军。（初级）

（11）这时旁边的有一个女的问我们：你们去不去野三坡？我们想十渡下一个站是野三坡，先买她的票，在十渡下车。原来她是住在野三坡的旅馆老板，她说我们今天住她那儿的话，她卖给我们到野三坡的票。我们很想去十渡，马上买票。上火车了，但火车上有个男的找我们说：你们就是到野三坡的吧？下火车后就跟我去我的旅馆吧。我们吃惊了，因为我们认为坐车以后，她管不了我们。（中级）

（12）听说虎丘塔有很悠久的历史。这建于南宋，跟今已有一千多年。（高级）

篇章回指要遵循经济和明确的原则。例（10）多次用"那个朋友"回指，违反了经济原则，加点的两处"那个朋友"可改用人称代词"他/她"。例（11）加点的"她"和先行语距离较远，且文中还有其他人物出现，用人称代词回指不符合明确原则，可将"她"修改为"那个女的"。例（12）"这"应修改为"它"，或修改为"这座塔"。

还有较常见的误代表现为"这个/那个"误代"这/那"，这类偏误主要出现在初级和中级阶段。例如：

（13）我有大梦想。那个是当韩国政府的高官。（初级）

（14）现在我的生活比较满意了。不过有还不明白的事情。这个是中国人的交通文化。（中级）

根据我们的观察，指称人或物时，"这个/那个"多用于外指，一般不用于回指，例（13）（14）中的"这个/那个"应修改为"这/那"。如前所述，这类偏误应是受韩语影响所致。

除此以外，"那（个）中"误代"其中"的偏误也偶有出现，如："北京有很多名胜古迹。那个中最好是长城。""那个中"应修改为"其中"。

2.2.2.2 冗余

冗余偏误主要包括主语冗余、宾语冗余和定语冗余等。例如：

（15）我朋友买了一个珍珠玉器。这个东西三百五十块钱。这个东西韩国比中国贵。（初级）

（16）你吃过杂菜吗？这一道菜是韩国传统菜，一般来说，韩国人开晚会或者开宴会时应该做这道菜，以前我在韩国时我的中国朋友很欣赏这道菜，我可以教你做杂菜的方法。（中级）

（17）那喷泉 1989 年 9 月建筑，叫作 88 喷泉。……那喷泉旁边

也有大草地,那里使用野外公演处所。(高级)

例(15)(16)连续使用"这/那复合式"回指不符合经济原则,加点的"这个东西""这道菜"可使用零形式回指。例(17)中第一段出现"那喷泉",第二段回指时,由于距离较远仍然采用了名词形式,但略显得重复,可将加点的"那喷泉"修改为光杆名词形式"喷泉"。

2.2.2.3 遗漏

遗漏偏误包括回指语遗漏和先行语遗漏,其中回指语遗漏包括主语遗漏和定语遗漏。例如:

(18)古代的时候有两个国家。∧两个国家联系不好,所以见面的时候他们常常吵架。(初级)

(19)他跟家人一起想方设法,终于想出了好方法。∧是把这两座大山搬走。(中级)

(20)终于 1971 年他取得出演影片男主角的资格,拍了这部电影后,他非常红了。(高级)

例(18)先行语是数量名结构,回指语不能再次使用数量名结构,需在"∧"处添加定语"这"(高宁慧,1996);例(19)可在"∧"处添加主语"这/那",回指"好方法";例(20)的"这部电影"缺少先行语。

以上偏误多涉及篇章中指同表达式的选择问题。廖秋忠(1986)研究表明,篇章中的指同表达式有"逐步简化、抽象化的趋势",在较大的篇章结构中指同手段"由繁到简之后又往往由简而繁,循环再现"。王灿龙(1999)指出,各小句之间"连续性最强时,人们总是用零形式照应;连续性较弱时,人们倾向于用代词照应;连续性最弱时,总是用名词照应"。连续性的强弱和话题的延续和转换相关,"诸小句表述一个话题的连续性最强,小句之间存在话题转换的连续性最弱"(肖奚强,2001)。以上相关的几类偏误,多是没有能够遵循上述篇章组织规律造成的。

2.2.3 时间、地点回指偏误

时间、地点回指偏误共 67 例,偏误类型包括误代(41 例)、冗余(9 例)和遗漏(17 例)。偏误具体分布情况见表 8。

表8 时间、地点回指偏误用例情况

偏误类型	具体偏误情况	初级	中级	高级	合计
误代 （时间回指）	"这"类或"那"类内部误代	4		1	5
	"这"类误代"那"类	6	3	1	10
	"那"类误代"这"类	2	2	4	8
	时间名词误代指示代词	3			3
	其他			1	1
误代 （地点回指）	"这里"误代"那里"	4	3	7	14
冗余		4	3	2	9
遗漏	先行语缺失	4	3	1	8
	主语遗漏		3		3
	状语遗漏	3	1	2	6
合计		30	18	19	67

2.2.3.1 误代

时间回指误代偏误包括"这"类、"那"类回指形式内部的误代，以及"这"类和"那"类回指形式之间的误代。例如：

（21）她说韩语很好。她也学习很多。我觉得她回来南京7—8月。那月我可以看她。（初级）

（22）大概两年前在大学校里见他。他是跟我一样的中文系。这时候我不太喜欢他。（中级）

（23）柳宽顺跳下台了，然后走到群众的最前面游行示威。她一边走一边举着两个手不停喊着"大韩独立万岁"。那时候日本军队来了。（高级）

汉语有"那年、那天"的说法，而没有"那月"的说法，例（21）中"那月"可修改为"那时"。"这时""那时"在回指过去时间时，前者是现场描述方式，指过去的某一时点，后者是事后讲述方式，指过去的某一时段（杨玉玲，2010），例（22）（23）应分别使用"那时候""这时候"。

另外，时间名词"当时""现在"误代"这时/那时"的用例也有出现，这类偏误主要出现在初级阶段。例如，"这孩子也穿着漂亮的新衣服，很高兴。不料到现在反对收养这孩子的奶奶来了。"指过去的某一时间点，"现在"应修改为"这时"。

相对于时间回指,地点回指误代偏误数量少且类型单一,主要表现为"这里(这儿、这边)"误代"那里(那儿、那边)"。例如:

（24）我们两个人一到上海就去商业市场。在这儿买了东西。还有吃饭。然后我们去了外滩。（初级）

（25）下午两点钟去。在中国食堂吃牛肉面。吃过以后去中央门汽车站。这边也有很多人,在中央门汽车站有常州车票就买车票了。（中级）

（26）刚过春节后,我打算去香港。因为这里要参加开会。（高级）

回指上文提到的处所,用"这里"还是"那里",除受空间距离影响,还取决于报道人的报道视角。主观报道时,报道人把自己置身其中,用"这里";客观报道时,报道人置身其外,用"那里"（杨玉玲,2010）。从上下文看,上述三例既非空间距离近,又非主观报道视角,应将"这里(这儿、这边)"修改为"那里(那儿、那边)"。

2.2.3.2 冗余

冗余偏误主要见于时间、地点回指语出现不必要的重复使用,冗余的回指语均为"那"类回指形式。例如:

（27）那时我们俩第一次坐晚上的火车,心里有一些紧张。那时在我们隔壁坐的一个小伙子跟我们说话。看起来他很年轻。我们互相介绍自己。（初级）

（28）那天买票时很紧张。中国朋友说过火车票或者长途汽车很难买到。我先去南京火车站,那天到火车站时人很多很多了。（中级）

（29）海边周围条件很好,在那边可以吃我家乡的土产就是新鲜的水产物,在那儿可以看到无垠的海洋风景。（高级）

例(27)中加点的"那时",例(28)中加点的"那天"都可以承前省略,例(29)中"那儿"作介词"在"的宾语,与"在"一起,二者共同组成介词短语作地点状语,该地点状语也可以承前省略。

2.2.3.3 遗漏

遗漏偏误包括回指语遗漏和先行语遗漏,其中回指语遗漏包括主语遗漏和状语遗漏。例如:

（30）我有一个朋友最有印象,叫李娜。她和我是同姓,她的发

音特别好。他介绍我那个地方，我们一起旅游。（初级）

（31）现在在汉城有人工海水浴场，非常大，除了人工波浪外很多好玩的。最近∧年轻人最喜欢去的地方。（中级）

（32）我觉得环境污染和社会发展紧密联系的关系。当时，环境污染不是很严重的时候，我们没有注意环境保护。因为∧致力于社会发展。当一个国家从农业国变成工业国的时候，环境问题渐渐突出才普遍受到人们的关注。（高级）

例（30）中"那个地方"缺少先行语；例（31）应在"∧"处使用"这里/那里（是）"回指"人工海水浴场"；例（32）应在"∧"处使用"那时"，回指"环境污染不是很严重的时候"。

三、结 语

本文以汉语母语者使用情况为参照，对韩国学生"这/那"类指示代词篇章回指的习得情况进行了考察，主要结论有以下几点。

1. 从回指类型看，韩国学生语篇回指习得相对容易，时间回指和地点回指次之，人物回指和事物回指习得较为困难；从回指形式看，韩国学生"这/那""这/那复合式"习得相对困难，"这时/那时""这里/那里""这样/那样"习得相对容易。

2. 韩国学生"这"类回指形式使用不足，"那"类回指形式使用超量，在篇章连贯性、叙述生动性等方面和汉语母语者存在差距；韩国学生回指类型不对称性和汉语母语者相近程度从高到低依次为：地点回指＞语篇回指＞事物回指＞人物回指＞时间回指；不对称的习得存在僵化现象；影响不对称习得的主要因素是母语迁移。

3. 韩国学生人物回指和事物回指偏误率最高，时间回指和地点回指次之，语篇回指偏误率最低；从偏误率变化趋势看，中级阶段较初级阶段偏误率下降显著，高级阶段较中级阶段偏误率下降趋势趋缓；指示代词篇章回指习得存在僵化现象。

针对韩国学生的习得情况，我们认为，教师在教学中应具有"类型"意识，针对不同的回指类型，教学需有不同侧重。例如，不同的回指类型具有不同的偏误规律，在教学中应注意分别对待，因"型"施教。同一组/类回指形式用于不同的回指类型时，使用频率和习得难度均有分别，在教学中应注意根据回指类型区分重点，把握难点。此外，针对中介语系统中的僵化现象，指示代词篇章回指的教学应贯穿初、中、高三个阶段,在知识点的安排上既应有分散教学,也应有综合教学或专题教学,以便于学生在各种回指类型和回指形式的比较中较系统地掌握指示代词篇章回指的用法。

参考文献

[1] 曹秀玲,2000a. 韩国留学生汉语语篇指称现象考察.《世界汉语教学》第 4 期.

[2] 曹秀玲,2000b. 汉语"这/那"不对称性的语篇考察.《汉语学习》第 4 期.

[3] 方梅,2002. 指示词"这"和"那"在北京话中的语法化.《中国语文》第 4 期.

[4] 高宁慧,1996. 留学生的代词偏误与代词在篇章中的使用原则.《世界汉语教学》第 2 期.

[5] 黄均凤,2014."这样"的非代词用法及其篇章功能.《汉语学报》第 3 期.

[6] 金柳廷,2009. 基于韩汉对比的韩国学生汉语照应系统习得研究. 南京师范大学博士学位论文.

[7] 廖秋忠,1986. 现代汉语篇章中指同的表达.《中国语文》第 2 期.

[8] 吕叔湘,1985. 近代汉语指代词. 上海:学林出版社.

[9] 石毓智,1997. 指示代词回指的两种语序及其功能.《汉语学习》第 6 期.

[10] 王灿龙,1999. 现代汉语照应系统研究. 中国社会科学院研究生院博士学位论文.

[11] 魏义祯,2010. 汉韩篇章回指中空间指示词的选择与话语视角.《汉语学习》第 2 期.

[12] 魏义祯,2017. 韩汉篇章回指对比研究. 北京:北京语言大学出版社.

[13] 肖奚强,2001. 外国学生照应偏误分析.《汉语学习》第 1 期.

[14] 徐赳赳,2014. 现代汉语篇章语言学. 北京:商务印书馆.

[15] 徐开妍,肖奚强,2008. 外国学生汉语照应习得研究.《语言文字应用》第 4 期.

[16] 杨玉玲,2010."这""那"系词语的篇章用法研究. 北京:中国广播电视出版社.

[17] 周晓芳,2011. 欧美学生叙述语篇中的"回指"习得过程研究.《世界汉语教学》第 3 期.

[18] Lyons,J. 1977. *Semantics*. Cambridge:Cambridge University Press.

[19] Yule,G. 1985. *Study of Language*. Cambridge:Cambridge University Press.

韩国留学生汉语成语使用状况考察①

程 燕 肖奚强

（南京师范大学）

提 要：通过对封闭的韩国二语学习者的汉语中介语语料库和教材语料库中的成语穷尽性统计、对比分析，发现教材语言的输入对中介语的输出有影响，且对不同阶段学习者影响程度有差异。中介语输出的成语有超过半数是超纲成语和教材之外成语，这些成语共同特点是均有75%以上是现代汉语的常用成语。文章进一步讨论了课堂教学、目的语环境、频率因素在二语习得中的作用，为二语习得理论提供了来自中介语系统的佐证。

关键词：语料库；汉语成语；教材输入；中介语输出；二语习得

引 言

汉语成语习得一直是汉语作为二语教学的重点也是难点。时贤利用中介语语料库进行的汉语成语的二语习得相关研究，集中在偏误分析，主要是利用HSK动态作文语料库等分析成语的偏误类型（张永芳，1999；王若江，2001；石琳，2008；郭圣林，2011；程燕，2012），尚未有人涉及对中介语输出的成语进行全面而系统的研究。二语中介语的输出离不开目的语的输入。语言学习中的"输入"主要有学习者在真实交际中接触到的目的语、教学材料（包括影像资料）中的目的语和教学活动中的教师用目的语所说的话（吴中伟，2008）。相比而言，教学材料（尤其是教材）是可控性最强的输入来源。因此，本文在研究中

① 本文系国家社科基金项目"韩国留学生汉语篇章衔接手段习得研究"（项目编号：16BYY102）的阶段性成果。收入文集前已发表于《汉语学习》2020年第2期。

介语输出情况时,同时反观教材输入情况,试图探讨以下问题:二语中介语系统吸收了哪些汉语成语? 这些成语能够进入中介语系统具有什么特征? 汉语教材语言的输入对中介语输出是否有影响? 如果存在影响,二语中介语系统与教材输入之间存在多大差异? 本研究以汉语四字成语①为研究对象,对两个一定规模、封闭的语料库进行了穷尽性的统计分析。用于研究的两个语料库分别是:(1) 韩国留学生汉语中介语作文语料库。该语料库收集了南京某高校 2000—2011 年期间在读韩国留学生的作文语料,共 102 万字。初级、中级、高级分别是 26 万字、39 万字、37 万字。语料包含考试和平时的作文。由于本研究中的韩国留学生中介语作文语料库既包含了期末考试作文语料,也包含了与平时教学紧密关联的作文训练语料。因此,该中介语语料库最大可能降低了因作文话题等因素而限制教学成语输出的现象。(2) 教材语料库。该语料库收集了该高校在 2000—2011 年期间用于不同级别留学生所有课型课堂教学的教材共 31 册,其中初级 16 册、中级 7 册、高级 8 册。这些教材也是当时较为通行的教材。我们穷尽检索了教材正文、练习及生词表中出现的所有四字成语。

一、中介语输出的成语情况

通过比照《汉语水平词汇与汉字等级大纲》(2001)(以下简称《等级大纲》)与《汉语国际教育用音节汉字词汇等级划分》(2010)(以下简称《等级划分》)两个大纲,我们首先考察了二语学习者的输出情况。之所以同时比对两个大纲,一是鉴于《等级大纲》和《等级划分》两者的先后继承关系,二是因为《等级大纲》是本文所考察的教材编写词汇大纲的依据。②

1.1 初级阶段

初级中介语输出成语词种数共 21 个。

---

① 根据前人对"成语"的研究和本研究的研究目的,我们采用较宽泛的成语定义,将成语界定为:是一种相沿习用、言简意赅、结构定型的固定词组或短语。

② 经统计,《汉语水平词汇与汉字等级大纲》收录四字成语 129 个,其中甲级 0 个,乙级 2 个,丙级 16 个,丁级 111 个。《汉语国际教育用音节汉字词汇等级划分》收录四字成语 376 个,其中普及化等级成语 2 个,中级成语 3 个,高级成语 38 个,高级(附录)成语 333 个。本文着力研究课堂教学输入与韩国汉语二语学习者输出之间的关系,由于篇幅所限,暂不涉及大纲及教材在成语收录和分级方面的得失,拟另文探讨。

与《等级大纲》比照,纲内成语 6 个、超纲成语 15 个,分别占初级中介语输出成语的 28.6% 和 71.4%。纲内成语有丙级 1 个,"总而言之";丁级 5 个,"百花齐放、不知不觉、乱七八糟、讨价还价、一帆风顺"。

与《等级划分》比照,纲内成语 14 个、超纲成语 7 个,分别占初级中介语输出成语的 66.7% 和 33.3%。纲内成语有初级 2 个,"一路平安、一路顺风";高级 5 个,"乱七八糟、讨价还价、提心吊胆、一帆风顺、与众不同";高级(附录)7 个,"不正之风、不知不觉、恋恋不舍、念念不忘、素不相识、应有尽有、总而言之"。

1.2 中级阶段

中级中介语输出成语词种数共 171 个。

与《等级大纲》比照,纲内成语 23 个、超纲成语 148 个,分别占中级中介语输出成语的 13.5% 和 86.5%。纲内成语有丙级 8 个,"成千上万、各式各样、四面八方、无可奈何、兴高采烈、无论如何、自言自语、总而言之";丁级 15 个,"理所当然、乱七八糟、莫名其妙"等①。

与《等级划分》比照,纲内成语 46 个、超纲成语 125 个,分别占中级中介语输出成语的 26.9% 和 73.1%。纲内成语有初级 1 个,"一路平安";中级 2 个,"一模一样、自言自语";高级 9 个,"大吃一惊、东张西望、乱七八糟、四面八方、讨价还价、提心吊胆、无可奈何、兴高采烈、异口同声";高级(附录)34 个,"爱不释手、雪上加霜、引人入胜"等。

1.3 高级阶段

高级中介语输出成语词种数共 291 个。

与《等级大纲》比照,纲内成语 25 个、超纲成语 266 个,分别占高级中介语输出成语的 8.6% 和 91.4%。纲内成语有丙级 6 个,"成千上万、千方百计、四面八方、无论如何、兴高采烈、总而言之";丁级 19 个,"十全十美、无微不至、有声有色"等。

与《等级划分》比照,纲内成语 69 个、超纲成语 222 个,分别占高级中介语输出成语的 23.7% 和 76.3%。纲内成语有中级 1 个,"一模一样";高级 12 个,"东张西望、依依不舍、异口同声"等;高级(附录)56 个,"大同小异、得天独厚、五花八门"等。

对各级中介语输出成语的考察,我们可以发现以下几个特点。(1)学习

---

① 限于篇幅,统计数量达到 10 个及以上时,词条则不一一列出,以下同。

者输出成语的数量和词种丰富度呈飞跃上升趋势。初级中介语输出成语 21
个,中级阶段输出 171 个,到高级阶段则输出 291 个。这表明,随着学习的深
入,学习者输出成语的数量明显增多,输出成语的词种丰富度也在显著扩大。
(2) 在各级中介语中,超纲成语数量几乎是最多,平均占 75% 以上,且呈上升
趋势。比照《等级大纲》,初级、中级、高级阶段中介语中的超纲成语分别是
71.4%、86.5% 和 91.4%。比照《等级划分》,除了初级中介语中的超纲成语
是 33.3%,中级、高级阶段中介语中的超纲成语分别是 73.1% 和 76.3%。
(3) 在各级中介语输出的纲内成语中,除了高级阶段,初级、中级阶段中介语
都是越级成语[①]输出最多。比照《等级大纲》,初级中介语的纲内成语都是丙、
丁级,甲、乙级 0 个。中级中介语中丁级最多,丁级数量将近是丙级的 2 倍。
比照《等级划分》,初级阶段中介语的纲内成语中,高级、高级(附录)成语数量
最多,初级成语仅 2 个。中级阶段中介语也是高级、高级(附录)成语最多,共
43 个,中级成语仅 2 个。

二、教材输入的成语情况

比照《等级大纲》和《等级划分》,现在我们来分级梳理教材成语的输入
情况。

2.1 初级阶段

初级教材出现成语词种数为 75 个。

比照《等级大纲》,初级教材的纲内成语有 13 个、超纲成语 62 个,分别占
初级教材成语的 17.3% 和 82.7%。纲内成语中丙级 3 个,"兴高采烈、自相矛
盾、画蛇添足";丁级 10 个,"不知不觉、七嘴八舌、滔滔不绝"等。

比照《等级划分》,初级教材的纲内成语有 28 个、超纲成语 47 个,分别占
初级教材成语的 37.3% 和 62.7%。纲内成语中有初级 1 个,"一路平安";高
级 8 个,"讨价还价、乱七八糟、提心吊胆、小心翼翼、兴高采烈、异口同声、与众

---

① 《汉语水平等级标准与语法等级大纲》(刘英林主编,1996)要求,初级对应甲、乙级
词语,中级对应丙级词语,高级对应丁级词语。因此,但凡初级教材或者中介语中出现的
甲、乙级成语,称为"级内成语";初级教材或者中介语中出现的丙、丁级成语,称为"越级
成语"。[相关论述可参周小兵,程燕(2013)汉语教材中成语的系统考察——基于 31 册综
合(读写)教材与《大纲》的分析,《汉语学习》第 6 期]

不同、自由自在";高级(附录)19 个,"不知不觉、诚心诚意、胡思乱想"等。

2.2 中级阶段

中级教材出现成语词种数为 231 个。

与《等级大纲》比照,中级教材的纲内成语有 30 个、超纲成语 201 个,分别占中级教材成语的 13.0%和 87.0%。纲内成语中有乙级 1 个,"实事求是";丙级 5 个,"成千上万、粗心大意、无可奈何、兴高采烈、自言自语";丁级 24 个,"兢兢业业、名副其实、目中无人"等。

与《等级划分》比照,中级教材的纲内成语有 53 个、超纲成语 178 个,分别占中级教材成语的 22.9%和 77.1%。纲内成语中有初级 1 个,"一路顺风";中级 2 个,"一模一样、自言自语";高级 13 个,"大吃一惊、粗心大意、东张西望"等;高级(附录)37 个,"恋恋不舍、寥寥无几、目中无人"等。

2.3 高级阶段

高级教材出现成语词种数为 404 个。

比照《等级大纲》,高级教材的纲内成语有 35 个、超纲成语 369 个,分别占高级教材成语的 8.7%和 91.3%。纲内成语中有乙级 1 个,"实事求是";丙级 7 个,"成千上万、各式各样、四面八方、千方百计、无可奈何、兴高采烈、聚精会神";丁级 27 个,"半途而废、如痴如醉、指手画脚"等。

比照《等级划分》,高级教材的纲内成语有 82 个、超纲成语 322 个,分别占高级教材成语的 20.3%和 79.7%。纲内成语中有中级 1 个,"一模一样";高级 10 个,"鸦雀无声、异口同声、千方百计"等;高级(附录)71 个,"独一无二、废寝忘食、光明磊落"等。

对各阶段教材的考察,我们可得,(1) 各阶段教材输入的成语,超纲成语数量最多,平均约达 80%,且呈增加趋势。比照《等级大纲》,初级、中级、高级教材的超纲成语分别占 82.7%、87.0%和 91.3%。比照《等级划分》,初级、中级、高级教材的超纲成语分别占 62.7%、77.1%和 79.7%。可见,在各级教材输入的成语中,超纲成语数量占据绝大部分。这个结论与前面中介语的考察一致。(2) 各阶段教材输入的纲内成语,除了高级阶段,初级和中级阶段教材都是越级成语最多。这个结论也与中介语的考察结论一致。比照《等级大纲》,初级阶段教材的纲内成语都是丙、丁级。中级阶段教材则丁级成语最多,有 24 个,丙级成语仅 5 个。比照《等级划分》,初级阶段教材的纲内成语中高级、高级(附录)成语最多,共 27 个,初级成语仅 1 个。中级阶段教材也是高级、高级(附录)成语最多,共 50 个,中级成语仅 2 个。

中介语成语输出情况和教材输入情况的考察结果,出现高度一致:皆是超纲成语和越级成语最多。那么,中介语输出的成语与教材输入的成语是否高度重合呢?为了探究这个问题,接下来,我们将中介语输出的成语与教材输入的成语进行对比研究。

三、中介语输出成语与教材输入成语的对比

3.1 初级阶段

初级中介语输出成语 21 个,初级教材输入成语 75 个,对比发现,(1)初级中介语中有超过一半的成语来自教材输入。初级阶段中介语与教材共现成语词种数为 13 个,占初级中介语输出成语的 61.9%。初级中介语中有、教材中无的成语词种数为 8 个,占初级中介语输出成语的 38.1%。(2)将两者共现成语与《等级大纲》《等级划分》同时比照,纲内成语有 9 个,超纲成语 4 个,分别占共现成语的 69.2%和 30.8%。

3.2 中级阶段

中级中介语输出成语 171 个,与初级教材输入成语 75 个、中级教材输入成语 231 个同时比较,得出:(1)中级中介语输出成语中仅有约 1/3 来自教材的输入。中级阶段中介语与教材共现成语词种数为 53 个,占中级中介语输出成语的 31.0%。中级中介语中有、教材无的成语词种数为 118 个,占中级中介语输出成语的 69.0%。(2)将共现成语与《等级大纲》《等级划分》同时比照,纲内成语有 22 个,超纲成语 31 个,分别占共现成语的 41.5%和 58.5%。

3.3 高级阶段

高级中介语输出成语 291 个,与初级教材输入成语 75 个、中级教材输入成语 231 个、高级教材输入成语 404 个同时比较,得出,(1)高级中介语输出的成语有超过半数不是来自教材的输入。高级阶段中介语输出与教材输入的共现成语词种数为 122 个,占高级中介语输出成语的 41.9%。高级中介语中有、教材无的成语有 169 个,占高级中介语输出成语的 58.1%。(2)将共现成语与《等级大纲》《等级划分》同时比照,纲内成语有 55 个,超纲成语 67 个,分别占共现成语的 45.1%和 54.9%。

我们通过中介语输出的成语与教材输入的成语的对比分析,可以看出,

（1）教材的输入对中介语的输出存在影响。三个阶段中介语输出的成语来自教材输入的占比平均约为45%，而且学习者输出的成语来自教材的比例整体呈下降趋势。初级中介语与教材的共现成语比例最高，占初级阶段中介语输出成语的61.9%。中级中介语与教材的共现成语比例最低，占中级阶段中介语输出成语的31.0%。高级中介语与教材的共现成语比例比中级阶段略高，占高级阶段中介语输出成语的41.9%。换言之，教材输入对各级中介语输出的影响程度，依次是初级阶段受影响最大，中级阶段受影响最小，高级阶段所受影响居中。（2）学习者输出的成语来自教学外的语言环境的比例整体呈现扩大趋势。初级中介语输出的成语约有38%不是来自教材，中级中介语比例最高，有69%的成语不是来自教材，高级中介语输出的成语则约58%也是来自教材之外。三个阶段中介语输出的成语来自教材之外的成语平均约为55%。中介语中出现如此之多非教材输入的成语，都有什么特点呢？为何能进入中介语系统呢？Sinclair（转引自卫乃兴，2007）曾指出：语言教学的重点应该是语言中最常见的词形及它们的核心用法和典型组合。因此，我们试图从常用度角度，进一步分析各级中介语输出成语的特点。

四、中介语输出成语的常用度分析

我们以《现代汉语常用词表》（草案）（2008）（以下简称《词表》）为参照，考察中介语输出成语的常用度。《词表》收录了"现当代生活中比较稳定的、使用频率较高的汉语普通话常用词语56 008个"。因此，凡是出现在《词表》中的词语，皆是现代汉语中使用频率高的词语。经统计，《词表》收录成语共有3 853个。为了便于说明，我们将凡在《词表》前1—20 000频级中出现的成语（计437个）划为高频成语，在《词表》第20 001—56 008频级中出现的成语（计3 416个）划为中频成语，凡不在《词表》范围内的成语，我们划为低频成语。根据以上成语频次划分标准，通过与《词表》成语的对比，我们依次考察了中介语中两部分成语：（1）各阶段中介语中有、教材无的成语；（2）中介语中的超纲成语。

4.1 中介语中有但教材无的成语

4.1.1 初级阶段

初级中介语中有但教材中无的成语共有8个，占初级阶段中介语输出成语的38.1%。与《词表》比照，高频成语有5个，"不正之风、念念不忘、一帆风顺、应有尽有、总而言之"。高频成语占初级阶段中介语中有、教材无的成语的62.5％。中频成语有 2 个，"鳞次栉比、说来话长"，占比为 25.0％。低频成语有 1 个，"迂回曲折"，占比为 12.5％。由此可见，初级阶段中介语输出的38.1％的成语，虽然并未在教材中出现，但其中 87.5％都是现代汉语中的常用成语。

4.1.2　中级阶段

中级中介语中有但教材中无的成语共有 118 个，占中级中介语输出成语的 69.0％。与《词表》比照，其中高频成语有 31 个，占中级中介语中有、教材无的成语的 26.3％，如"车水马龙、琳琅满目、怒不可遏"等；中频成语有 55 个，占其 46.6％，如"古色古香、两全其美、不亦乐乎"等；低频成语有 32 个，占其 27.1％，如"风土人情、十有八九、无价之宝"等。由此同样可见，中级中介语输出的 69.0％的成语，虽教材中未出现，但其中近 75％都是现代汉语中常用成语。

4.1.3　高级阶段

高级中介语中有但教材中无的成语共有 169 个，占高级中介语输出成语的 58.1％。与《词表》比照，高频成语有 33 个，占高级中介语中有、教材无的成语的 19.5％，如"参差不齐、梦寐以求、无穷无尽"等；中频成语有 86 个，占其 50.9％，如"不计其数、井井有条、千奇百怪"等；低频成语有 50 个，占其29.6％，如"开卷有益、疾风劲草、捧腹大笑"等。我们可以同样得出，高级中介语输出的 58.1％成语，虽未在教材中出现，其中 70.4％也都是现代汉语的常用成语。

可见，中介语中有但并不是教材输入的成语，其中低频成语平均约占达23％，高频成语和中频成语共将近 80％。这表明，中介语中出现的大量非教材成语，其绝大部分是现代汉语中的常用成语。

4.2　中介语中的超纲成语

为了便于研究，我们将中介语中的超纲成语分成两部分进行考察：(1) 中介语与教材共同出现的超纲成语①，即两者共现的超纲成语；(2) 中介语中有、教材无的超纲成语。

---

① 此处指既未出现在《等级大纲》中，也未出现在《等级划分》中的成语。

4.2.1 中介语与教材的共现超纲成语

4.2.1.1 初级阶段

初级中介语与教材的共现超纲成语有 4 个,与《词表》比照,高频成语有 3 个,占其 75.0%,分别是"各种各样、名胜古迹、水滴石穿";低频成语有 1 个,"远近闻名",占其 25.0%。

4.2.1.2 中级阶段

中级中介语与教材的共现超纲成语有 31 个,与《词表》比照,高频成语有 13 个,如"不知所措、脱颖而出、开门见山"等;中频成语有 11 个,如"百感交集、丢三落四、一五一十"等;低频成语有 7 个,如"毫不犹豫、入土为安、翻来倒去"等。高频成语和中频成语共 24 个,占 77.4%,低频成语则占 22.6%。

4.2.1.3 高级阶段

高级中介语与教材的共现超纲成语有 67 个,与《词表》比照,高频成语有 22 个,如"屡见不鲜、五颜六色、一望无际"等;中频成语有 35 个,如"五光十色、出类拔萃、天壤之别"等;低频成语有 10 个,如"受益匪浅、才貌双全、风俗习惯"等。高频成语和中频成语共 57 个,占 85.1%,低频成语则占 14.9%。

由此可得出,中介语与教材共现的超纲成语中,低频成语平均约占 20%,高频成语和中频成语共约占 80%。这表明,中介语与教材共现的超纲成语,其绝大部分是现代汉语中的常用成语。

4.2.2 中介语中有、教材无的超纲成语

4.2.2.1 初级阶段

初级中介语中有但教材无的成语共有 8 个,同时比照《等级大纲》和《等级划分》,纲内成语有 5 个,超纲成语有 3 个,那么初级阶段中介语中有、教材无的超纲成语共 3 个。将其与《词表》对比可得:中频成语有 2 个,"鳞次栉比、说来话长",占初级阶段中介语中有、教材无的超纲成语的 66.7%;低频成语有 1 个,"迂回曲折",占其 33.3%。

4.2.2.2 中级阶段

中级中介语中有但教材无的成语共有 118 个,同时比照《等级大纲》和《等级划分》,纲内成语有 27 个,超纲成语有 91 个,那么中级阶段中介语中有、教材无的超纲成语共 91 个。将其与《词表》比较:高频成语有 12 个,如"不屑一顾、刻骨铭心、目不暇接"等;中频成语有 50 个,如"不可开交、东施效颦、国泰民安"等;低频成语有 29 个,如"安然无恙、炯炯有神、外柔内刚"等。高频成语和中频成语共 62 个,占中级阶段中介语中有、教材无的超纲成语的 68.1%;低频成语则占 31.9%。

4.2.2.3　高级阶段

高级中介语中有但教材无的成语共有 169 个,比照《等级大纲》和《等级划分》,纲内成语有 16 个,超纲成语有 153 个,那么高级阶段中介语中有、教材无的超纲成语共 153 个。同样,将其与《词表》对比:高频成语有 23 个,如"丰富多彩、马不停蹄、脱口而出"等;中频成语有 93 个,如"不期而遇、绰绰有余、出人头地"等;低频成语有 37 个,如"闻名于世、仁者见仁、家常便饭"等。高频成语和中频成语共 116 个,占高级阶段中介语中有、教材无的超纲成语 75.8%;低频成语占 24.2%。

因此可得,中介语有、教材无的超纲成语中,低频成语平均约占 30%,高频成语和中频成语则约占 70%。这说明,中介语中出现且教材未出现的超纲成语,虽然既不在两个大纲范围内,也不是来自教材,但大部分却也是现代汉语中常用成语。

五、讨　论

以上研究表明,教材输入对中介语系统存在着实质影响,这种影响证明了输入对于语言习得的重要作用,二语习得离不开语言输入。同时,基于本文的研究,引发我们对二语习得相关问题进一步思考。

5.1　课堂教学与二语习得的关系

在二语习得研究中,课堂教学对二语习得的影响研究都是基于实验的方法去验证。我们的研究从教材角度为论证课堂教学与二语习得的关系,提供了来自语料库研究方法下获取的佐证材料。Krashen(1985)的"输入假说"认为,当课堂教学是获得可理解的语言输入的主要来源时,课堂教学作用明显,因此,他认为课堂教学最大受益者是初学者。但 Long(1983)则提出,高水平学习者和初学者一样受益于课堂教学。而我们的研究发现,教材对各级中介语的影响程度是不一致的。初级阶段留学生输出的成语,约有 62% 来自教材成语的输入,而到了中级阶段和高级阶段,数量则明显减少,分别仅有约 31% 和约 42% 来自教材的输入。也就是说,课堂教学对初学者来说,具有明显的帮助作用。但对于水平较高的学习者来说,课堂教学的作用远不如对初学者的影响,但仍有助于水平较高学习者的二语学习。这一结论与 Krashen 和 Long 的观点都不太一致。我们的研究结果支持了 Krashen 关于课堂教学对初学者有绝对作用的观点。正如 Krashen 所解释:当初学者发现自然环境中的语言太难理解，他们在课堂外与本族语者交流有困难时，自然语言环境中无法提供足够的可理解的语言输入，课堂教学往往能为他们提供所需的可理解的语言输入。因此，课堂教学最大受益者应该是初学者。但课堂教学的影响对初学者和高水平学习者来说应该不完全一致，却应该也不是 Krashen 所认为的，高水平学习者由于可以在自然环境中获得足够的可理解的语言输入，课堂教学对高水平学习者就没有影响。因为课堂教学除了提供语言输入以外，还可以通过有效的课程设置和教材设计，通过培养学生的学习策略和交际策略，来提高语言发展的效率(Marton，1994)。

5.2 目的语环境与二语习得的关系

影响第二语言习得的语言环境因素中，课外环境中的目的语环境，通过影响学习者的情感因素，对课内环境中有意识语言学习的不足有较大的弥补作用(张崇富，1999)。我们的研究结果证明了目的语环境对第二语言学习的促进作用。本文 4.1 的研究得出，初级阶段学习者输出的成语，超出教材的成语占初级阶段学习者输出成语的 38%；到了中级阶段和高级阶段，超出教材的成语数量明显增多，分别占学习者输出成语的 69% 和 58%。由此可见，中介语中有相当比例的成语是来自课堂教学之外的自然语言环境。而且我们通过对这部分成语常用度的考察发现，这部分成语虽然未在教材范围内，但其中将近 80% 都是现代汉语中使用频率较高的常用成语。因此，我们认为，目的语环境明显有助于二语学习者对汉语成语的习得。究其原因，Spolsky(1989)对目的语环境有利二语学习的认识，有较强的解释性。他认为目的语环境能够提供语境线索，学习者需要调动其目的语能力，加之说话人会主动降低言语难度，形成自然的目的语交际环境，成为产生"可懂输入"的必要条件。此外，我们可做进一步补充解释，正如 Long(1981)提出的"互动假说"所言，在目的语环境中的二语学习，由于目的语被用作交际工具，迫使学习者进行输出练习，而且当目的语说话人和学习者进行交流时，输入、输出和互动会同时进行，从而促使二语学习者在目的语环境中，能够更好更快地习得目的语的言语意义和语言形式。

5.3 频率在二语习得中的作用

语言输入的频率在二语习得中的作用是二语习得研究争论的焦点之一。Ellis(2002)提出了以频率为中心的二语习得观，认为频率是语言习得的关键。但不少二语习得研究专家对此观点提出了异议，认为频率不能解决习得中所有问题，如 Bley-Vroman(2002)和 Hulstijn(2002)等。在本研究中，我们发现，中介语系统输出的成语中有约 55％的成语不是来自教材，而且有 75％以上是超纲成语。这些大量非教材成语、超纲成语，其共同特点都是常用性，使用频率高，绝大部分都是现代汉语中的常用成语。Schmit(1990)提出的二语习得理论中影响学习者"注意"的 6 种因素，首先就是"频率"和"凸显性"（转引自 Skehan，1998)。因此，这些成语在二语课堂教学中即使未能出现，但能进入二语中介语系统，很可能是因为这些成语的高频特征，在日常生活中经常出现。这些成语的高频特征不仅仅是能够引起二语学习者的注意，更为重要的是可能导致在交际中需要使用，从而促进二语学习者的吸收。我们的研究，为频率因素在二语词汇习得中起到的重要作用提供了证据。

六、结　语

本研究全面梳理了韩国汉语二语学习者中介语语料库，通过与教材输入的比较，回答了本文开头提出的问题：二语中介语系统所吸收的成语，超纲成语数量最多，占 75％以上。这些超纲成语中有约 75％是现代汉语中常用成语。中介语系统中来自教材之外的成语，近 80％也是现代汉语中使用频率高的成语。可见，使用频率高是能够进入中介语系统成语的典型特征。教材语言的输入对中介语的输出有影响。中介语系统吸收的成语来源于两部分：教材和教材之外的语言环境，两者比例约为 45％和 55％。且不同阶段的教材语言输入对中介语产生的影响程度不同。各级中介语系统吸收来自教材的成语整体呈现下降趋势，中介语系统吸收的教材之外的成语则整体呈现扩大趋势。二语学习者在课堂教学输入和目的语环境输入的共同影响下，各阶段中介语系统输出成语的数量和词种丰富度呈飞跃上升趋势。以上研究结论为课堂教学、目的语环境和频率这三种因素在二语习得中的作用，提供了来自中介语系统的佐证。

尽管二语学习者语料库能为语言习得研究提供大量、丰富的证据，我们能够据此描述出学习者的二语输出能力，但却不能深入探究学习者的二语接受能力。本文的研究不可避免存在这样的不足。因此，还需要通过内省法和实验法的研究提供更多的学习者认知、语言等方面信息。希望本文的研究，能够起到抛砖引玉之用。

参考文献

[1]《汉语国际用音节汉字词汇等级划分》课题组，2010. 汉语国际教育用音节汉字词汇等

级划分.北京:北京语言大学出版社.

[2]《现代汉语常用词表》课题组,2008.现代汉语常用词表(草案).北京:商务印书馆.

[3] 程燕,2012.基于语料库的中级留学生四字成语偏误分析——以汉字背景的学生为考察对象.《广东海洋大学学报》(社会科学版)第 2 期.

[4] 郭圣林,2011.基于"HSK 动态作文语料库"的外国学生成语语义偏误初探.《语言与翻译》第 3 期.

[5] 国家汉语水平考试委员会办公室考试中心,2001.汉语水平词汇与汉字等级大纲(修订本).北京:经济科学出版社.

[6] 石琳,2008.基于中介语语料库的成语使用偏误分析.《社会科学家》第 2 期.

[7] 王若江,2001.留学生成语偏误诱因分析——词典篇.《暨南大学华文学院学报》第 3 期.

[8] 卫乃兴,2007.John Sinclair 的语言学遗产——其思想与方法评述.《外国语》第 4 期.

[9] 吴中伟,2008.输入、输出和任务教学法.《华东师范大学学报》(哲学社会科学版)第 1 期.

[10] 张崇富,1999.语言环境与第二语言获得.《世界汉语教学》第 3 期.

[11] 张永芳,1999.外国留学生使用汉语成语的偏误分析.《语言文字应用》第 3 期.

[12] Bley-Vroman R. 2002. Frequency in Production, Comprehension And Acquisition. *SSLA* (24).

[13] Ellis, N. C. 2002. Frequency effects in language processing: A Review with Implications for Theories of Implicit and Explicit Language Acquisition, *SSLA* (24).

[14] Hulstijn, J. H. 2002. What does the impact of frequency tell us about the language acquisition? *SSLA* (24).

[15] Krashen, S. D. 1985. *The Input Hypothesis: Issues and Implications*. London: Longman.

[16] Long, M. 1981. Input, interaction and second language acquisition. *Annals of the New York Academy of Sciences* (379).

[17] Long, M. 1983. Does second language instruction makes a difference? A review of the research. *TESOL Quarterly* (17).

[18] Marton, W. 1994. Some remarks on the anti-pedagogical aspects of Krashen's theory of second language acquisition. *Studia Anglica Posnaniensia* (23).

[19] Skehan, P. A. 1998. *Cognitive Approach to Language Learning*. Oxford: Oxford University Press.

[20] Spolsky, B. 1989. *Conditions for Second Language Learning*. Oxford: Oxford University Press.

外国学生并列关系状语习得考察[①]

高则云　肖奚强

（南京师范大学）

提　要：本文基于汉语母语者并列关系状语的使用情况，对外国学生的使用情况进行统计分析。从正确用例来看，外国学生在并列项的性质、连接方式和"地"的隐现方面的使用情况都比汉语母语者要简单。外国学生使用的并列项排序原则比汉语母语者简单，且使用倾向与汉语母语者有一定差别。从偏误情况来看，四种偏误类型均有出现，且高级阶段正确率有所下降，偏误率有所上升，部分偏误出现僵化，习得情况并不理想。

关键词：并列关系状语；习得；正确用例；偏误

一、引　言

并列关系状语是多项状语中特殊的一类，指由并列结构充当状语，各并列项之间没有主次之分，联合或分别地对中心语进行修饰。现有研究多从并列项的性质、并列项的连接方式、标记词的隐现以及并列项的排序原则等方面展开研究。[②] 并列关系状语可以是词并列、短语并列以及词和短语混合并列。各并列项之间可以是无标记的，也可以通过标点、连词、副词及表程度的代词、连词副词同现、多项连接方式共现以及特殊连接方式等多种连接方式进行并列。状语标记词"地"的隐现与各并列项的性质、并列关系状语的语义等有密

---

　　① 本文受国家社会科学基金项目"韩国留学生汉语篇章衔接手段习得研究"（项目编号：16BYY102）的资助。
　　② 在此基础上我们展开了"汉语并列关系状语统计分析"，待刊。

切的关系,总体上倾向于使用"地",进行强调时会在每一个并列项后都使用"地"。并列关系状语的排序原则比较多样,总体使用倾向为:逻辑关系原则>无序>显著性原则>重要性原则>约定俗成>多项原则>形式原则>空间原则/时间先后原则。语义重心在后占有较大优势。

目前学界尚缺乏并列关系状语习得研究的成果。本文从 180 万字的中介语语料①(中级、高级②各 90 万字)中检索到 234 例并列关系状语的用例。正确语例 131 条,偏误语例 103 条。中级有 107 条,正确用例 60 条,占 56.07%,偏误用例 47 条,占 43.93%;高级有 127 条语例,正确用例 71 条,占 55.91%,偏误用例 56 条,占 44.09%。下面进行具体分析。

二、正确用例考察

针对外国学生的正确用例,我们从并列项的性质、并列项之间的连接方式及"地"的隐现等三个方面来进行分析。

2.1 并列项的性质

外国学生的并列关系状语会使用词并列、短语并列以及词和短语混合并列,但使用频率有较大差异。由下表可知,使用最多的是短语并列,共 63 例,占 48.09%,其中同类短语并列占有优势;其次是词并列,共 57 例,占 43.51%;最少的是词和短语并列,有 11 例,占 8.40%。

---

① 中介语语料主要来自南京师范大学中介语语料库,另补充有华中师范大学语料库的部分语料。

② 本文的考察并没有将初级阶段的语料也纳入,主要有以下两点原因:一、我们在 30 万字的初级阶段语料中仅发现了 9 例并列关系状语的语例,其中有 5 例出现偏误,且正确用例均为数量短语叠加并列的用例。初级阶段的语料用词简单,状语使用情况单一,语例数量过少,难以发现其中的规律。二、从我们的教学实践来看,初级阶段涉及的状语教学均是非常简单的单个状语,而并列关系状语属于多项状语中比较特殊的一类,在初级阶段的课堂上提及的比较少。因此,我们选择了中、高级阶段的语料进行考察分析。

表1　外国学生并列关系状语并列项使用情况表

并列项的性质			用例数（例）		占全部用例的比例（%）	
			中级	高级	中级	高级
词并列（57例）	同类词并列（56例）	形容词＋形容词	16	11	26.67	15.49
		名词＋名词	10	14	16.67	19.72
		动词＋动词	1	1	1.67	1.41
		拟声词＋拟声词	3	0	5.00	0
	异类词并列（1例）		0	1	0	1.41
短语并列（63例）	同类短语并列（54例）	偏正短语并列	6	4	10.00	5.63
		介宾短语并列	8	6	13.33	8.45
		数量短语并列	10	15	16.67	21.12
		动宾短语并列	0	5	0	7.04
	异类短语并列（9例）		2	7	3.33	9.86
词和短语并列（11例）			4	7	6.67	9.87
总计			60	71	100	100

2.1.1　词并列

a. 形容词并列、名词并列　形容词并列共27例，占20.61%，中级16例，高级11例。名词并列共24条，占18.32%，中级10例，高级14例。例如：

（1）我每天早上或晚上去体育馆跑步。（中级　朝鲜）

（2）他们每天都努力、勤奋地养一树一树咖啡。（高级　越南）

例（1）中"早上"和"晚上"都是名词，（2）中"努力"和"勤奋"都是形容词。

b. 动词并列、拟声词并列　动词并列的语例较少，仅有2例，占1.53%，中、高级各有1例。拟声词并列仅出现在中级阶段，有3例，占2.29%。例如：

（3）我小孩子的时候，到冬天了，心扑通扑通地跳。（中级　日本）

（4）放学之后，跟同学们跳着闹着回家。（高级　哈萨克斯坦）

例（3）中"扑通"是拟声词，例（4）中"跳"和"闹"是动词。

c. 异类词并列　异类词并列仅在高级阶段出现了1例。例如：

（5）汉城市民都可以去那儿免费或低价使用。（高级　韩国）

上例中的"免费"是动词，"低价"是名词。

2.1.2 短语并列

a. 偏正短语并列、介宾短语并列　偏正短语并列共 10 例,占 7.63%,中级 6 例,高级 4 例。介宾短语并列共 14 例,占 10.69%,中级 8 例,高级 6 例。例如:

(6) 城市……能让孩子<u>更快、更多</u>地了解外面的世界。(中级　乌克兰)

(7) ……<u>在网络上或在学校或在公司</u>见面开的小聚会。(高级　韩国)

例(6)是偏正短语并列,例(7)是介宾短语并列。

b. 数量短语并列、动宾短语并列　数量短语并列有 25 例,占 19.08%,中级 10 例,高级 15 例。动宾短语并列有 5 例,均出现在高级阶段。例如:

(8) 我终于忍不住,眼泪<u>一串一串</u>地流下来。(中级　俄罗斯)

(9) 到春天,人们都想开心,<u>去派山,去游乐场,去河岸</u>玩一玩。(高级　韩国)

例(8)是数量短语并列,例(9)是动宾短语并列作目的状语。

c. 异类短语并列　异类短语并列有 9 例,占 6.87%,中级 2 例,高级 7 例。例如:

(10) 下课以后跟<u>朋友们或者一个人</u>去吃午饭。(中级　意大利)

(11) <u>不管在家还是去上课</u>他随时都很关心。(高级　越南)

例(10)中"跟朋友们"是介宾短语,"一个人"是偏正短语;例(11)中"在家"是介宾短语,"去上课"是动宾短语。

2.1.3 词和短语并列

外国学生词和短语并列作状语主要是形容词、名词和动词分别和短语并列。形容词和短语并列共 6 例,占 4.58%,中级 3 例,高级 3 例。名词和短语并列总 2 例,占 1.53%,中、高级各 1 例。动词和短语并列仅在高级阶段出现了 3 例,占 2.29%。例如:

(12) 我们<u>真实地、毫无选择地</u>生活在大众传媒为我们构造的传播生态环境中。(中级　乌克兰)

(13) <u>无论吃的东西还是天气</u>……我都不太习惯。(高级　越南)

例(12)中"真实"是形容词,"毫无选择"是偏正短语;例(13)中"吃的东西"是偏正短语,"天气"是名词。

根据以上分析,可以得出外国学生并列关系状语并列项性质使用的倾向为:同类词并列＞同类短语并列＞词和短语并列＞异类短语并列。

2.2　连接方式

　　并列关系状语可以采用无标记连接,也可以采用有标记连接。外国学生在使用并列关系状语时,更倾向于采用有标记的方式来进行连接。有标记的语例有 89 条,占 67.94％,无标记的语例有 42 条,占 32.06％。有标记的连接方式主要包括三种:标点、连词和副词,其中连词包括"和"类、"而"类和"或"类,副词主要使用了重复副词和关联副词。高级阶段较中级阶段使用情况略复杂一些。根据语例,我们得出下表。

表 2　外国学生并列关系状语并列项的连接方式分类表

连接方式			用例数(例)		占全部语料的比率(％)	
			中级	高级	中级	高级
无标记(42 例)			18	24	30.00	33.80
有标记(89 例)	标点(38 例)		21	17	35.00	23.94
	连词(39 例)	"和"类(15 例) 和	5	10	8.33	14.08
		"而"类(4 例) 而	3	1	5.00	1.41
		"或"类(20 例) 或……或……(或/或者)	6	5	10.00	7.04
		不管……还是……	2	4	3.33	5.63
		无论……还是……	1	2	1.67	2.82
	副词(9 例)	又(又……又……)	3	3	5.00	4.23
		一边……一边……	1	2	1.67	2.82
	多项连接方式(3 例)		0	3	0	4.23
总计			60	71	100	100

2.2.1　无标记连接

　　根据语例,我们发现无标记的语例主要包括数量短语重叠并列和部分双音节形容词的并列,共 42 例,占 32.06％,其中中级 18 例,高级 24 例。例如:

　　(14)我们能够用汉语和好朋友<u>亲切快乐</u>地交谈。(中级　印度尼西亚)

　　(15)我把这个决定告诉她后,她把在中国经历的故事<u>一个一个</u>

地讲给我听。（高级　日本）

例(14)中"亲切"和"快乐"是双音节形容词并列；例(15)中"一个"是数量短语，在句中进行重叠并列。

2.2.2　有标记连接

2.2.2.1　标点连接

使用标点连接的语例共 38 条，占 29.01%，其中中级 21 例，高级 17 例。使用标点连接的前后项的结构一般是相同或类似的，例如：

（16）我们都要聪明地、冷静地选择正确的信息。（中级　日本）

（17）他没有时间考虑自己，却一生为国家、为人民考虑。（高级　越南）

例(16)中"聪明"和"冷静"都是双音节形容词，结构对称；例(17)中"为国家"和"为人民"都是介宾短语，且都是三音节，结构对称。

2.2.2.2　连词连接

连词作为连接方式的语例共 39 例，占 29.77%，主要包括"和"类、"而"类和"或"类。"和"类连词只使用了"和"，表示加和之义，共 15 例，占 11.45%，中级 5 例，高级 10 例。"而"类连词只使用了"而"，表示一定的递进含义，共 4 例，占 3.05%，中级 3 例，高级 1 例。"或"类连词使用了"或""不管……还是……"以及"无论……还是……"等三种形式，表示"全部都"的含义，共 20 例，占 15.27%。其中"或"有 11 例，中级 6 例，高级 5 例；"不管……还是……"有 6 例，中级 2 例，高级 4 例；"无论……还是……"有 3 例，中级 1 例，高级 2 例。例如：

（18）通过一定的形式的传媒，公开而广泛地向公众传递信息的宣传手段。（中级　蒙古）

（19）无论小孩子还是老人，大家都玩的很开心。（高级　韩国）

例(18)中使用"而"连接，具有一定程度的递进；例(19)用"无论……还是……"连接"小孩子"和"老人"，表示他们都玩得很开心。

2.2.2.3　副词连接

使用副词连接的语例有 9 条，占 6.87%，主要包括重复副词"又"和关联副词"一边……一边……"。使用"又"连接的有 6 例，占 4.58%，中、高级各有 3 例。使用"一边……一边……"连接的有 3 条，占 2.29%，中级 1 例，高级 2 例。例如：

（20）将我们生活中的点点滴滴拿出来一遍又一遍地告诫我们

如何做人。（中级　哈萨克斯坦）

（21）她一边走一边举着两个手不停喊着"大韩独立万岁"。（高级　韩国）

2.2.2.4　多项连接方式共现

多项连接方式共现共 3 例,均出现在高级阶段,占 2.29%。例如:

（22）星期一、星期二和星期三我都是平时上课的。（高级　越南）

（23）这位警察把我的事情以及我个人资料慢慢地一下又一下地打在电脑上。（高级　韩国）

例(22)中"星期一"和"星期二"之间使用顿号连接,这两项和"星期三"之间使用"和"进行连接;例(23)中"慢慢"和"一下又一下"之间无标记连接,"一下又一下"内部使用"又"进行连接。

综合上述分析,可以得出外国学生并列关系状语连接方式的使用倾向为:无标记＞连词＞标点＞副词＞多项连接方式共现。

2.3　标记词"地"的隐现

并列关系状语后不使用"地"占有一定的优势,共 71 例,占 54.20%,超过半数。而使用"地"的有 60 例,占 45.80%,略显劣势。其中使用"……地"的有 52 例,占 39.69%,使用"……地……地"的有 8 例,占 6.11%。总体来看,随着高级阶段用例的增加,有"地"和无"地"的使用频次均有所上升。根据语例,我们将中、高级阶段"地"的隐现情况统计如下表。

表 3　外国学生并列关系状语标记词"地"的隐现情况表

是否有"地"		用例数（个）		占总语例数的比例（%）	
		中级	高级	中级	高级
有"地" （60 例）	……地（52 例）	24	28	40.00	39.44
	……地……地（8 例）	4	4	6.67	5.63
无"地"（71 例）		32	39	53.33	54.93
总计		60	71	100	100

2.3.1　有"地"

外国学生并列关系状语后有"地"主要包括两种情况:一是数量短语同言叠加并列作状语;二是描写性状语并列,表达一定的递进意义。使用"……地……地"主要是强调每一个并列项,这样的情况并不占优势。例如:

（24）雨一滴一滴地掉下来了。（中级　韩国）

（25）可是在房间里,大家更随便、愉快地聊天。（高级　印度尼西亚）

例（24）中"一滴一滴"是数量短语"一滴"的叠加并列;例（25）中"随便"和"愉快"都用来描写聊天的状态,且具有递进含义。

2.3.2　没有"地"

外国学生并列关系状语后不使用"地"的情况主要可以分为三种:一是介宾短语或动宾短语并列,表示目的、对象或地点等含义;二是时间名词并列作时间状语;三是其他并列关系状语表示条件、地点等含义。例如:

（26）我对自己,对我的学习很满意。（中级　芬兰）

（27）昨天和今天我都累死了。（高级　越南）

例（26）中"对自己"和"对我的学习"并列表示涉及的对象;例（27）中的"昨天"和"今天"并列作时间状语。

综上,我们可得出外国学生并列关系状语后使用"地"的倾向为:无"地">……地>……地……地。

三、偏误用例考察

从 180 万字的中介语语料中,我们检索到了 103 条偏误用例,综合以上对正确用例的分析,我们得出下表。

表 4　外国学生并列关系状语使用情况汇总表

水平	正确用例（个）	偏误用例（个）	总例（个）	正确率（％）
中级	60	47	107	56.07
高级	71	56	127	55.91
总计	131	103	234	55.98

总体来看,外国学生使用并列关系状语的正确率比偏误率要略高,高级阶段并列关系状语的用例比中级阶段更多,正确用例增加的同时,偏误的用例也有所增加。高级阶段正确率有所下降,偏误率有所上升,这说明到了高级阶段,外国学生仍然没有很好地习得并掌握并列关系状语,并且有一定程度的僵化。

本文按照偏误类型分为遗漏、冗余、误代和错序四类，将中、高级相关数据制成下表。

表 5 外国学生偏误情况统计表

偏误类型		用例数（个）		所占比例（%）	
		中级	高级	中级	高级
遗漏（35 例）	"地"的遗漏	16	19	34.04	33.92
冗余（20 例）	并列项冗余	10	9	21.28	16.07
	连接词冗余	1	0	2.13	0
误代（44 例）	"地"的误代	10	12	21.28	21.43
	并列项的误代	7	12	14.88	21.43
	连接方式的误代	2	1	4.26	1.79
错序（4 例）		1	3	2.13	5.36
总计		47	56	100	100

由表可知，并列关系状语的偏误用例较多，类型比较复杂。高级阶段除了冗余偏误，其他偏误用例都呈上升趋势。所有偏误用例中误代偏误所占比例是最大的，有 44 例，占 42.72%；遗漏偏误次之，有 35 例，占 33.98%；再次是冗余偏误有 20 例，占 19.42%；错序偏误是出现最少的，仅有 4 例，占 3.88%。以下进行具体分析。

3.1 遗漏

遗漏主要是标记词"地"的遗漏，共 35 例，占 33.98%，其中，中级 16 例，高级 19 例。例如：

（28）*她让我一个人短期长期去各种各样的地方。（中级　加拿大）

（29）*他们看到小伙子，又慌张又着急叫他的名字。（高级　越南）

上例中"短期长期"和"又慌张又着急"后应该加上"地"，表达才更准确。

3.2 冗余

冗余偏误主要是并列项的冗余和连接词的冗余。并列项的冗余有 19 例，中级 10 例，高级 9 例。连接词的冗余只在中级语例中出现，且仅有 1 例。

例如：

　　（30）＊卡尔罗<u>又</u>恋恋不舍<u>又</u>高高兴兴地去中国。（中级　加拿大）

　　（31）＊……<u>马上立刻</u>跟她分手。（高级　老挝）

　　例（30）中应删掉第一个"又"，例（31）中应删掉"马上"或"立刻"中的任何一个。

3.3　误代

　　外国学生的误代偏误主要表现在三个方面："地"的误代、并列项的误代和连接方式的误代。"地"的误代主要是使用"的"替代"地"，共 22 例，中级出现了 10 例，高级出现了 12 例。并列项的误代主要是并列项与中心语不搭配或该并列项不适合进入并列结构，中级有 7 例，高级有 12 例。连接方式的误代主要是固定格式的使用错误，中级有 2 例，高级有 1 例。例如：

　　（32）＊<u>无论</u>白天<u>或者</u>夜里你都不要等待。（中级　法国）

　　（33）＊既然出于人世，应该<u>真实</u>地积极地面对考试，要拼搏争取美好的结果。（高级　韩国）

　　例（32）应该将"或者"换成"还是"；例（33）中"真实"不能用来形容面对考试，可以换成"乐观"等词。

3.4　错序

　　外国学生错序偏误共 4 例，其中中级 1 例，高级 3 例。例如：

　　（34）＊快念完太可惜，所以很慢慢看下去，<u>一行一行</u>。（中级　韩国）

　　（35）＊在网络，我们可以找到通信<u>又快又顺便</u>。（高级　越南）

　　例（34）中"一行一行"应该调至"看"的前面，例（35）中应将"又快又顺便"调至"找到"的前面。

　　根据以上对偏误用例的分析，可以看出外国学生在使用并列关系状语时的偏误率是比较高的，且高级阶段的正确率不升反降，这需要我们仔细考察偏误原因，找到解决方法。颜明、肖奚强（2015）提出我们不能一概而论地去将外国学生的偏误归结为某个原因，而需要具体问题具体分析，有针对性地去分析偏误的来源，同时将偏误的来源分为语言学因素和教育学因素，其中语言学因素包括语际迁移和语内泛化,教育学因素包括交际策略、学习策略和学习环境。

结合我们的语例,得出引起上述偏误的主要原因有语际负迁移和语内泛化。如韩国学生会使用"我们<u>每天每天</u>从早到晚在一起"这样的偏误用例,主要是受韩语"매일매일"(每天每天)的影响。此外,还受到教材和教师的影响。我们考察了南京师范大学和华中师范大学所使用的教材,发现教材中并没有将并列关系状语作为一个单独的语法点列出,对于状语的使用、连接方式、标记词"地"以及排序方式都分散在其他的语法点中提及,对于并列关系状语的使用规则并没有清晰的解释。另外,教师在课堂上的讲解也是比较少的,对于并列关系状语这一特殊的多项状语现象并没有引起足够的重视,对于规则的讲解不全面。例如对"的"和"地"的讲解,对"又……又……""无论……还是……"等连接方式的使用规则的讲解等。这两个方面是并列关系状语在中介语语料中用例较少,且偏误率居高不下的很重要的原因之一。

四、并列关系状语排序原则的习得研究

我们对 131 条正确用例进行统计分析发现,外国学生对并列状语的排序原则的使用远没有汉语母语者丰富。汉语母语者使用的排序原则在外国学生的语料中仅出现了一部分,外国学生的语例中只使用了逻辑关系原则中的递进原则、显著性原则、重要性原则、时间先后原则和无序原则,而汉语母语者使用的逻辑关系中的转折原则、形式原则、约定俗成原则、空间原则以及多项原则共现等情况在外国学生的语例中没有使用。但同时,外国学生也使用了两个汉语母语者没有使用的原则:熟悉程度原则和文化原则。具体情况分析如下。

4.1 排序原则

4.1.1 逻辑关系原则

逻辑关系原则只出现了递进原则,且只出现了对人/物描写的递进,共 37 例,占 28.24%。中级 20 例,高级 17 例。例如:

(36)我正<u>健康、快乐</u>地成长着。(中级 乌克兰)

(37)<u>为了我们的健康、为了我们的幸福生活、为了共建我们美</u>

好的地球……（高级　越南）

例(36)中表明我不仅身体方面"健康"地成长,在精神方面我更是"快乐"地成长;例(37)中,从我们自身的健康,到生活的幸福,最后到地球的美好,是一步步递进的。

4.1.2　显著性原则

使用显著性原则排序的有 26 例,占 19.84%,包括并列项本身显著和因语境而显著两项,前者共 7 例,占 5.34%,中级 2 例,高级 5 例;后者共 19 例,占 14.50%,中级 9 例,高级 10 例。例如:

(38) 这个故事在朝鲜不管大人还是小孩都喜欢听。（中级　朝鲜）

(39) 大部分的山离城市远,所以一般大家开汽车或者坐公共汽车去。（高级　日本）

例(38)中"大人"和"小孩"相比较,"大人"因为本身的各种条件和优势,比"小孩"都是更加显著的;例(39)中"开汽车"和"坐公共汽车"都是可以的,但是语境提示,"开汽车"比"坐公共汽车"更加方便适合,因而更显著。

4.1.3　重要性原则

使用重要性原则排序的有 6 例,占 4.58%,中级 2 例,高级 4 例。例如:

(40) 但在我的梦里,我的心里,我一直在中国留学。（中级　蒙古）

(41) 我非常愉快,乐观地过生活,学习。（高级　越南）

例(40)中表明来中国留学这个事情在"我的梦里"出现过,同时,这件事更是一直"在我的心里",后者是比前者促使我来中国留学的更重要的一种存在;例(41)中"愉快"是一种心情,持续时间有限,而"乐观"是一种对待生活的态度,是一种长期坚持的品质,比"愉快"更重要。

4.1.4　时间先后原则

使用时间先后原则排序的有 21 例,占 16.03%,中级 8 例,高级 13 例。例如:

(42) 星期四和星期五我把所有的时间都花在了学习汉语上。（中级　俄罗斯）

（43）我想<u>这个学期或者下学期</u>会得到 HSK6 级。（高级　越南）

例（42）中"星期四"和"星期五"是按照一周时间先后来排列的,例（43）中的"这个学期"和"下个学期"是按照学生学习的进程这个时间来排列的。

4.1.5　熟悉程度原则

使用熟悉程度原则排序的有 9 例,占 6.87%,中级 3 例,高级 6 例。例如:

（44）我每次<u>跟中国人,跟厨师</u>用汉语说话了。（中级　吉尔吉斯斯坦）

（45）<u>每一个生日,每一个节日</u>,我们都会写信。（高级　美国）

例（44）中,对于外国学生来说,平时生活中最容易接触到的是普通的"中国人",只有在饭店里才能接触到"厨师",所以将自己最熟悉的放在前面;例（45）中相比较普通的节日,每个人对自己的生日肯定是更熟悉的。

4.1.6　文化原则

使用文化原则排序的仅有 1 例,出现在中级阶段。例如:

（46）她对<u>爸爸对哥哥</u>应该粗助。（高级　日本）

上例中"爸爸"是长辈,"哥哥"是晚辈,为表示尊重,所以将"爸爸"放在"哥哥"的前面。

4.1.7　无序

在排列时无序的语例共 31 例,占 23.67%,中级 15 例,高级 16 例。例如:

（47）<u>在车里或开车的时候</u>他们用右边开车所以从右边开过去从左边开过来。（中级　刚果金）

（48）我们抓着扶手,<u>一步一步</u>地终于爬上去了。（高级　越南）

例（47）中"在车里"和"开车的时候"二者是选择的关系,所以语序可以调换;例（48）中两个并列项是一样的,排序不分先后。

4.2　各原则使用情况对比分析

我们将外国学生使用的排序原则制成下表。

表6　外国学生并列关系状语排序原则表

原则		用例数（个）		使用频率（%）	
中级		高级	中级	高级	
逻辑关系原则	递进关系（对人/物的描写）	20	17	33.34	23.94
显著性原则	本身显著	2	5	3.33	7.04
	因语境而显著	9	10	20.00	12.54
重要性原则		2	4	3.33	5.63
时间先后原则		8	13	13.33	18.31
熟悉程度原则		3	6	5.00	10.00
文化原则		1	0	1.67	0
无序		15	16	25.00	22.54
总计		60	71	100	100

由表可知：

中级阶段外国学生并列关系状语各原则使用倾向为：逻辑关系原则＞无序＞显著性原则＞时间先后原则＞熟悉程度原则＞重要性原则＞文化原则。

高级阶段外国学生并列关系状语各原则使用倾向为：逻辑关系原则＞无序＞显著性原则＞时间先后原则＞熟悉程度原则＞重要性原则。

就使用的原则来说，中级阶段使用了7种排序原则，而高级阶段使用了6种，缺少了文化原则，但中级阶段也仅有1例使用了文化原则进行排序。所以，从使用的排序原则的类型来看，中、高级阶段的差别并不大。

从各原则的使用频率来看，中、高级各原则的使用频率排序是一样的，中、高级阶段使用最多的都是逻辑关系原则，这说明外国学生在使用并列关系状语时，其后项更多的是程度较深的重点。而观察语例我们发现，无序原则的使用频率高居不下，主要是因为有较多的数量短语叠加并列作状语的语例存在。中级阶段的显著性原则虽然在频数上比高级阶段少，但是在总语例的使用频率上比高级阶段要高。与此同时，重要性原则、熟悉程度原则和时间先后原则在频数和频率上都是上升的趋势。这说明高级阶段外国学生对各项原则的掌握程度加深，不再是依赖于某一两项原则进行排序。

同时，我们还考察了外国学生并列关系状语并列项的语义倾向性，见下表。

表 7　外国学生并列关系状语并列项的语义倾向①统计表

语义重心倾向		用例(个)		所占比例(%)	
		中级	高级	中级	高级
有明显语义倾向	语义重心在前	15	21	25.00	29.58
	语义重心在后	22	21	36.67	29.58
无明显语义倾向		23	29	38.33	40.84
总计		60	71	100	100

　　由表可知,中级阶段并列项的语义倾向为:无明显语义倾向＞语义重心在后＞语义重心在前;高级阶段并列项的语义倾向为:无明显语义重心＞语义重心在后/语义重心在前。中、高级阶段无明显语义倾向占有较大比例,这主要是因为在语例中时间先后原则和无序原则的使用频率较高,而这两项原则都是没有明显语义倾向的。中级阶段,语义重心在后比语义重心在前更占优势,而高级阶段这二者的比例是相当的,说明外国学生在各原则的使用上更加平均了。

五、结　语

　　本文基于汉语母语者并列关系状语的使用情况,对外国学生的使用情况进行统计分析。从使用用例来看,外国学生相比较汉语母语者来说使用量明显不足,初级阶段的使用不成体系,未纳入我们的研究范围,中高级阶段的用例数相差不大,说明到了高级阶段,外国学生对并列关系状语的使用仍没有掌握。从正确用例来看,外国学生在并列项的性质、连接方式和"地"的隐现方面的使用情况都比汉语母语者要简单。外国学生使用的并列项排序原则比汉语母语者简单,且使用倾向与汉语母语者有一定差别。从偏误情况来看,四种偏误类型均有出现,偏误类型复杂,偏误率较高,且高级阶段偏误率有所上升,部分偏误出现僵化,习得情况并不理想。

　　定语和状语同为修饰语,但外国学生在二者的习得和使用上具有很大的差异。本文在 180 万字的中介语语料库中检索得到 234 条并列关系状语用

---

　　①　按照显著性和熟悉程度原则以及文化原则进行排序的并列关系状语,其语义重心在前,而按照逻辑关系中的递进原则和重要性原则进行排序的并列关系状语,其语义重心在后,按照时间先后原则和无序进行排序的并列关系状语是无明显语义重心的。

例,但对并列关系定语的检索时,我们只检索了90万字,就得到了398条用例,这说明相比较而言外国学生并列关系状语的使用量是偏少的。并且,外国学生在初级阶段对并列关系状语的使用严重不足,且无规律可循,但是对并列关系定语的使用则已经具有一定的系统性和使用的倾向性。从正确用例来看,二者在并列项的性质和连接方式上大同小异,在标记词的隐现上,具有较大的差异性,这主要受到句法位置、语义、搭配等多方面的影响。并列项的排序上,二者所使用的排序原则也大致相同,并列关系定语使用的原则较并列关系状语来说种类更多,更为复杂。从偏误用例来看,并列关系定语和并列关系状语出现最多的偏误都是误代偏误,但并列关系定语的使用中没有出现错序偏误,且并列关系定语的三项偏误下位分类比较复杂,并列关系状语的则比较单一。总体上比较来看,并列关系定语的正确率逐级增加,到高级阶段的使用情况和汉语母语者基本相同,习得情况良好。但是并列关系状语的正确率到高级阶段有所下降,偏误率上升,且某些偏误反复出现,有僵化的趋势,到高级阶段仍不能比较正确地使用,习得情况并不理想。

参考文献

[1] 程仕仪,高则云,2016.并列宾语的排序考察.《世界华文教学》第4期.

[2] 程仕仪,肖奚强,2017.外国留学生双项并列宾语习得研究.《汉语学习》第4期.

[3] 储泽祥,2002.汉语联合短语研究.长沙:湖南大学出版社.

[4] 高琴,2004.现代汉语并列结构的语序考察.山西大学硕士学位论文.

[5] 廖秋忠,1992.现代汉语并列名词性成分的顺序.《中国语文》第3期.

[6] 刘月华等,2001.实用现代汉语语法·增订版.北京:商务印书馆.

[7] 肖奚强,高则云,2018.汉语并列关系定语统计分析. *Chinese as a second Language Research* 第2期.

[8] 颜明,高则云,肖奚强,2019.外国学生并列关系定语习得考察.《广西师范大学学报(哲学社会科学版)》第2期.

[9] 颜明,肖奚强,2014.试论中介语研究中偏误来源的分类.《华文教学与研究》第4期.

高级阶段外国留学生会话篇章衔接研究

王 晨 颜 明

（扬州大学）

提 要：本文将会话篇章衔接手段分为：词汇手段、语法手段和逻辑手段。词汇手段包括复现和同现，语法手段包括照应和省略，逻辑手段包括广义因果类、广义并列类、广义转折类和话语标记类。本文考察高级阶段外国留学生即时口语会话篇章的衔接手段使用情况，分析偏误类型并分析成因，在此基础上提出相应教学建议。

关键词：高级阶段；会话篇章；衔接手段；习得研究

一、选题缘由和价值

1.1 选题缘由

篇章衔接是汉语中语用方面的一个比较典型的研究方向，分为书面语和口语篇章两类。

外国留学生在会话篇章衔接方面存在诸多偏误，对外汉语的一系列教学大纲和教材对篇章衔接部分所做的处理较为简单，描写较为粗疏，对会话篇章衔接出现的语用环境强调不够。而这些都不利于习得。

汉语会话篇章衔接的研究已经取得了不少的成果，本文利用这些研究成果结合即时口语的实际输出情况，运用偏误分析和习得理论，来对外国留学生会话篇章衔接的习得情况进行全面考察。

1.2 语料来源

本文所用语料来自江苏卫视《世界青年说》2015—2016 年的 21 期节目。

该节目的外国嘉宾多为在中国学习过或正在学习汉语的外国留学生,且学历至少为大学本科,部分成员获得过"汉语桥"等汉语语言大赛名次。因此,由该节目内容转写的语料为高级阶段中介语口语语料。

去除汉语本族者部分、汉语本族语者和留学生口语输出重复部分及留学生衔接中国主持人会话的部分,仅留下留学生会话篇章口语语料共计约 28 万字。对其进行转写、标注、分析,最终得到有效的高级阶段外国留学生会话篇章口语语料 162 150 字。

1.3　研究方法

基于上述语料,本文对高级阶段留学生汉语会话篇章衔接手段进行全面描写,对偏误进行分类,在此基础上统计各下位类的使用量和所占比,对偏误原因作出一定解释,以揭示该阶段外国留学生的一系列习得规律。

二、汉语语篇衔接手段及本文分类

就现有的研究分类来看,汉语语篇衔接手段基本可以归为以下几大类:词汇手段、语法手段和逻辑手段。词汇手段可分为复现关系和同现关系,语法手段可分为照应、省略和替代,逻辑手段分为广义因果类、广义并列类、广义转折类和话语标记类。

本文的分类基本可以归为词汇手段、语法手段和逻辑手段。

"词汇手段"指通过词的重复、同义、反义、上下义、互补、整体与部分等关系,连贯表达会话篇章语义。参照韩礼德和哈桑(1976),本文将其分为两类:复现和同现。"复现"包括原词复现、同义词复现、上下义词复现和概括词复现;"同现"包括反义关系同现、整体与部分同现、并列下义词同现、搭配关系同现和序列关系同现。

"语法手段"在篇章中往往起到连句成篇的作用。本文中,我们着重讨论照应和省略这两类在篇章中起到纽带作用的语法衔接手段,两者都要求读者在他们周围寻找衔接对象。

本文参照黄国文(1988)对省略作用的界定,以及郑贵友(2002)对零形式照应的界定,将零形式照应归为省略一类讨论。因此,本文将其分为两类:照应和省略。其中,照应类分为人称照应和指示照应,省略类分为名词性省略、动词性省略和分句性省略。

"逻辑手段"也称"逻辑关系词语"(黄国文,1988)或"逻辑连接"(胡壮麟,

1994)。指的是体现篇章内部各部分(句群)之间表示语义关系的具体衔接语的总和(郑贵友,2002)。参照殷维真(2012)根据连接成分所体现的语义关系,本文将其分为四类:广义因果类、广义并列类、广义转折类和话语标记类。其中,广义因果类分为因果类、假设类、目的类和条件类;广义并列类分为并列类、时空类、连贯类、解释类、选择类和递进类;广义转折类分为转折类、假设类和让步类;话语标记类分为前置类、句间类和后置类。

三、高级阶段留学生会话篇章衔接手段使用情况考察

依据上文给出的界定和分类,从词汇手段、语法手段和逻辑手段三方面进行具体考察。

3.1 词汇手段

在本文使用的 16 万字语料中,词汇衔接正确用例 128 例,包括:复现用例 91 例,占比 71.09%;同现用例 37 例,占比 28.91%。

3.1.1 复现

"复现"的下位类为原词复现、同义词复现、上下义词复现和概括词复现。

在 91 例复现关系正确用例中,最多的是 81 例的原词复现,其次是 7 例的同义词复现,概括词复现 2 例,上下义词复现仅为 1 例。

3.1.1.1 原词复现

(1)我的交通工具在这边,也在这边(动作示意)。我的交通工具就是我。(表演)(W,美国,2016.9.29)①

3.1.1.2 同义词复现

(2)搜索两个吧,一个是,就是去年在伊朗搜索最热的一个词,就是烹调、烹饪、做饭,然后还有个在伊朗有一段时间搜索最多的词,就是种头发。(P,伊朗,2015.6.11)

---

① 全文例句后时间为《世界青年说》当期播出时间,大写字母为嘉宾代号。

3.1.1.3 上下义词复现

（3）真的打架，他们真的会打架，打群架。首先我们要说这个是违法的，是违法的，好吗，可怕的是因为他们全部都是医生、律师，所以他们都是那种高学位的。（W，德国，2015.5.17）

3.1.1.4 概括词复现

（4）OK，那我们就没法去爬山，但是我们还需要去锻炼，那我们就去跳广场舞，在楼下的公园打打拳，练太极，我觉得是有创造力的。（M，哥斯达黎加，2016.10.13）

3.1.2 同现

同现指的是词汇共同出现具有一定的倾向性（黄国文，1988）。在37例同现正确用例中，数量由多到少，依次是：反义关系同现24例、并列下义词同现5例、搭配关系4例、整体与部分同现3例和序列关系同现1例。

3.1.2.1 反义关系同现

（5）你们在一起八年的时间，你们觉得这个时间过得很快吗，还是过得很慢？（L，意大利，2015.4.23）

3.1.2.2 搭配关系同现

（6）富二代在加拿大一般是比较低调吧，炫富这个事情在加拿大是特别地负面，我觉得在一些其他国家应该是一样的。（Z，加拿大，2015.5.21）

3.1.2.3 整体与部分同现

（7）好，有很多人看到英国人的时候，以为英国人他们是一直很注重礼节仪态的。但是一百多年前，有一些维多利亚人拍照片还是做出了一些非常古怪的、非常搞笑的一些风格。我们来看一下。（B，英国，2016.11.17）

3.1.2.4 并列下义词同现

（8）其实彭宇哥你刚才犯了最容易犯的错误，就是可能是因为

这首歌吧,江南确实是一个富人区,但是以汉江为界线,江北就是韩国最传统、最牛的就在江北。(H,韩国,2015.5.21)

3.1.2.5 序列关系同现

(9)我回到家,我母亲就跟我说,你整天不是吃饭吗,我就,啊,你怎么知道。(她说)我朋友也在那边,他给我打电话说,你儿子太没面子了,整天就是吃,从早上到晚上。(H,泰国,2015.5.21)

综上所述,高级阶段外国留学生会话篇章词汇衔接正确用例的总体数据见下表。

表1 高级阶段外国留学生会话篇章词汇衔接正确用例

词汇衔接类型	下位类	正确用例频次	正确率
复现关系	原词复现	81	63.28%
	同义词复现	7	5.47%
	上下义词复现	1	0.78%
	概括词复现	2	1.56%
同现关系	反义关系同现	24	18.75%
	并列下义词同现	5	3.91%
	整体与部分同现	3	2.34%
	搭配关系同现	4	3.13%
	序列关系同现	1	0.78%

通过以上考察,我们不难发现以下现象。

1. 高级阶段外国留学生词汇衔接正确用例数量排在前三的类型分别是原词复现、反义关系同现和同义词复现,原词复现类所占比例最高。造成这一情况的原因可能有:

(1)汉语会话篇章中词汇衔接方式的使用频率本就极度不平衡;

(2)词汇衔接的不同手段习得在难度上存在差异,作为即时口语的表达者,往往没有过多的时间思考要表述的内容,同时受到本身掌握词汇量的限制,更多地倾向于使用简单的原词复现来实现句子间的衔接,组成完整的会话篇章。

2. 高级阶段外国留学生会话篇章的词汇衔接中,同义词复现的正确用例均以近义词复现形式体现,有限的语料考察中缺乏等义词复现。这种情况的产生,可能和汉语中等义词较少有关,同时也和外国留学生对于等义词的掌握实在有限这样的客观情况有关。

3. 在考察的高级阶段外国留学生会话篇章的词汇衔接中,反义关系同现基本由"反义词或互补词"体现,很少出现"原词前加上否定词"构成反义关系的情况。这也说明了,在高级阶段,不同国别的外国留学生由于掌握的词汇量增多,词汇使用的丰富性更加明显。

4. 在高级阶段外国留学生的词汇衔接中,上下义词复现、概括词复现以及序列关系同现这几种方式的用例都很少,造成这一情况的原因可能是,即使是高级阶段的外国留学生,关于抽象性质的词汇和具体意义的词汇在掌握度上还存在明显的不平衡性,他们更多倾向于使用简单的词汇衔接方式来连接小句,进一步说明词汇量的掌握存在局限。

3.2 语法手段

语法衔接正确用例 1 434 例。照应类用例 1 060 例,占比 73.92%;省略类用例 374 例,占比 26.08%。

3.2.1 照应

"照应",指用代词等语法手段,表示句子间的语义关系。有的学者(如郑贵友,2002)称为"指称关系",是篇章内部代词为了体现语义进行衔接,与指代对象呼应形成照应关系。

根据韩礼德和哈桑的观点,包括人称、指示和比较照应。

通过考察,各阶段照应类正确用例分布情况如下。

表 2　中高级阶段照应类正确用例分布情况

类型	下位类	正确用例频次	正确率
人称照应	第一人称	2	0.19%
	第二人称	2	0.19%
	第三人称	261	24.62%
指示照应	时间指示	40	3.77%
	地点指示	40	3.77%
	人事指示	62	5.85%
	语篇指示	653	61.61%

从以上分析来看,高级阶段外国留学生照应衔接的使用数量中,第三人称照应在人称照应类中占比较大,语篇指示在指示照应类里占比明显。

语篇指示通常不易习得,但造成语篇指示习得正确量高的原因可能在于此阶段的外国留学生为了表达自己的看法和观点,往往举出具体的事例,因此语篇指示的使用量得以增加。

在此基础上,我们进一步考察了关于人称照应中的第三人称照应,在261例第三人称照应中,第三人称单数照应为207例,第三人称复数照应为54例,

组织语言时,为了指代明确,说话者选择短句充当小句,指代时往往使用第三人称单数。

3.2.2 省略

"省略"是篇章内部的分句中基本结构成分缺省,但在邻近会话中可找到(郑贵友,2002)。作用是避免重复,突出主要信息,衔接会话(黄国文,1988)。根据缺省部分的性质,划分为名词性、动词性和分句性省略。

但经过考察,本族语者常用的"分句性省略",在本文考察的口语语料中使用频次为零,所以以下部分仅考察名词性和动词性省略。

表3 高级阶段省略类正确用例使用情况

类型	下位类	正确使用频次	正确率
名词性省略	主语省略	265	70.86%
	定语省略	3	0.80%
	宾语省略	75	20.05%
动词性省略		31	8.29%
分句性省略		0	0

高级阶段外国留学生会话篇章衔接中省略衔接正确用例占比最大的是名词性省略,该类下位类中占比最大的是主语省略。

3.3 逻辑手段

高级阶段逻辑衔接正确用例情况的总体数据详见下表。

表4 高级阶段逻辑衔接正确用例情况表

类型	下位类	正确用例频次	正确率
广义因果类	因果类	770	13.31%
	假设类	321	5.55%
	目的类	49	0.85%
	条件类	113	1.95%
	推断类	0	0

类型	下位类	正确用例频次	正确率
广义并列类	并列类	563	9.73%
	时空类	361	6.24%
	连贯类	1 198	20.71%
	解释类	740	12.79%
	选择类	218	3.78%
	递进类	111	1.92%
广义转折类	转折类	601	10.39%
	让步类	0	0
	假转类	0	0
话语标记类	前置类	438	7.57%
	句间类	207	3.58%
	后置类	94	1.63%

通过以上考察，我们不难看出：

1. 考察发现，逻辑衔接正确用例共 5 784 例，正确用例数量由多到少依次为，广义并列类＞广义因果类＞话语标记类＞广义转折类。

2. 高级阶段外国留学生逻辑衔接语的使用存在不平衡性。从衔接语选择的类型上看，因果类、解释类和连贯类使用频率较高，考察中并没有发现推断类、让步类和假转类的衔接语。

在逻辑使用语上广义并列类使用量较大，其中连贯类的用量最大。

对于广义转折类的弱转关系类这一逻辑衔接语的使用量最小，可能是说话者在表达转折含义的句子时，倾向于使用轻转关系中的典型词汇，用其代替弱转关系中的"不过"，从而实现会话篇章间小句的衔接，这样不会造成听话者对于语义理解的偏差，但也反映出了高级阶段的外国留学生在使用转折类逻辑衔接语时依旧倾向于频繁使用早就掌握的词语代替不熟悉的衔接语。

3. 高级阶段的外国留学生成对使用的关联词在使用数量上还是没有关联词单用的情况多，另有很多情况下，出现了不常见的成对关联词的变式，即使在汉语中也很少见，但逻辑上通顺，分句间可以进行衔接。

4. 高级阶段的外国留学生话语标记类正确用例中，前置类明显多于后置类。

四、篇章衔接手段偏误考察

高级阶段留学生口语篇章衔接手段的偏误类型主要集中于：词汇手段中的名词复现与语法手段中的代词照应之间的混用、照应词之间的误代、语法手段中省略手段的误用。

逻辑手段的偏误则可分为遗漏、误代、冗余、错序四种。

4.1　词汇衔接与语法衔接

表5　高级阶段外国留学生词汇衔接与语法衔接偏误用例情况

偏误类型	下位类	N	％
名词复现与代词照应之间的混用	名词复现误为代词照应	4	1.91％
	代词照应误为名词复现	10	4.76％
照应词之间的误代	人称代词之间的误代	8	3.81％
	指示代词之间的误代	10	4.76％
省略手段的误用	该用而不用	40	19.05％
	不该用而用	138	65.71％

通过以上考察，我们不难发现以下现象。

1. 高级阶段留学生口语篇章衔接手段的偏误类型主要集中于词汇手段中的名词复现与语法手段中的代词照应之间的混用、照应词之间的误代以及语法手段中省略手段的误用。

2. 名词复现误为代词照应仅为4例，原因可能是：说话者到了高级阶段，随着词汇量的增加，表达方式也更加丰富，同时对于指代性词语掌握较好。

3. 照应词之间的误代偏误用例中，指示代词之间的误代占比比较大，人称代词之间的误用主要集中在第三人称代词误用为第二人称代词这一种类型。

4. 省略手段偏误率由高到低依次为：

(1) 该用定语省略却用照应手段＞该用主语省略却用照应手段＞该用宾语省略却用照应手段；

(2) 该用照应手段却用主语省略＞该用照应手段却用宾语省略＞该用照应手段却用定语省略。

4.2 逻辑手段

我们转写的语料中共存在逻辑衔接偏误301例。

根据偏误类型的不同,由高到低的顺序为:

遗漏183例(60.80%)>冗余59例(19.60%)>误代53例(17.61%)>错序6例(1.99%)

表6 高级阶段外国留学生逻辑衔接偏误分布情况

偏误类型	下位类	N	%
遗漏	完全遗漏	138	45.84%
	部分遗漏	45	14.95%
误代	跨类误代	46	15.28%
	同类误代	7	2.33%
冗余		59	19.60%
错序		6	1.99%

通过以上考察,我们不难看出以下现象。

1. 从偏误用例数量上看,由多到少,依次为:遗漏类>冗余类>误代类>错序类。

2. 在遗漏类偏误用例中,完全遗漏的偏误用例相较于部分遗漏的偏误用例更多。

3. 在误代类偏误用例中,跨类误代数量远多于同类误代,表明该阶段的外国留学生对于同类关联词的细微差异能够有效区分。由于该阶段留学生已进入习得的高级阶段,掌握的逻辑词更多,究其本质,仍有很大数量的关联词语跨类使用不当,说明在即时口语会话中,较短的思考时间内说话者还不能做到凭借语感恰当选择合适的逻辑关联词。

4. 在冗余类偏误用例中,大多数情况是说话者在表达自己的观点时,重复使用相同的关联词,具体类型中,广义并列并列类和广义并列连贯类以及广义因果因果类这几类产生冗余的情况较多。

5. 在所有偏误类型中,错序类偏误量最少。

表 7　高级阶段外国留学生会话篇章逻辑衔接习得情况

用例情况	类型	下位类	N	%
正确用例情况	广义因果	因果类	770	13.31%
		假设类	321	5.55%
		目的类	49	0.85%
		条件类	113	1.95%
		推断类	0	0
	广义并列	并列类	563	9.73%
		时空类	361	6.24%
		连贯类	1198	20.71%
		解释类	740	12.79%
		选择类	218	3.78%
		递进类	111	1.92%
	广义转折	转折类	601	10.39%
		让步类	0	0
		假转类	0	0
	话语标记	前置类	438	7.57%
		句间类	207	3.58%
		后置类	94	1.63%
偏误用例情况	遗漏	完全遗漏	138	45.85%
		部分遗漏	45	14.95%
	误代	跨类误代	46	15.28%
		同类误代	7	2.33%
	冗余		59	19.60%
	错序		6	1.99%

从上表中,我们不难发现:

1. 考察发现,共有逻辑衔接用例 6 085 例,其中正确用例 5 784 例。从整体所占比例来看,高级阶段外国留学生逻辑衔接的各种类型所占比例均不高。

2. 正确用例数量由多到少依次为,广义并列类＞广义因果类＞话语标记类＞广义转折类,说明这一阶段外国留学生的习得难度呈现出一定的趋势。

3. 偏误用例数量由多到少依次为,逻辑衔接遗漏类>冗余类>误代类>错序类,说明这一阶段外国留学生对于结构复杂的逻辑衔接词掌握存在一定局限性。

参考文献

[1] 白婧,2012.中高级留学生篇章偏误分析.黑龙江大学硕士学位论文.

[2] 曹秀玲,2000.韩国留学生汉语语篇指称现象考察.《世界汉语教学》第4期.

[3] 陈晨,2005.英语国家学生中高级汉语篇章衔接考察.《汉语学习》第1期.

[4] 董秀芳,2007.词汇化与话语标记的形成.《世界汉语教学》第1期.

[5] 范媛媛,2008.外国留学生三种常用篇章衔接手段考察.陕西师范大学硕士学位论文.

[6] 高慧宁,1996.留学生的代词偏误与代词在篇章中的使用原则.《世界汉语教学》第2期.

[7] 高宁,2006.外国留学生习得汉语常用篇章衔接手段考察.北京语言大学硕士学位论文.

[8] 郭茜,2001.高级汉语学习者话语中的简约与繁复现象.《世界汉语教学》第4期.

[9] 韩礼德,2010.功能语法导论.北京:外语教学与研究出版社.

[10] 韩园园,2014.高级阶段留学生汉语口语语篇主位研究.南京师范大学硕士学位论文.

[11] 何兆熊,2000.语用学概要.上海:上海外语教育出版社.

[12] 何自然,冉永平,2001.语用学概论.长沙:湖南教育出版社.

[13] 胡壮麟,1994.语篇的衔接与连贯.上海:上海外语教育出版社.

[14] 胡壮麟,1998.语篇分析任重道远.《外语研究》第2期.

[15] 胡壮麟,朱永生,张德禄,李战子,2009.系统功能语言学概论.北京:北京大学出版社.

[16] 黄国文,1988.语篇分析概要.长沙:湖南教育出版社.

[17] 黄国文,2002.功能语篇分析面面观.《国外外语教学》第4期.

[18] 黄国文,徐珺,2006.语篇分析与话语分析.《外语与外语教学》第10期.

[19] 黄玉花,2005.韩国留学生的篇章偏误分析.《中央民族大学学报》第5期.

[20] 姜望琪,2012.篇章结构刍议.《当代修辞学》第4期.

[21] 姜望琪,2000.语用学——理论及应用.北京:北京大学出版社.

[22] 姜望琪,2003.当代语用学.北京:北京大学出版社.

[23] 姜望琪,2011.语篇语言学研究.北京:北京大学出版社.

[24] 李炜东,胡秀梅,2006.中级汉语学生的语篇衔接偏误分析.《语言文字应用》第S2期.

[25] 梁丹丹,2007.会话中的口误性紧接重复.《修辞学习》第4期.

[26] 廖秋忠,1986.现代汉语篇章中的连接成分.《中国语文》第2期.

[27] 廖秋忠,1991.篇章与语用和句法研究.《语言教学与研究》第4期.

[28] 廖秋忠,1992.廖秋忠文集.北京:北京语言学院出版社.

[29] 刘虹,2004.会话结构分析.北京:北京大学出版社.

[30] 刘虹,1992.话轮、非话轮和半话轮的区分.《外语教学与研究》第3期.

[31] 刘丽艳,2011.汉语话语标记研究.北京:北京语言大学出版社.

[32] 刘森林,2007.话轮更迭的语用策略.《外语教学》第 4 期.

[33] 刘月华,1998.关于叙述体的篇章教学——怎样教学生把句子连成段落.《世界汉语教学》第 1 期.

[34] 刘运同,2002.会话分析学派的研究方法及理论基础.《同济大学学报(社会科学版)》第 4 期.

[35] 刘运同,2007.会话分析概要.上海:学林出版社.

[36] 吕叔湘,1982.中国文法要略.北京:商务印书馆.

[37] 陆建敏,2015.现代汉语时间词的篇章功能研究.南京师范大学硕士学位论文.

[38] 骆健飞,2009.美国中高级汉语第二语言学习者汉语篇章指称的习得研究.北京语言大学硕士学位论文.

[39] 苗兴伟,1995.话轮转换及其对外语会话教学的启示.《外语教学》第 3 期.

[40] 彭小川,2004.关于对外汉语语篇教学的新思考.《汉语学习》第 2 期.

[41] 冉永平,1997.话语分析的语用学基础.《外语与外语教学》第 1 期.

[42] 孙国军,1990.会话中的话轮及其交替.《外语研究》第 2 期.

[43] 田然,1997.外国学生在中高级阶段口语语段表达现象分析.《汉语学习》第 6 期.

[44] 汪春柳,2012.汉语语篇话题转换标记研究.上海外国语大学硕士学位论文.

[45] 席建国,刘冰,2008.语用标记语功能认知研究.《浙江大学学报(人文社会科学版)》第 4 期.

[46] 肖奚强,2001.外国学生照应偏误分析——偏误分析丛论之三.《汉语学习》第 1 期.

[47] 徐开妍,肖奚强,2008.外国学生汉语代词照应习得研究.《语言文字应用》第 4 期.

[48] 许家金,2009.汉语自然会话中"然后"的话语功能分析.《外语研究》第 2 期.

[49] 徐赳赳,1993.廖秋忠和篇章分析.《语言研究》第 1 期.

[50] 杨力铮,2009.高级阶段来华留学生汉语口语的话语分析.北京语言大学硕士学位论文.

[51] 殷维真,2012.中高级阶段韩国留学生口语语篇衔接研究.南京师范大学硕士学位论文.

[52] 张德禄,2001.衔接力与语篇连贯的程度.《外语与外语教学》第 1 期.

[53] 张廷国,2003.话轮及话轮转换的交际技巧.《外语教学》第 4 期.

[54] 张谊生,1996.副词的篇章连接功能.《语言研究》第 1 期.

[55] 郑贵友,2002.汉语篇章语言学.北京:外文出版社.

[56] 郑贵友,2005.汉语篇章分析的兴起与发展.《汉语学习》第 5 期.

[57] 周小兵,梁珊珊,2014.韩国学生叙述性口语语篇逻辑连接情况调查.《语言教学与研究》第 3 期.

[58] 朱永生,2003.话语分析五十年:回顾与展望.《外国语》第 3 期.

[59] Chauncey C. Chu. 1998. *A Discourse Grammar of Mandarin Chinese*. NY: Peter Lang Publishing.

[60] Chomsky. 1981. *Lectures on Government and Binding*. Dordrecht: Foris.

[61] Halliday and Hasan. 1976. *Cohesion in English*. London: Longman.

[62] Simone Miiller. 2005. *Discourse Markers in Native and Non-native English Discourse*. Amsterdam: John Benjamin Publishing Co.

基于语料库的韩国学生汉语程度补语习得状况研究①

周　娜　胡晓清

（鲁东大学）

提　要:本文以韩国学生汉语程度补语习得状况为关注点,主要进行三个方面的研究:(1) 利用语料库将学生语料分三级进行程度补语习得状况研究,对于其中的偏误,分析偏误类型及成因;(2) 对程度补语习得状况纵向进行三个级别总体统计比较;(3) 将韩国学生程度补语习得状况与《汉语水平等级标准与语法等级大纲》(下称《大纲》)进行对照。通过这一系列研究,我们得出韩国学生习得汉语程度补语的情况并不是呈现正态分布,《大纲》对于学生习得程度补语的等级分配有其合理性,也存在不足。最后,对于教师教学以及《大纲》中有关程度补语的排序方面提出自己的几点建议。

关键词:韩国学生;程度补语;语料;习得状况;《大纲》

引　言

补语作为汉语的一大特点,其本体研究成果丰富,学界形成了不同的观点。随着全球学习汉语的人数日益增多,补语成为汉语学习者较易出现问题的语法项目,国际中文教育研究界对不同国别汉语学习者补语习得情况的研究、不同类别补语的研究日渐增多。其中对于程度补语的研究,大部分研究者

---

①　本文受到国家社科基金项目"多维参照的国别化汉语中介语动态语料库库群构建与研究"(编号:16BYY108)的资助。

未将程度补语按学习者汉语程度进行阶段性研究和不同级别纵向观照研究，使程度补语的研究存在缺憾。

本文拟从语料库中分级别提取韩国学生程度补语语料，对不同级别学习者程度补语的使用状况进行阶段性研究，并从纵向发展角度分析学习者程度补语的习得发展状况；同时将韩国学生程度补语习得状况与《汉语水平等级标准与语法等级大纲》①（下称《大纲》）进行对照，印证程度补语在《大纲》中的等级序列是否合理，对程度补语教学提出相关建议。

一、程度补语的研究现状

1.1 程度补语本体研究及界定

"句子中，谓语后边的补充说明成分，是补语。补语在谓语后面补充说明谓语行为动作、性质状态，回答'怎么样''多久''多少''何处'等问题。"（陈国梁，1986）补语又可下分多类，不同的研究分类也有不同，对于补语的具体作用也解释不一，几类补语在不同的研究中常常出现交叉现象。其中程度补语与情态补语的范围和界定就是分歧之一。

有些研究单独将程度补语划为一类。黄伯荣、廖序东（2015）在《现代汉语》中主要列举了可以充当程度补语的一些范例，以及可以充当中心语的成分，着重指出程度补语没有否定形式。朱德熙（1983）在《语法讲义》中将述补结构分为粘合式、组合式这两类，程度补语在这两大类中都占一部分，他也表示程度补语没有与之相配的否定形式。缪锦安（1990）将补语分为简单式补语和复杂式补语两种基本格式。根据补语的类型，程度补语意为感受的程度和性质，在此专著中程度补语属于简单式，数量较少。房玉清（1992）将程度补语分为用"得"联系和不用"得"联系的两类，表明程度补语没有相应的否定形式，最常见充当程度补语的词有"极、透、多、死、慌、很、厉害、要命、不行、要死、不得了、了不得"等。王邱丕、施建基（1990）将程度补语和情状补语分开进行讲解，还表明有些复杂式程度补语在语义上表程度的同时也表示结果。

有些研究则将程度补语和情态补语划为一类。这又分为两种情况：

---

① 《汉语水平等级标准与语法等级大纲》，国家对外汉语教学领导小组办公室汉语水平考试部，高等教育出版社，1998。

（1）将程度补语划归到情态补语一类。卢福波（1996）在《对外汉语教学实用语法》中将程度补语划归到情态补语，在情态补语大类下将程度补语单独分为三类：补语前必须加"得"；补语前不能加"得"；补语前助词"得"可加可不加。缪锦安（1990）将简单式程度补语单独划分出来，但是对于复杂式补语表示感受的性质和程度时，统归描述补语一类进行描写。刘月华（1983）指出"情态补语主要由动词或形容词后用'得'连接的补语，由'得个''个'连接的补语，以及由'极''透''死''坏'等充任的表示程度意义的补语，也属于情态补语"。在专著中将情态补语分为两大类：一、用"得"连接的情态补语；二、用"个"连接的情态补语。在用"得"连接的情态补语中又划分出表示程度的情态补语，提出词语在充当情态补语时运用的是其引申义，表示"程度高"的意思。在用"个"连接的情态补语一类中，下分出不用"得""得个""个"连接的"极""坏""死""透"等补语表示程度这一小类。（2）将情态补语划归到程度补语一类。马真（1997）将程度补语分为不带"得"程度补语和带"得"程度补语两类，其中带"得"一类将情态补语划归为程度补语，例如："'洗得干净'，可以理解为'洗得很干净'，属于是带程度补语的述补结构，这时它的否定形式是'洗得不干净'"。

通过上述的研究，我们发现本体研究中各派林立，对程度补语的界定没有一个确定的标准，因此我们在本文中将各家的观点统合起来，从对外汉语教学的角度，对程度补语进行了分类，并与结果补语和情态补语进行了区分。

我们结合汉语教学实际，主张将程度补语自成一类进行分析。程度补语下的分类借鉴朱德熙（1983）书中的分类方法，分为两类。组合式程度补语，也就是中心语和补语之间带"得"，程度补语例如：很、多、慌、要命、要死、不行等，组合式不用带"了"。粘合式程度补语，不带"得"，中心语和补语直接结合，程度补语例如：极、多、死、透、坏、一点儿等，粘合式一定要带"了"。中心语可以由动词和形容词充当，动词一般是心理动词，形容词一般是性质形容词。我们综合上述所提到的大部分研究的观点，主张程度补语没有否定形式。

当程度补语为组合式时，需要注意和情态补语的区分。情态补语多表达的是对主语的描述和评价。充当情态补语的成分较多，可以是性质形容词，也可以是状态形容词或谓词性短语。而程度补语是表达感受的性质和程度，修饰前面的中心语，中心语可以由形容词和动词充当，形容词一般是性质形容词，动词一般是心理动词。这是因为状态形容词和动作动词本身的程度已经确定，不能再受程度补语的修饰，但是性质形容词和心理动词程度不定。除了两类补语所表示的语义不同外，情态补语有否定形式，例如：字写得不好。但是程度补语没有相应的否定式。

表 1 组合式程度补语与情态补语区分

类别特征	作用	否定式
组合式程度补语	表示程度	没有
情态补语	表示状态	有

当程度补语为粘合式时,需要注意和结果补语的区分。结果补语表示行动、动作的结果。比如:今年的收成不好,他饿死了。"他"的结果是"死",用的是"死"的本义。程度补语表示中心语的程度深浅。比如:快给我点儿吃的,我饿死了。"我"并没有"死",这里用的是"死"的虚化的意义,只是用来修饰"饿"的程度深。形/动+死/透/坏这种格式在运用的时候,联系语义,注意是运用补语的本义还是虚化义。也可以用否定式区分结果补语和程度补语。结果有完成和没完成的区别,但是程度只有深浅,没有有程度、无程度的区别。

表 2 粘合式程度补语与结果补语区分

类别特征	作用	补语意义运用	否定式
粘合式程度补语	表示程度	虚化义	没有
结果补语	表示动作结果	本义	有

1.2 对韩国学生习得汉语补语研究

对韩国学生汉语补语习得状况研究的成果相对较多,主要分为以下几类。

1. 对所有补语的综合研究。邓翔宇(2017)用统计分析语料库数据及个案考察的方法研究韩国汉语学习者的补语习得顺序,采用横向研究和纵向研究相结合的方法进行探究:"通过对语料进行统计分析,得出韩国汉语学习者习得汉语各类补语的顺序;在纵向上通过分析和总结个案跟踪调查结果,进一步验证自己所得习得顺序真实性和准确性;最后,根据研究结论探讨调整教学顺序对学习者习得速度的影响、补语习得顺序对大纲和教材的影响。"黄玉花(2004)分析描写了汉语补语在韩国语中的对应形式,通过比较两种语言之间的不同,探讨学生偏误产生的原因。车慧(2006)对于韩国留学生习得汉语补语进行了偏误分析,她将补语分为七类:程度补语、情态补语、趋向补语、数量补语、可能补语、介词补语、结果补语,提出了七类补语各自的偏误类型以及偏误产生原因,并提出了教学建议。随后她又分析韩国留学生在程度补语结构中述语和补语在搭配方面的偏误(2012),2014 年又以真实语料为研究对象,归纳出留学生学习程度补语时常出现的四类偏误,从语义、句法和语用角度对这四类偏误进行分析。

2. 对"得"字补语的研究。马应瑛(2015)对"得"字补语句进行偏误分析,通过语料分析得出偏误类型,分析偏误原因,提出自己的教学建议。张传立(2006)对"得"字补语句进行考察,从句法、语义和语用角度分析了"得"字补语句,利用母语为越南语、日语和英语的留学生的语料对"得"字补语方面的偏误进行统计分析。刘倩(2012)提出日韩学生"得"字补语句的习得对比,对日韩学生的"得"字补语使用偏误进行了统计分析,并从偏误率和偏误种类两个方面看日韩学生"得"字补语句偏误。

综上所述,在对外汉语方面,他们的研究主张将程度补语与其他的补语分开进行研究,分界的标准因为所借鉴的前人的观点不同而不同,但是没有专门对程度补语进行研究分析,对于韩国学生汉语补语的研究也未见专门对程度补语的研究,只有在补语综合研究中将程度补语作为其中的一类进行了分析。由此可见,对于韩国学生补语中有关程度补语的研究还不是非常充分,应该进一步加强。

1.3 《大纲》中的相关研究

《大纲》在对外汉语教学中,对于老师教学、教材编写以及学生考试内容的编排有非常重要的借鉴意义。《大纲》制定以后,有人对《大纲》中的内容提出自己的看法,也有人将教材与《大纲》进行对比,探讨两者之间存在的关系。吴春仙(2001)提出《大纲》中几个值得讨论的语法问题,涉及双宾语、频率副词、被动句、"把"字句。她在文章最后提到有些语法项目讲解不够严密,其中涉及程度补语,指出《大纲》给定的形式是"形+极了",但是例句是"她看到这件礼物,喜欢极了。"给定形式与例句不搭配。刘春阳(2012)选择《博雅汉语》这本教材中的句型与《大纲》中的句型做对比,考查教材中句型的选取是否符合《大纲》的要求,对教材与《大纲》中句型对比的异同情况进行了归纳总结。王珊珊(2016)以《大纲》为基准,考查《速成汉语基础教程》(下称《速成》)中的语法项目的编排,包括《速成》中语法点对《大纲》的覆盖情况,两者语法体系对比,考查《速成》中语法点难度层次安排。最后以补语为例详细考查《速成》中语法项目的安排,依次分析了补语出现的时间、补语习得的顺序,又以趋向补语为重点研究对象,分析了趋向补语的教学顺序安排。结合前面所有,提出《速成》中语法点编排的优点与问题。

通过前人的研究,我们发现对于《大纲》中有关程度补语的研究尚属空白。我们将对外汉语中韩国学生习得程度补语的状况与《大纲》中程度补语的相关分布进行对比,以期对《大纲》的修订和程度补语的对外汉语教学提出更为可信合理的建议。

二、本文程度补语研究范围及语料来源

本文以《汉语水平等级标准与语法等级大纲》为依据,根据《大纲》中的例句整理归纳出:组合式程度补语7个,粘合式程度补语5个,共计12个程度补语(见表3)。对这12个程度补语在鲁东大学"韩国学习者汉语中介语动态语料库"(下称"动态语料库")中的使用情况进行统计和分析。

表3 程度补语分类

组合式	很	慌	多	要命	要死	不行	不得了
粘合式	极	死	透	坏	多		

"动态语料库"对韩国学习者在学习汉语过程中产出的中介语语料进行了长期的跟踪搜索,语料覆盖了初级、中级和高级三个学段,具有较强的动态性。① 本文所用的语料即来源于"动态语料库",其中初级语料 314 539 字、中级语料 1 194 915 字、高级语料 539 015 字,语料总计 2 048 469 字。我们对三个级别的语料分别进行提取,并加以统计分析。

三、动态语料库中程度补语使用情况的统计分析

我们在 200 万字的韩国学生的语料中,共提取出含程度补语的句子 848 句,其中初级 219 句,中级 477 句,高级 152 句。不同级别程度补语的正确率和偏误率有所不同,偏误情况也有相应的变化,下面将分别对初、中、高三个级别进行统计分析。

3.1 程度补语偏误情况统计分析

程度补语的偏误,我们分成两大类:程度补语本身的偏误和相关成分的偏误。通过统计分析,我们发现每个大类又可下分几个小类。

程度补语本身的偏误:补语多余,补语漏用,补语混用。

相关成分的偏误:述语偏误,状语偏误,"得"的误用,"了"的误用。

---

① 《国别化汉语中介语动态语料库建设与研究》,胡晓清等,中国社会科学出版社,2018。

我们对程度补语三个级别的语料进行统计得知,初级偏误句共 32 句,中级偏误句共 56 句,高级偏误句共 18 句。对不同级别各个偏误类别占其级别总偏误的百分比统计如下。

表 4 偏误情况

级别类别	补语多余	补语漏用	补语混用	述语偏误	状语偏误	"得"的误用	"了"的误用
初级	12.50%	6.25%	6.25%	37.50%	31.25%	3.13%	3.13%
中级	5.36%	5.36%	5.36%	30.36%	25.00%	23.21%	5.36%
高级	0	0	0	27.78%	38.89%	16.67%	16.67%

注:数值四舍五入,统一保留小数点后两位。

我们对表 4 进行横向和纵向的比较,发现以下规律。

1. 述语偏误和状语偏误在三个级别中的偏误率都比较高,说明不论哪个级别的学生都易出现这两类偏误,我们着重分析这两类偏误产生的原因。

述语偏误,主要是述语与程度补语搭配不当。能够被程度补语修饰的述语要满足一定的条件:充当述语的成分要有[+程度]这个语义特征,一般符合这个条件的是性质形容词和表示心理、感受的一些动词,比较容易的判断方式是看是否可以受到程度副词"很"的修饰。有一部分的行为动词可以接受程度补语的修饰,但是大部分的不可以。名词本身的性质已定,不能充当程度补语的述语。韩国学生在运用时忽略述语的限定条件,容易出现偏误。如以下例句:

(1) 怪不得今天我们班的同学大部分没来,今天天气雾得很。

(2) 我现在兴趣极了。

这两句中述语由名词充当,名词本身没有[+程度]语义特征,不能受程度补语的修饰,因此出现偏误。

(3) 你玩弄得要命,我很生气。

这句话中述语是由动词充当的,但是"玩弄"本身[-程度],不能受程度补语的修饰,因此搭配不当。

(4) 我开心得慌。

(5) 这个假期我过得愉快得慌。

(6) 这个假期好得慌。

(4)(5)(6)这类偏误句是述语与程度补语搭配不当中比较特殊的一类,这类偏误述语能接受程度补语的修饰,偏误原因在于述语与程度补语的语义色彩搭配不当。"慌"作程度补语时的意义表示难以忍受,色彩义是贬义,与之搭配的述语的语义色彩也应该是与之相对应的贬义,不能是上述句子中的褒义色彩。

状语偏误,主要是状语多余。这里指程度副词作状语,与程度补语同时出现,造成语义上的冗余。程度副词放在形容词、动词前面,可以修饰形容词、动词,表程度;程度补语放在述语的后面,也表示程度的深浅、高低。所以程度副词和程度补语不能同时出现,否则会造成语义上的冗余。韩国学生将由程度副词充当的状语和程度补语放在一起使用,造成冗余。如以下例句:

> (7) 星期五下课的时候,我很累得要命。
> (8) 她不是苗条,是太瘦极了。
> (9) 我今天一直拉肚子,很虚死了。

上述句子的述语被由程度副词充当的状语修饰之后,后面又被程度补语修饰,造成了语义冗余,在状语和补语之间选一个修饰述语即可。

2. 程度补语本身的偏误在初级占有较大的比重,但是随着级别的升高,比重在下降,到了高级,比重为零。这说明学生对程度补语本身的认识会随着学习程度的提高而逐渐加深,他们会慢慢理解程度补语,偏误逐渐降低。

3. "得""了"的误用,主要是"得"被"的""地"替代,"了"的多余。"'得'和'的''地'的语音都是 de,但语法性质完全不同:'的'形成名词性或者是形容词性短语,'地'形成副词性短语,而'得'的主要功能是形成述语,使听者期待后面的补语。"(房玉清,1992)这三个 de 容易产生混淆,学生需要明确这三个 de 出现的条件。"了"在组合式程度补语中不出现,但是学生不分组合式程度补语和粘合式程度补语,统一在最后加上"了"。

"得""了"的误用是随着级别的提高而上升。与第 2 条补语本身偏误率下降的趋势相比,说明学生逐渐理解程度补语的本质,知道补语使用的语言环境,但是对一些细节方面的监控,比如对程度补语的结构的监控,逐渐减弱。

3.2 程度补语使用情况统计分析

3.2.1 组合式程度补语使用情况统计分析

初级组合式程度补语一共是 105 句,偏误句 19 句;中级组合式程度补语一共是 199 句,偏误句 28 句;高级组合式程度补语一共是 43 句,偏误句 11 句。

表 5　组合式程度补语使用情况

	初级	中级	高级
总句	105	199	43
正确句	86	171	32
偏误句	19	28	11
正确率	81.90％	85.93％	74.42％
偏误率	18.10％	14.07％	25.58％

注:数值四舍五入,统一保留小数点后两位。

3.2.2　粘合式程度补语使用情况统计分析

初级粘合式程度补语一共是 114 句,偏误句 13 句;中级粘合式程度补语一共是 278 句,偏误句 28 句;高级粘合式程度补语一共是 109 句,偏误句 7 句。

表 6　粘合式程度补语使用情况

	初级	中级	高级
总句	114	278	109
正确句	101	250	102
偏误句	13	28	7
正确率	88.60％	89.93％	93.58％
偏误率	11.40％	10.07％	6.42％

注:数值四舍五入,统一保留小数点后两位。

表 7　程度补语综合使用情况

	初级	中级	高级
总句	219	477	152
正确句	187	421	134
偏误句	32	56	18
正确率	85.39％	88.26％	88.16％
偏误率	14.61％	11.74％	11.84％

注:数值四舍五入,统一保留小数点后两位。

表8　程度补语正确率

	初级	中级	高级
组合式	81.90%	85.93%	74.42%
粘合式	88.60%	89.93%	93.58%
综合	85.39%	88.26%	88.16%

注:数值四舍五入,统一保留小数点后两位

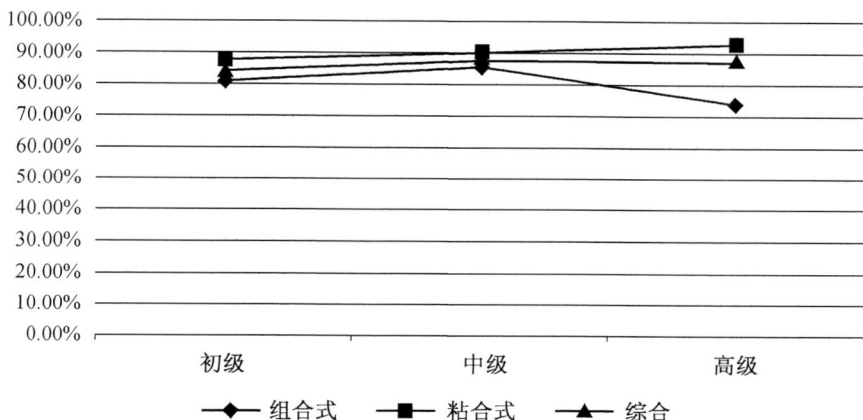

图1　正确率纵向比较

从上表中可以归纳出以下几点。

1. 正确率总趋势是先上升然后下降,这说明韩国学生程度补语总体习得情况并不是呈现正态分布。中级学生的正确率最高,初级学生的正确率最低,说明学生在一开始接触程度补语时,容易出现一些问题;等到中级随着程度补语学习加深,老师不断强化输入与输出,学生自己也监督程度补语的输出,学生习得正确率有所上升;但是到了高级随着老师强化的减弱,学生自己降低了对程度补语的监控程度,这时候对于程度补语的使用正在慢慢接近一种无意识的状态,学生放松了对程度补语输出的监督,正确率下降,但是与初级阶段相比,还是在向好的趋势发展。

2. 组合式程度补语正确率的趋势和总趋势是一致的,先上升后下降,但是与总趋势相比,下降趋势更加明显。说明学生对于组合式程度补语的学习存在着很大的问题,当有老师监督、强化程度补语学习的时候,学生出现偏误的情况较少,但是一旦监督和强化消失,学生并不能将程度补语内化于心,习得情况并不是很好,正确率下降。由此可知,组合式程度补语的习得是一个重点和难点,如何让学生真正掌握组合式程度补语,在高级阶段也能随时说出比较准确的句子是我们应该思考的问题。

3. 粘合式程度补语正确率的趋势是直线上升状态,说明随着学生学习时间的推移以及学生学习水平的提高,粘合式程度补语能够很好地被学生内化使用,并不会因为老师监督和强化的减弱而产生正确率下降的情况。与组合式程度补语相比,粘合式程度补语的搭配较为简单,在教学的过程中学生直接将一些程度补语使用的范例当作固定结构记在脑子里,当使用次数达到一定的程度,就会内化成为学生自己的东西。但是相比于粘合式程度补语,组合式程度补语需要注意"得"的使用问题,述语与补语之间的搭配也比粘合式的更为复杂,容易出现各种偏误情况,学生内化也较为困难。

四、韩国学生程度补语习得状况与《大纲》的对照

4.1 《大纲》中程度补语的分布状况

《大纲》是教学和教材编写的重要依据,而韩国学生程度补语习得状况的数据分析对《大纲》的修订、完善具有参考意义。下表是根据《大纲》整理出的有关程度补语的分布情况。

表 9 《大纲》中程度补语分布

甲级	形+"得很"	形+"极了"	形+"得多"		形+"多了"	动+"得"+形
乙级	形+"得不得了"		动+"得"+形+"极了"			
丙级	形/动+"死/透/坏"	形/动+"得慌"	形/动+"得"+"要命/要死"		形/动+"得不行"	

4.2 韩国学生程度补语习得状况与《大纲》总体分布的对照

表 10 初级程度补语使用情况

	得多	得要命	得很	得不得了	得慌	极了	死了	坏了	多了
总句	18	56	29	1	1	58	21	1	33
正确句	15	47	24	0	0	50	20	1	30
偏误句	3	9	5	1	1	8	1	0	3
正确率(%)	83.33	83.93	82.76	0	0	86.21	95.24	100	90.91
偏误率(%)	16.67	16.07	17.24	100.00	100.00	13.79	4.76	0	9.09

注:数值四舍五入,统一保留小数点后两位。

通过表 10 与表 9 的对照,我们得出以下信息。

"得多、得很、极了、多了"在大纲中属于甲级语法,初级韩国学生使用的正确率都在 80％以上,说明初级学生程度补语的学习大致与《大纲》中甲级语法相对应。此时,《大纲》对学生学习程度补语有指导作用。

"不得了、慌"属于比较极端的用例,正确率为 0％,学生使用很少,说明学生并没有对"不得了、慌"这两类程度补语进行系统的学习,是学生自己的尝试。我们查到,"不得了、慌"在《汉语水平词汇与汉字等级大纲》中属于乙级词,在《大纲》中分别属于乙级语法项目和丙级语法项目。老师上课时可能简单提及,但是并没有全面讲解相关用法,学生知道"不得了、慌",但是并没有较多地使用,也没有学习与之相关的程度补语的用法,所以他们使用频率低而且出错率高。

"要命"在《大纲》中属于丙级语法,在《汉语水平词汇与汉字等级大纲》属于丁级词,是学生需要到一定水平才会学到的用法。但是初级学生程度补语使用情况证明,学生接触"要命"这个语法项目很早,而且使用频率很高,正确率高。建议《大纲》中可以适当前移。

"死"在《大纲》中属于丙级语法,但是初级学生使用熟练,因为"死"在《汉语水平词汇与汉字等级大纲》属于甲级词,学生接触早。生活中,"死"作为程度补语使用出现频率很高,学生在实际运用中水平不断提高。根据实际情况,其程度补语用法也可适当前移。

"坏"在《大纲》中属于丙级语法,在《汉语水平词汇与汉字等级大纲》属于甲级词,学生接触早,但是在实际生活中对于"坏"作程度补语的运用有限,所以学生的使用也相对较少。

以上三例说明《大纲》分布状况与学生实际运用情况之间出现了矛盾,《大纲》要根据学生的需要以及学生习得情况进行调整,以便更好指导教材编排和教师教学。

表 11　中级程度补语使用情况

	得多	要命	得很	得不行	得不得了	得慌	得要死	极了	死了	透了	坏了	多了
总句	23	28	29	5	50	62	1	134	95	1	7	37
正确句	22	25	26	1	44	51	1	126	83	1	6	35
偏误句	1	3	3	4	6	11	0	8	12	0	1	2
正确率(％)	95.65	89.29	89.66	20.00	88.00	82.26	100.00	94.03	87.37	100.00	85.71	94.59
偏误率(％)	4.35	10.71	10.34	80.00	12.00	17.74	0	5.97	12.63	0	14.29	5.41

注1:数值四舍五入,统一保留小数点后两位

注2:正确率和偏误率都为百分比数值

通过表 11 与表 9 的对照,我们可知:

中级学生程度补语的使用已经涵盖了《大纲》中分布的所有的程度补语,除个别程度补语以外,其他程度补语使用的正确率普遍较高。说明老师和学生在这一阶段都提高了对程度补语的重视程度,强化输入与输出,加大对程度补语使用的监督力度。

"不行、要死、透、坏"与其他语法项目相比,学生使用频率低。这几个程度补语在《大纲》中属于丙级语法项目,说明《大纲》在设计的时候,将学生实际运用情况加入了考虑范围内。将比较容易的语法项目以及学生容易在交际中运用的结合实际情况排在靠前位置,让学生先接触;较难且学生使用有限的语法项目向后排,便于学生进行交际。

表 12　高级程度补语使用情况

	得多	得要命	得很	得不得了	得慌	得要死	极了	死了	透了	多了
总句	9	4	7	16	5	2	22	67	5	15
正确句	7	4	7	9	3	2	18	63	5	15
偏误句	2	0	0	7	2	0	4	4	0	0
正确率(%)	77.78	100.00	100.00	56.25	60.00	100.00	81.82	94.03	100.00	100.00
偏误率(%)	22.22	0	0	43.75	40.00	0	18.18	5.97	0	0

注 1:数值四舍五入,统一保留小数点后两位
注 2:正确率和偏误率都为百分比数值

通过表 12 与表 9 的对照可知,学生到高级以后,并没有全部使用《大纲》所给出的程度补语,更多的是结合自己实际生活运用程度补语,根据交际需要选择合适的程度补语。说明《大纲》分布和老师教学时充分考虑学生,根据学生程度补语实际使用情况安排程度补语分布的先后顺序。

综合上面不同级别韩国学生程度补语使用情况,我们可以证明《大纲》对教材的编写和教师教学、学生的学习有指导意义,但是在实际情况统计中,也出现了《大纲》中程度补语分布状况与不同等级韩国学生实际习得的程度补语不匹配的情况。结合前面的数据分析,考虑学生习得的实际情况,我们对《大纲》中程度补语的分布做了一个调整,调整如下表所示。

表 13　《大纲》中程度补语分布调整

甲级	形+"得很"	形+"极了"	形+"得多"	形+"多了"	形/动+"死"	形/动+"得"+"要命"	动+"得"+形
乙级	形+"得不得了"	动+"得"+形+"极了"			形/动+"得慌"		
丙级	形/动+"透/坏"	形/动+"得"+"要死"			形/动+"得不行"		

甲级:"得很、极、得多、多了"在初级学生中使用频率高,正确率也高,不需要移动,应让学生较早接触。而"死"和"要命"在初级学生中使用频率高,正确率也高,说明初级学生在实际运用中经常使用并且可以很好地掌握两者的用法。那么"死"和"要命"在《大纲》中的位置不应该是丙级,应该往前移,移到甲级,让学生早接触早掌握。

乙级:中级学生已经习得《大纲》中所有的程度补语,但是程度补语使用频率不一样。将每个程度补语使用频率和正确率进行比较,我们发现,在丙级中,除了"死"和"要命"已经被我们移到甲级之外,"得慌"也需要前移。因为和丙级中的"透、坏、要死、不行"相比,"得慌"的使用频率和正确率都很高,所以与同级程度补语的使用情况不相符合,需要前移。但是初级学生对于"得慌"的使用频率很低、偏误率很高,说明学生不能过早接触这个程度补语,因此乙级就是较为适合"得慌"的分布。

丙级:在这个级别中的程度补语是学生接触较少,使用频率很低的类型,结合上面的表格,"透、坏、要死、不行"分布在丙级较为合适。

以上是我们根据数据分析对《大纲》做出的调整,力求让《大纲》的指导更加有针对性、灵活性,更好地为学生服务。

五、韩国学生程度补语习得状况简评及教学建议

通过本论文对不同级别程度补语进行数据分析,以及韩国学生程度补语习得状况与《大纲》总体分布的对照,我们得出:韩国学生程度补语习得状况并不是随着级别的提高呈直线上升的态势,而是一条折线,正确率最高点在中级,最低点在初级。初级韩国学生学习的程度补语个数最少,这时刚刚接触程度补语,容易出现问题,补语本身出现偏误较多。中级,学生学习《大纲》所给出的所有程度补语类别,学习的程度补语范围扩大、深度加深,老师和学生在这个阶段对程度补语的重视程度最高。到高级时,学生汉语水平提高,对于程度补语细节方面的监控减弱,容易在程度补语的结构方面出现问题,正确率相

比中级有所下降,但是高于初级,说明学生程度补语习得状况的总体水平是上升的。

根据本论文研究结论,我们提出几点教学建议,希望能更好地帮助教师教学和教材编写,促进韩国学生程度补语的学习。

1. 教师提前了解学生在不同级别可能出现的有关程度补语的偏误类型,在课堂上潜移默化地帮助学生减少偏误的产生。对于学生在学习过程中出现的共性偏误要及时记录、总结、梳理,指导自己的课堂教学。

2. 教师要灵活运用《大纲》和有关教材,以学生为中心进行教学,可以采用多种方式进行程度补语的教学。如果教师本身韩语水平很好,在教学时可以利用韩语与汉语的对比进行教学,加深学生对汉语程度补语的认识。

3.《大纲》与教师教学、教材编写以及学生学习之间是一个双向互动的过程,《大纲》可以提供指导作用,以《大纲》为依据进行教材编写,将教师教学和学生学习的实际情况也考虑在教材编写范围之内。教材在实践一段时间之后的结果还可以为《大纲》提供反馈,帮助《大纲》的修订,使其更好运行,两者之间形成一个良性互动。

六、结　语

本论文将韩国学生程度补语习得状况分三级进行了研究,总结出两大类偏误及其下分的七个子类偏误;对程度补语总体习得状况进行三个级别的比较,发现韩国学生汉语程度补语习得情况并非按照级别呈正态分布;同时,通过研究发现,《大纲》中程度补语的分布有合理性,但还存在一些不足,需进一步对《大纲》进行调整。

当然,韩国学生程度补语习得的制约因素很多,比如教材、课堂教学、学习环境的影响等。特别是教材中程度副词的使用情况是较为重要的变量,在后续研究中应进一步予以研究。

参考文献

[1] 车慧,2006.韩国留学生习得汉语补语的偏误分析.辽宁师范大学硕士学位论文.

[2] 车慧,2012.韩国留学生汉语程度补语搭配的偏误分析.《佳木斯教育学院学报》第10期.

[3] 车慧,2014.留学生习得汉语程度补语的偏误分析.《汉语文化》第3期.

[4] 陈国梁,1986.现代汉语语法教程.西安:西安交通大学出版社.

［5］邓翔宇,2017.韩国汉语学习者补语习得顺序研究——基于语料统计分析及个案考察.辽宁大学硕士学位论文.

［6］房玉清,1992.实用汉语语法.北京:北京语言学院出版社.

［7］黄伯荣,廖序东,2015.现代汉语.北京:高等教育出版社.

［8］黄玉花,2004.韩国学生习得汉语补语研究.《和田师范专科学校学报》第3期.

［9］刘春阳,2012.《博雅汉语》与《语法等级大纲》句型对比研究.广西民族大学硕士学位论文.

［10］刘倩,2012.日韩学生"得"字补语句的习得对比.复旦大学硕士学位论文.

［11］刘月华,1983.实用现代汉语语法.北京:外语教学与研究出版社.

［12］卢福波,1996.对外汉语教学实用语法.北京:北京语言学院出版社.

［13］马应瑛,2015.留学生习得"得"字补语句的偏误分析.兰州大学硕士学位论文.

［14］马真,1997.简明实用汉语语法教程.北京:北京大学出版社.

［15］缪锦安,1990.汉语的语义结构和补语形式.上海:上海外语教育出版社.

［16］王邱丕,施建基,1990.程度与情状.《中国语文》第6期.

［17］王珊珊,2016.《速成汉语基础教程》语法点编排考察——以《汉语水平等级标准与语法等级大纲》为基准.北京大学硕士学位论文.

［18］吴春仙,2001.《汉语水平等级标准与语法等级大纲》中几个值得讨论的语法问题.《暨南大学华文学院学报》第2期.

［19］张传立,2006."得"字补语句考查及留学生"得"字补语句偏误分析.广西大学硕士学位论文.

［20］朱德熙,2000.语法讲义.北京:商务印书馆。

泰国、印尼学习者汉语朗读口语的流利度研究[①]

周宝芯

（马来亚大学）

提　要：本文以《北风和太阳》为朗读材料，从初、中、高三个汉语水平，考察泰国、印尼学习者汉语朗读的流利度。通过 Praat 语音分析软件，研究者以 C-ToBI 汉语韵律标注系统进行标注，测量并提取音节、无声停顿的时长数据，统计分析汉语学习者和汉语母语者的语速、平均语流长度、无声停顿长度等流利度指标。研究结果显示，汉语学习者初至高级水平的朗读流利度，均与汉语母语者存在差异。在无声停顿的时长分布上，泰国学习者与印尼学习者的表现不同。泰国学习者各韵律边界的无声停顿平均长度相近，印尼学习者的无声停顿长度与韵律边界的层级呈一定的对应关系。因此，泰国学习者与印尼学习者的朗读流利度差异，主要体现在韵律组块的时长分布，尤其是边界后的无声停顿。

关键词：流利度；泰国学习者；印尼学习者；无声停顿；时长

一、引　言

在第二语言习得方面，口语产出的流利度、复杂度和准确度，是评定学习者语言能力的三项重要指标。在自然口语中，流利度、复杂度和准确度涉及语言知识的加工、提取，一段话语甚至是一句话都是语音、词汇、句法的综合表现，较难判断某语言表征的产生机制。朗读口语则相对简单，词汇量、

[①]　本文的语料分析结果取自作者的博士论文（周宝芯，2014）。

句法结构固定,因词穷而出现犹豫现象的概率较小;与此同时,研究者也可根据研究目的选择或设计短文,进行针对性的二语习得研究。因此,在二语韵律习得研究方面,以朗读口语为考察对象是比较理想的。由于口语产出的复杂度、准确度与韵律的关系较小,因此本文只是讨论汉语学习者朗读口语的流利度。

口语流利度主要计算语流的时间性语音表现,测量内容为发音时长、平均语流长度和无声停顿时长(Ellis,1999;刘瑜,吴辛夷,2016)。Bosker et al.(2013)表示,口语流利度的感知依据是停顿(pauses)、语速(speed)和自我纠正(repairs)的综合表现;在语音表现方面,最主要的声学线索是无声停顿(silent pauses)的长度和数量。由此可见,无声停顿长度是口语流利度感知和评估的重要内容。然而,无声停顿的测量界限是多少,学界没有一个明确的时长标准。根据 Fletcher(2013)的整理,多数学者认同 100 ms 以下的静音段属于发音停顿(articulatory pauses),对应于闭塞音的持阻段(closure phrase);而 200—250 ms 的静音段可以被人耳感知(audible pauses),很多研究以 200 ms 静音段为无声停顿的最低测量时长。因此,有的学者进一步建议把无声停顿分为三个等级:短(<200 ms)、中(200—1 000 ms)、长(>1 000 ms),以便归纳无声停顿长度,分析不同语言的口语时长结构。在汉语作为第二语言的流利度研究方面,无声停顿的测量界限也不同:以 200—300 ms 占多数(陈默,2012;陈默,2015;刘瑜,吴辛夷,2016;张春花,陈默,2016);200 ms 以下(陈默,周庆,2016)、1 000 ms 或以上(吴继峰,赵晓娜,2020)的较少。

在设定无声停顿的测量标准时,除了参考一般听阈和生理呼吸,研究者需要考虑一个语言的时长分布特征,尤其是各韵律层级的声学表现。Krivokapic(2007)分析英语的朗读口语,发现无声停顿长度会受到语块长度(音节数量)和韵律结构复杂度的影响。此外,Zellnew(1994)的语音合成实验结果显示,话语的时长分布与韵律结构有对应关系,适宜地调整各韵律边界的无声停顿时长,有助于提高语音合成的流利度。因此,汉语学习者的口语流利度研究,除了使用语速、平均语流长度、无声停顿平均长度等测量指标,有必要分析不同韵律边界后的无声停顿长度,并且参考汉语韵律的研究成果设定无声停顿的测量界限。陈默、周庆(2016)分析韩国母语者的汉语朗读口语流利度,重点讨论朗读速度、朗读准确度和朗读韵律,也测量小句韵律边界的时长特征;但在朗读韵律分析时还是把所有无声停顿并到一起,没有讨论各韵律边界的无声停顿长度。

为了进一步理解汉语学习者朗读口语流利度、不同母语者朗读口语的时长分布特征,本文分析泰国学习者(汉藏语系)和印尼学习者(南岛语系)的朗读口语,以回答以下研究问题:1. 泰国与印尼学习者的口语流利度发展是否一致？2. 泰国与印尼学习者的朗读口语时长分布特征有何差异？

二、研究说明

2.1　被试

本文的研究对象有 30 人,泰国学习者 16 名、印尼学习者 14 名。由于研究条件有限,两组学习者的男女比例不均,其中女生较多;平均年龄 23.7—24.5。本文以汉语水平考试(HSK)成绩、汉语学习时间为标准,把汉语学习者分为高、中、初三个水平(A—C 小组)。C 小组(初级)为本科一年级学生,能进行简单的听说读写;B 小组(中级)已经获得 HSK 初等水平证书;A 小组(高级)已经获得 HSK 中等水平证书。除了两组汉语学习者,本文也以 10 名汉语母语者为参照组,5 男 5 女,平均年龄 24.7,普通话水平达到二级甲等。在语料收集期间,所有被试人都是在南京高校学习的大学生,其中 10 名中国学生都是南京师范大学对外汉语专业的硕士研究生。

2.2　语料收集

本文以《北风和太阳》为语料来源,这则寓言故事是国际语音学会进行语音记录的经典样本(International Phonetic Association,1999),也是对外汉语教学的教学材料之一。本文选用曹文(2002)提供的《北风与太阳》版本,共160 个音节(见附录)。

语料收集时间为 2011—2012 年。录音地点选在安静、封闭性较好的教室或被试的房间。录音设备是索尼(SONY)ICD 系列录音笔;录音采样率为 44100 Hz,16 位,双声道,定向录音;文件以 Windows PCM(＊.wav)格式储存。被试人有 5 分钟时间熟悉朗读材料,然后才开始正式朗读。被试人需要朗读两遍,语料分析只采用第二遍的朗读。

2.3　语料标注与分析

通过语音分析软件 Praat (Boersma & Weenink,2020),作者进行音节切分和韵律边界标注。有关韵律信息标注,作者采用中国社会科学院语音研究室发布的汉语韵律标注系统 C-ToBI(李爱军,2004)。《北风和太阳》短文一共有 25 个[＋标记]的韵律边界(以标点符号为书面标记)。根据短文的语法、语

义结构,作者把所有韵律边界划分为以下三个韵律层级:B2"韵律短语"、B3
"语调短语"和 B4"语调群"。①

在无声停顿方面,作者参考王蓓(2002)的韵律边界感知的实验结果,以
80 ms 静音段为测量界限。本文的流利度指标有以下五个。

（一）语速(rate of speech):平均每秒的音节数,包括无声停顿时长(音节
总数/朗读总时长)。

（二）发音速度(articulation rate):平均每秒的音节数,不包括无声停顿
时长(音节总数/发音总时长)。

（三）平均语流长度(mean length of run):无声停顿之间语流的平均音节
数。

（四）无声停顿均长(mean length of pauses):无声停顿的平均时长,
80 ms 及以上的静音段。

（五）韵律边界的时长特征(duration of prosodic boundary):B2—B4 边
界后的无声停顿长度。②

在统计分析方面,除了计算平均值和标准差,作者使用 SPSS 软件进行统
计检验。主要的检验方法如下:GLM 多元方差分析、带 Bonferroni 校正的
Post Hoc 事后检验,显著性水平设为 0.05。自变量为被试组别(泰国学习者
TH、印尼学习者 ID 和汉语母语者 CH)和汉语水平(A 组、B 组、C 组和 L1
组)。

三、研究结果

本节从语速、发音速度、平均语流长度、无声停顿均长和韵律边界的时长
特征五个方面,报告两组汉语学习者朗读口语流利度的发展、与母语者(L1)
的差异。

---

① 有关韵律层级的划分标准和声学参数,详见作者的博士论文(周宝芯,2014)。

② 韵律边界的声学线索,有边界前音节的延长、边界后的无声停顿和低音线重置。
其中,延长和边界后的无声停顿都是时长特征,一般呈互补趋势。韵律边界等级越高,音
节的延长量越小,无声停顿长度越大。(杨玉芳,1997;叶军,1996)在口语流利度方面,无
声停顿的作用明显,与流利度感知有直接的对应关系,因此本文只分析各韵律边界后的无
声停顿长度,不涉及边界前的音节长度。

3.1 语速

对表 1 进行 GLM 多元方差分析显示,被试组别的主效应不显著 [$F(1,33)=0.082,P=0.777$],但是 Post Hoc 比较检验结果显示,TH 组、ID 组与 CH 组之间有显著差异($P=0.000$),TH 组与 ID 组没有配对差异($P=0.863$);汉语水平的主效应显著[$F(2,33)=10.272,P=0.000$],A—C 小组与 L1 组之间有显著差异($P=0.000$),A 小组与 B 小组没有配对差异($P=0.786$);被试组别和汉语水平没有相互效应[$F(2,33)=0.106,P=0.899$]。

表 1　汉语学习者的朗读口语:语速(单位:音节数)

	TH (Std)	ID (Std)	CH (Std)
A 组	2.7 (0.4)	2.7 (0.4)	—
B 组	2.5 (0.4)	2.3 (0.3)	
C 组	1.7 (0.3)	1.8 (0.2)	
总体	2.4 (0.5)	2.3 (0.5)	3.6 (0.6)

3.2 发音速度

对表 2 进行 GLM 多元方差分析显示,被试组别的主效应不显著 [$F(1,33)=0.555,P=0.461$],但是 TH 组、ID 组与 CH 组之间有显著差异 ($P=0.000$),TH 组与 ID 组没有配对差异($P=1.000$);汉语水平的主效应显著[$F(2,33)=12.882,P=0.000$],A—C 小组与 L1 组之间有显著差异($P=0.000$),A 小组与 B 小组没有配对差异($P=1.000$);被试组别和汉语水平没有相互效应[$F(2,33)=0.218,P=0.805$]。

表 2　汉语学习者的朗读口语:发音速度(单位:音节数)

	TH (Std)	ID (Std)	CH (Std)
A 组	3.7 (0.5)	3.9 (0.5)	—
B 组	3.4 (0.4)	3.6 (0.5)	
C 组	2.6 (0.2)	2.6 (0.3)	
总体	3.4 (0.5)	3.4 (0.7)	4.7 (0.6)

3.3 平均语流长度

对表 3 进行 GLM 多元方差分析显示,被试组别的主效应不显著

[F(1,33)＝0.783,P＝0.383],但是 TH 组、ID 组与 CH 组之间有显著差异
(P＝0.000),TH 组与 ID 组没有配对差异(P＝1.000);汉语水平的主效应显
著[F(2,33)＝14.456,P＝0.000],A—C 小组与 L1 组之间有显著差异(P＝
0.015,P＝0.000,P＝0.000),A 小组与 B 小组没有配对差异(P＝0.145);被
试组别和汉语水平没有相互效应[F(2,33)＝1.080,P＝0.351]。

表 3　汉语学习者的朗读口语:平均语流长度(单位:音节数)

	TH (Std)	ID (Std)	CH (Std)
A 组	4.9 (0.4)	5.2 (1.0)	
B 组	4.4 (0.9)	4.1 (0.7)	—
C 组	2.8 (0.5)	3.5 (0.6)	
总体	4.3 (1.0)	4.2 (1.0)	6.0 (0.8)

3.4　无声停顿均长

对表 4 的结果进行 GLM 多元方差分析显示,被试组别的主效应显著
[F(1,33)＝6.289,P＝0.017],主要差异来自 ID 组(P＝0.000,P＝0.019),
TH 组与 CH 组没有配对差异(P＝0.094);汉语水平的主效应不显著[F(2,
33)＝0.444,P＝0.646],但是 B、C 小组与 L1 组之间有显著差异(P＝0.017,
P＝0.005),A 小组与 L1 组没有配对差异(P＝0.065);被试组别和汉语水平
没有相互效应 F[2,33]＝0.325,P＝0.725]。

表 4　汉语学习者的朗读口语:无声停顿均长(单位:毫秒)

	TH (Std)	ID (Std)	CH (Std)
A 组	485 (152)	615 (72)	
B 组	485 (100)	626 (87)	—
C 组	571 (74)	628 (110	
总体	501 (121)	624 (83)	397 (125)

3.5　韵律边界的时长特征

对表 5 进行 GLM 多元方差分析显示,在边界后无声段方面,被试组别的
主效应显著[F(1,1616)＝40.807,P＝0.000];汉语水平的主效应接近显著水
平[F(2,1616)＝3.003,P＝0.050],A、B、C 小组与 L1 组之间有显著差异(P
＝0.000),B、C 小组之间没有配对差异(P＝1.000);被试组别和汉语水平有

相互效应[F(2,1616)=7.856,P=0.000];被试组别和韵律边界有相互效应[F(2,1616)=11.710,P=0.000]。

表5 《北风和太阳》边界后的无声停顿(单位:毫秒)

	TH			ID			CH (Std)
	A组（Std）	B组（Std）	C组（Std）	A组（Std）	B组（Std）	C组（Std）	
B2	484（328）	447（430）	624（311）	525（457）	472（337）	608（560）	258（161）
B3	534（380）	620（470）	649（327）	614（303）	770（458）	733（585）	399（212）
B4	573（265）	552（299）	699（420）	911（464）	1 111（893）	883（710）	612（289）

四、讨 论

研究结果显示,泰国学习者和印尼学习者朗读口语的语速、发音速度和平均语流长度平均小于汉语母语者,其中C小组与母语者的差异最为显著,B小组和A小组的上述时长特征相似。整体而言,两组汉语学习者的口语产出的发展趋势大致相同,随着汉语水平的提高,学习者的流利度有一定的提高,与其他研究结果相似(陈默,2012;张春花,陈默,2016)。

在无声停顿时长方面,两组学习者的产出表现不同。在平均长度方面,泰国学习者的无声停顿均长比较接近汉语母语者(TH组——mean：501 ms,Std：121 ms;CH组——mean：397 ms,Std：125 ms),而印尼学习者的无声停顿均长明显大于汉语母语者和泰国学习者(ID组——mean：624 ms,Std：83 ms),组内差异不大。然而,从韵律层级而言,泰国、印尼学习者各韵律边界后的无声停顿分布情况截然不同。图1显示,泰国学习者B2—B4无声停顿的时长分布与韵律边界等级存在对应关系,但无声停顿长度的时长对比不大,韵律边界听感差异不大。印尼学习者B2—B4无声停顿的时长分布与韵律边界等级有明显的对应关系,无声停顿长度对比明显,与汉语母语者B2—B4的无声停顿分布相似。若以语流之间的间隔宽度为朗读口语流利度的测量指标,泰国学习者的流利度平均高于印尼学习者。若以无声停顿与韵律结构的配合为朗读口语流利度的测量指标,印尼学习者的流利度平均高于泰国学习者。

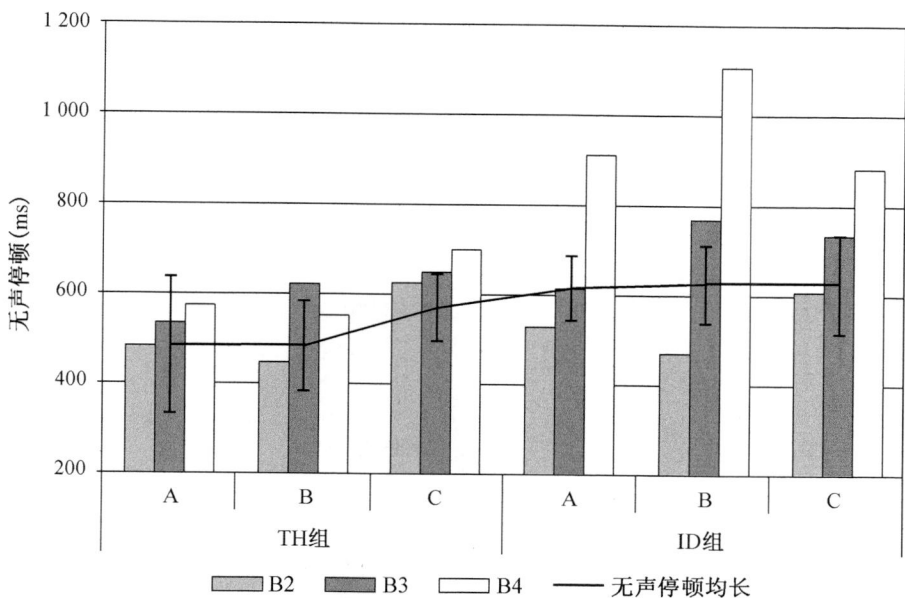

图1 泰国学习者和印尼学习者的无声停顿特征(单位:毫秒)

　　泰语和汉语都属于汉藏语系,节奏等语言特征相似;然而在汉语韵律习得方面(韵律边界表现),泰国学习者的时长表现却不同于汉语母语者和印尼学习者。泰国学习者的汉语无声停顿分布情况不同,有两个可能性:一、对目的语(汉语)韵律结构不熟悉;二、与母语(泰语)的书写习惯有关。第一种可能性普遍存在于二语习得领域,用于解释不同母语者的口语流利度。第二种可能性主要适用于理解泰国学习者的汉语习得现象,包括书写和朗读。

　　现代泰语和汉语都是不分词连写,不同的是现代泰语主要用空格划分短语、句子,基本不用逗号、句号等标点符号(Danvivathana,1981;Kohsom & Fernand,1991;Luksaneeyanawin,1998)。因此,在汉语标点符号使用方面,泰国学习者的偏误现象与印尼学习者有一定的差异。泰国学习者和印尼学习者均出现标点符号遗漏和误用现象,其中泰国学习者遗漏和误用并列第一(宋安琪,2016;张秋阳,2019),印尼学习者的误用比例高于遗漏(廖婉萍,2014;肖利醒,2017)。由于泰语小句末尾一般不用空格间隔,因此泰国学习者的汉语逗号和句号的遗漏、误用最多。一般情况下,书面标记(标点符号)与口语的无声停顿长度有一定的对应关系,其中逗号对应于中等长度的无声停顿,句号对应于较长的无声停顿(周宝芯,2015)。然而,泰国学习者可能不熟悉逗号、句号与朗读韵律的关系,在朗读《北风与太阳》时,用时长相近的无声停顿对应层级不同的韵律边界。相反,本文的印尼学习者和王毓钧(2013)的美国学习者已在母语层面熟练使用标点符号,对标点符号与朗读韵律的关系有一定的了解,因此短文朗读的无声停顿长度与韵律边界等级对应,其中语调群/话语层级(B4)的无声停顿长度明显大于韵律短语(B2)和语调短语(B3)。

综上所述,泰国学习者和印尼学习者朗读口语的时长分布特征存在差异,主要表现在语流的无声停顿时长。泰国学习者的无声停顿均长较小,各韵律边界的无声停顿长度差异不大,以致韵律组块之间的句法、语义关系不明显,对流利度感知有一定的影响。印尼学习者的无声停顿均长较大,但各韵律边界的无声停顿长度差异较大,韵律组块之间的句法、语义关系明显,对流利度感知有一定的帮助。

五、结 论

通过《北风和太阳》短文朗读,本文从语速、发音速度、平均语流长度、无声停顿时长和韵律边界时长特征五个方面,考察泰国学习者和印尼学习者不同汉语水平的朗读口语流利度。研究结果表明,两组汉语学习者前三项流利度指标相似,组内的汉语水平发展趋势基本一致,逐步趋近汉语母语者的朗读口语流利度,但难以达到母语者的流利程度。在最后两项流利度指标方面,两组汉语学习者的表现不同。其中,泰国学习者或受母语(泰语)书写习惯的影响,朗读韵律(无声停顿分布)不如印尼学习者;印尼学习者的朗读韵律比较有张力,但无声停顿普遍较长,影响朗读口语的流畅性。掌握韵律边界后无声停顿的时长分布特征,不仅有助于提高语音合成的流利度(Zellnew,1994),也能进一步发掘汉语学习者的口语流利度。有鉴于此,在口语产出评估方面,无声停顿的韵律分布表现也应纳为口语流利度的测量指标之一。

参考文献

[1] 曹文,2002.汉语语音教程.北京:北京语言文化大学出版社.

[2] 陈默,2012.美国留学生汉语口语产出流利性研究.《语言教学与研究》第 2 期.

[3] 陈默,2015.汉语作为第二语言自然口语产出的复杂度、准确度和流利度研究.《语言教学与研究》第 3 期.

[4] 陈默,周庆,2016.韩语母语者汉语朗读流利度研究.《华语教学与研究》第 2 期.

[5] 李爱军,2004.语音库收集与标注.北京:中国社会科学院语言所语音研究室.

[6] 廖婉萍,2014.中高级印尼学生汉语标点符号使用偏误分析.福建师范大学硕士学位论文.

［7］刘瑜,吴辛夷,2016.汉语二语学习者口语产出的流利度研究.《华文教学与研究》第4期.

［8］宋安琪,2016.初级阶段泰国留学生汉语标点符号使用特点分析及教学建议.《语文建设》第1期.

［9］王蓓,2002.汉语韵律的知觉研究.中国科学院博士学位论文。

［10］王毓钧,2013.二语习得中的朗读教学探索——以美国留学生朗读《北风跟太阳》为例.《语文建设》第2期.

［11］吴继峰,赵晓娜,2020.初中级汉语水平二语者口语产出质量评估研究.《语言文字应用》第1期.

［12］肖利醒,2017.中高级阶段印尼学生汉语标点符号使用偏误情况分析.广西民族大学硕士学位论文.

［13］杨玉芳,1997.句法边界的韵律学表现.《声学学报》第5期.

［14］叶军,1996.停顿的声学征兆.第三届全国语音学研讨会论文集.北京:中国社会科学院语言研究所.

［15］张春花,陈默,2016.韩语母语者汉语口语流利度研究.《汉语应用语言学研究》第1期.

［16］张秋阳,2019.泰国留学生汉语标点符号的使用偏误分析——以云南师范大学为例.云南师范大学硕士学位论文.

［17］周宝芯,2014.泰国、印尼学习者汉语韵律习得研究.南京师范大学博士学位论文.

［18］周宝芯,2015.汉语语音偏误案例.肖奚强等主编《外国留学生汉语偏误案例分析》.北京:世界图书出版公司北京公司.

［19］Boersma, Paul & Weenink, David. 2020. Praat: doing phonetics by computer [Computer program]. Version 6.1.16, Available at http://www.praat.org/ (6 June, 2020).

［20］Bosker, Hans Rutger, et al. 2013. What makes speech sound fluent? The contributions of pauses, speed and repairs. *Language testing*, 30(2).

［21］Danvivathana, Nantana. 1981. The Thai writing system. Edinburgh, PhD: University of Edinburgh dissertation.

［22］Ellis, Rod. 1999. *The study of second language acquisition*. 上海:上海外语教育出版社.

［23］Fletcher, Janet. 2013. The prosody of speech: timing and rhythm. In William J. Hardcastle, John Laver and Fiona E. Gibbon (eds.), *The handbook of phonetic sciences (second edition)*. Chichester: Wiley-Blackwell.

［24］International Phonetic Association. 1999. *Handbook of the International Phonetic Association: A guide to the use of the International Phonetic Alphabet*. Cambridge: Cambridge University Press.

［25］Kohsom, Chananda & Fernand Gobet. 1997. Adding spaces to Thai and English:

Effects on reading. In Shafro & Langley (eds.), *Proceedings of the 19th Annual Meeting of the Cognitive Science Society*. Hillsdale: Lawrence Erlbaum Associates.

[26] Krivokapi c, Jelena. 2007. Prosodic planning: Effects of phrasal length and complexity on pause duration. *Journal of phonetics*, 35(2).

[27] Luksaneeyanawin, Sudaropn. 1998. Intonation in Thai. In Daniel Hirst & Albert Di Cristo (eds), *Intonation Systems: A Survey of Twenty Languages*, 376—394. Cambridge: Cambridge University Press.

[28] Zellnew, Brigitte. 1994. Pause and the temporal structure of speech, in E. Keller (ed.), *Fundamentals of speech synthesis and speech recognition*, 41—62. Chichester: John Wiley.

附录：朗读材料

　　有一回，/₂北风跟太阳正在那儿争论，/₃谁的本事大。/₄说着说着，/₂来了一个过路的，/₃身上穿着一件皮大衣。/₄他们俩就商量好，/₃说谁能先叫这个过路的，/₃把他的大衣脱了下来，/₃就算是谁的本事大。/₄好！/₃北风就使劲吹起来。/₃可是他吹得越厉害，/₃那个人就把大衣裹得越紧。/₄到最后，/₂北风没办法，/₃只好就算了。/₄一会儿，/₂太阳就出来了，/₃晒了一阵，/₃那过路的，/₂马上就把大衣脱了下来。/₄于是，/₂北风不得不承认，/₃到底还是太阳比他的本事大。/₄

汉语和越南语中的"被"字句对比分析

黄　彬

（福建师范大学）

　　提　要：汉语被动句是第二语言学习者语法学习的难点之一，本文针对越南留学生汉语被动句习得情况，将汉语中的"被"字句和越南语中的"bị"字句、"được"字句进行对比，从语法、语义、语用三个方面总结两种语言对应表达的异同，试为国别化的汉语教材编写、课堂教学和测试评估提供参考。

　　关键词：越南；"被"字句；对比分析

一、汉语中的"被"字句和越南语中的"bị"字句

　　"被"字句是初级阶段汉语教学的重点之一，也是越南学习者的学习难点之一。以下偏误多出现在越南学习者的日常表达中：

　　（1）＊今天我被感冒了。

　　（2）＊我被他打。

　　（3）＊我今天被不好的分数。

　　例句（1）中，学习者误将不及物动词用于"被"字句；例句（2）中，"被"字句动词后其他成分缺失；例句（3）中，"被"字误用作谓语动词。这些都是越南学生的常见偏误，偏误来源大多与母语特征有关。

　　越南语中的被动标志词，常见的有"bị"和"được"两个，放在动词前表示被动意义（Diệp Quang Ban，2005）。

　　"bị"表示主语遭受负面影响，或者是不利动作行为的承受者，如：

　　（4）Anh ta bị nómắng cho một trận.（他被妻子骂了一顿。）

"đươc"则表示主语获得了符合自己利益的或自己希望的结果,如:

(5) Tôi dược cử đi học ở Trung Quốc.(我被学校派到中国留学。)

或是中性的表达,如:

(6) Quần áo bẩn được giặt rồi. (脏衣服都被洗了。)

"bị"属于汉越词(Từ Hán Việt),即由汉语引申而来的汉根词和汉源词,汉语语音、语义和用法类似却又不完全相同,易引起越南学习者的混淆。本文从语法、语义、语用三个方面对比汉语"被"字句和越南语"bị"字句、"dươc"字句的异同,以期为国别化的汉语教材编写、课堂教学和测试评估提供参考。

二、"被"字句与"bị"字句、"dươc"字句句法结构对比

2.1 基本结构对比

越南语的"bị"字句、"dươc"字句和汉语的"被"字句结构上大体相同。最常见的"bị"字句、"dươc"字句基本句式是:N1+bị/dươc+N2+V。

主语 N1 是 V 的受事,N2 是 V 的施事,可省略。如:

(7) Tôi bị nó lừa.

我被他骗(了)。

(8) Ti vi bị lấy cắp rồi.

电视机被偷走(了)。

值得注意的是,"bị"字句、"dươc"字句的谓语动词,无论是单音节还是双音节,后面都可以不带任何其他句子成分,也就是汉语中所说的"光杆动词"。比如下面的例子,在越南语中成立,直译成汉语就不合适了:

(9) Anh ta bị giáo viên phê bình.

＊他被老师批评。

越南学习者受到母语影响,在使用汉语被字句时,比较容易出现的一类偏误就是动词后的其他成分缺失。

2.2 状语位置对比

时间副词、范围副词、否定副词("不""没")作状语,位于"被"的前边,在汉语和越南语中都是如此。如:

(10) Ô-tô [chu'a] bị lấy mất.

词译:汽车 [没] 被 偷 走

汉语中时间、处所状语位于"被"字前或句首,越南语中位于句首或句末。

(11) 他[连续多年]被评优秀工作者。

[Nhiều năm liên tục] cô ấy đu'ọ'c đánh giá nhân viên xuất sắc.

Cô ấy [nhiều năm liên tục] đu'ọ'c đánh giá nhàn viên xuất sắc.

Cô ấy đu'ọ'c đánh giá nhân viên xuất sắc [nhiều năm liên tục].

(12) 她[在家]得到爷爷奶奶的疼爱,[在班]里得到同学们的喜爱

[Ở nhà] bạn ấy đu'ọ'c ông bà thu'ọ'ng yêu, [trên lớp] đu'ọ'c các bạn quí mẽn.

例(11)中,汉语时间状语"连续多年"放在"被"前,越南语时间状语"nhiều năm liên tục"可以放在句首、句中或句末;例(12)中,汉语处所状语"在家""在班里"位于主谓之间,越南语同样成分"Ở nhà""trên lớp"放在句首。

2.3 谓语动词对比

汉语和越南语中,"被"字句的谓语动词一般都是及物动词,以及少数存现动词如đục(凿)、Ngồi(坐)、bao vây(围)、khóa(锁)、lắclu'(晃动)和心理活动动词如Yêu、thích(喜欢)、biết(知道)、chấpthuận(赞同)等。

一般来说,表示"内向意义"的动词不能在"被"字句中作谓语,但具有致使义的动词或者少数的没有致使义的动词却可以用在"被"字句中(范晓,2006),如:震惊、感动、累、愁等。越语中没有类似的动词,想表达相关语义要用一个动词词组,即动词前要加"làm cho"(使、使得)。如:

(13) 她被那件事愁坏了。

Cô ấy bị sự việc đó làm cho buồn chán.

词译:她　被　事情　那　使得　愁

2.4　"被"字用法对比

越南语中,"bị"还可以单独作为谓语动词使用,不表示被动义,仅强调不如意的感情色彩。如:

(14) Cô ấy bị bệnh tim.

词译:她　被　心脏病

句译:她得了心脏病。

(15) Hắn ta bị rồi.

词译:他　被　了

句译:他遭殃/倒霉了。

这些句子翻译成汉语,都要另加谓语动词。

另外,"bị"还可以用于主动句中,用在及物动词、不及物动词前,并不表示被动义,仅表示"不如意"(Nguyễn Kim Thảm,1997)。例如:

(16) Nó biăn nhạt một tuần.

词译:他　被　吃淡一周

句译:他吃了一周的淡食。

这类表达在越南学生的汉语学习中容易受到母语影响而出现偏误,应在语言教学中加以强调。

2.5　"被"字省略情况对比

"被"字和"bị""được"字在某些情况下可以省略。汉语中,N1 为无生命的名词,或者 N1 为有生命的名词,并且 N1 和 N2 之间带有特殊身份特征(赵焕改,2007),"被"字可以省略,如:

(17) 这本书我送人了。

Quyển sách nầy (bị) tôi cho nguờ̀i khác rồi.

(18) 这个病人医生救活了。(N1 为有生命体,N1 和 N2 有)

Bệnh nhân nầy được bác sỹ cứu sống rồi.

例(17)中,"书"是无生命体;例(18)中,"病人"是有生命体,"病人"和"医生"有特殊身份关系,汉语中这两类情况都可以省略"被"字。

越南语中,只有如例(17)这样的 N1 是无生命名词的情况,才能省略

"bị"/"được",又如：

    （19）Thư anh Nam gửi đi rồi.

    词译：信　哥　南　寄　去　了

    义译：那封信阿南哥寄走了。

    例（17）（19）中，越南语都可以省略"bị""được"字，但例（18），越南语不能省略被动标志词"bị""được"。

三、"被"字句与"bị"字句、"được"字句语义特征对比

3.1　N1、N2 的语义对比

两种语言中，N1 都是确指的，N2 则可以确指，也可以不确指。如：

    （20）Em học sinh này được cô giáo khen.

    词译：学生　这　被　老师　表扬

    句译：这个学生被老师表扬了。

    例（20）中，N1"这个学生"是确指，N2"老师"可以不确指，这一特征在两种语言中类似。

    一般情况下，两种语言中的 N1 和 N2 分别是受事和施事，N2 还可以是动词的工具、属事、经事、原因，这些关系都是施事化的（范晓，2006）。

    但汉语"被"字句中的 N1 还可以表施事，如：

    （21）他被那件事愁死了。（李临定）

    （22）我被他的英雄事迹感动了。（范晓）

    （23）她被这血腥的场面震惊了。（范晓）

    以上三例中，动作行为都是 N1 发出的，例（21）"他"很愁，例（22）"我"感动，例（23）"她"震惊，N1 都是动词的施事者。

    越语被动句中，N1 不是施事者，必须在动词前另加使动词，如上文的例（13）。

3.2　句子成分之间的语义关系对比

    两种语言中，N1 和句子宾语之间的关系都比较复杂，宾语可能是 N1 的对象，也可能是 N1 在动作发生后所处的位置，或是宾语在处置后所附着的地

方,还有可能是动词的结果,N1 和宾语之间有领属关系(孙德金,2003)。例如:

(24) Giải thưởng được công ty phát cho nhân viên xuất sắc nhất.

词译:奖金　被　公司　发给　员工　优秀　最

句译:奖金被公司发给最优秀的员工。

(25) Đá được người ta chuyển lên xe.

词译:石头　被　人　搬　上　车

句译:石头被工人搬上车了。

(26) Tường được sơn màu xanh lá cây.

词译:墙　被　刷　颜色　绿色

句译:墙被刷上了一层绿色。

(27) Mặt bàn bị anh ta đục một lỗ.

词译:木板　被　他　凿　一　洞

句译:木板被他凿了一个洞。

例(24)中,"Giải thưởng"(奖金)是"nhân viên xuất sắc nhất"(最优秀的员工)的接受对象。例(25)中,"đá"(石头)所在的位置是"xe"(车)上。例(26)中,"màu xanh lá cây"(绿色)附着在"tường"(墙)上。例(27)中,"lỗ(洞)"在"Mặt bàn(木板)"上,两者有位置上的领属关系。

以上几类语义关系,在汉语和越南语中的表达类似。

但是,越南语"被"字句中,N1 还可以表示宾语的存现性,这种情况汉语不用"被"字句。例如:

(28) Trong phòng được đặt một chiếc giường.

词译:卧室　被　摆　一　张　床

句译:卧室里摆着一张床。

这里"一张床"在"卧室"中,这是客观存在的,而不是处置后的结果,这个句子汉语不用"被",但是越南语可以用 được,表示强调有目的的摆放。也可以不用被动,Trong phòng đặt một chiếc giường. 这就和汉语句法一样。可见,越语的被动句的使用范围比汉语"被"字句使用范围更广。

另外,越南语被动句中的宾语还可能是 N1 的直接宾语,这种情况汉语也不用"被"字句。例如:

（29）Tôi được me tôi gửi tiền cho.

词译：我　被　妈妈　我　寄　钱　给

句译：妈妈寄钱给我。/妈妈给我寄钱。

（30）Em bé được me rửa chân cho.

词译：小孩　被　妈妈　洗　脚　给

句译：妈妈给小孩洗脚。

以上两例，越南语都用被动句表示，而汉语用双宾语句或介宾短语作状语，来指明 N1 和 N2 之间的施、受关系。

以上两类汉越"被"字句不同的地方，越南汉语学习者比较容易出错，需在国别化的语言教学中加以说明和训练。

3.3　感情色彩对比

汉语中，"被"字句的感情色彩是"由组成这种句式的各种成分所具有的意义来决定的……有时取决于谓语动词，有时取决于宾语，有时取决于补语，有时取决于一定的语言环境等等"（马纯武，1981）。

（31）Ý kiến của tôi được cả tổ lái tán thành.

词译：意见　的　我　被　全组　开车　赞成

句译：我的意见都被全车组赞成。

从单句来看，这个被动句表示的正面的意思，但如果考虑具体的语境，如"我的意见被全车组赞成，这反而让我骑虎难下。"感情色彩就发生了改变。初级阶段的汉语教材常常告诉学习者，被动句表示"遭受不如意的事情"，中高级阶段也可以介绍被动句的感情色彩受语境影响而发生改变的事实。

汉语"被"字句和越南语"bị""được"字句在感情色彩的表达上最大的不同点是，越南语感情色彩标志性区分很明显，消极语义的用"bị"，积极语义用"được"。而汉语"被"字句的感情色彩由动词的语义和语境来表达，"被"字没有变化。例如：

（32）Tôi được công ty lớn đó tuyển dụng rồi

词译：我　被　大公司　录取

句译：我被那家大公司录取。

（33）Họ bị kẻ gian lấy mất ví tiền.

词译：他们　被　小偷　偷走　钱包

句译：他们被小偷偷走了钱包。

这里的两句话，在感情色彩上有明显的区分，越南用"đu'o̧c"和"bị"分别表示好事和坏事，而汉语都可以用"被"字句表达。这个差别也容易对越南汉语学习者造成介入性干扰，需要在教材编写和课堂教学中加以注意。

四、"被"字句与"bị"字句、"du'o̧c"字句语用特征对比

4.1 句类限制

在常见的四个句类陈述句、感叹句、疑问句和祈使句中，祈使句不可用"被"字句（孙德金，2010）。这一点越南语也是如此。例如：

（34）Sách đu'o̧c lấy ra.

书　被　拿　出　来

Lấy sách ra nào!

把书拿出来！

这是一个祈使句，汉语和越南语都不同"被"。

4.2 语境影响

汉语和越南语中 N1 和 N2，以及介词、定语等都可以根据语境省略。N1 和 N2 常有承前省、蒙后省略等。

（35）A：是我写的小说，怎么了？

Đây là tiểu thuyết của tôi viết, làm sao thế?

B：[Đu'o̧']被[Bị]传到网上去了。

Đu'o̧c đăng lên mang rồi.（好事）

Bị đăng lên mang rồi.（坏事）

这里汉语和越南语都可以根据语境进行省略，省略的部分被语境补充，句子的语义很清楚。另外这里的根据事情的好坏越南语有 Đu'o̧c 和 Bị 的区分，前文已经提过，这里不再赘述。这类语篇关系在中高级阶段语言教学中，可以通过对话、篇章等形式向学习者传达。

五、结　语

　　被动句是汉语中的常见句式，也是汉语作为第二语言的学习者较难习得的句式。针对越南汉语学习者汉语被动句常见偏误，本文将汉语"被"字句和越南语"bị"字句、"được"字句做对比，总结出两种语言"被"字句不同点。

　　1. 越南语被动句用介词"bị"和"được"分别表示消极和积极的语义，汉语"被""叫""让""给"等被动标志词都没有明确的此类区分，积极和消极的语义通过词义和上下文来表达。

　　2. 汉语"被"字句中，谓语动词后需有其他成分（了、补语、宾语等），越南语动词可以单独出现，后面不带其他成分，句子也可成立。

　　3. 汉语中，时间状语和处所状语放在"被"字前面或句首，越语被动句中时间状语和处所状语放在句首或句末。

　　4. 某些表达情感的致使义动词可以用在汉语"被"字句中，越南语中不可以。

　　5. 汉语"被"字句中 N1 是施事者，N2 可以表示动词所用的材料，越南语被动句不用此类表达。

　　6. 越语"bị"、"được"字可以单独作动词使用或带宾语，汉语不可以。

　　7. 越语被动句中的宾语可以是直接宾语，汉语用双宾语或介宾短语作状语来表示。

　　8. N1 为无生命体时，"被""bị""được"字可省略，N1、N2 有特殊的身份关系，"被"字可省略，"bị"、"được"字不可。

参考文献

［1］孙德金. 现代汉语语法教程. 北京大学出版社, 1994.

［2］李珊. 现代汉语被字句研究. 北京外语教学与研究出版社, 1998.

［3］邢福义. 汉语被动表述问题研究新拓展. 华中师范大学出版社, 2006.

［4］赵焕改. 汉语无标记被动句的使用条件. 北京语言大学硕士论, 2007.

［5］周文华、肖奚强. 基于语料库的外国学生"被"字句习得研究. 暨南大学华文学院学报, 2009.

［6］马纯武. 也谈"被"字句的语义问题. 汉语学习, 1981.

［7］范晓. 被字句谓语动词的语义特征.《长江学术》。

［8］邓世军. 越南语的"bị"字句对越南学生学习汉语"被"字句的影响. 南京师范大学文学院学报.

[9] Nguyễn Minh Thuyết. Vai trò của các từ được, bị trong câu bị động Tiếng Việt. Nhà xuất bản Giáo Dục, 2004.

[10] Diệp Quang Ban, Ngữ Pháp Tiếng Việt. Nhà xuất bản Giáo Dục, 2005.

[11] Nguyễn Hồng Cổn, Bùi Thị Diên. Dạng bị động và vấn đề câu bị động trong Tiếng Việt, Tạp chí Ngôn Ngữ số 7&8, 2004.

[12] Lỗ Tấn. Tuyển tập tiểu thuyết Lỗ Tấn. Nhà xuất bản Văn Nghệ, 1955.

外国学习者汉语选择复句偏误分析^①

外国学习者汉语选择复句偏误分析[①]

段海于

（北京语言大学）

提　要：选择复句内部形式多样，外国学习者到了高级阶段虽然有明显的进步，但仍然存在一些"僵化"的偏误。本文基于 HSK 动态作文语料库对外国学习者汉语选择复句使用情况进行了全面的表现分析，了解他们选择复句的整体使用情况，并进一步分析其偏误分为逻辑语义与形式标记两大类型，同时根据教学实际情况为对外汉语教学提供参考建议，强调选择复句陈述式与疑问式，限选复句与并列复句的区别等。

关键词：外国学习者；选择复句；表现分析；教学建议

一、引　言

对外汉语教学的相关研究中语音、语法等习得研究较多，复句相关的却不是特别丰富，选择复句在二语习得领域的研究相对较少。汉语本体方面有大量关于复句的研究，如黎锦熙、刘世儒（1962），王维贤等（1994），邢福义（1998，2001）及赵恩芳、唐雪凝（1998）等，主要讨论汉语复句的界定、单复句划分以及各种类型的复句，周有斌（2004）专门关于选择范畴的研究，从选项被选中的概率确定选择复句的具体类型。在选择复句的二二语习得方面，多是一些硕士论文，有的基于小规模的调查问卷，有的对中介语语料库了解不够，如 HSK 语料库没有初中级水平[②]，简单地与其他中介语语料库混用得出所谓的习得顺

---

①　本研究得到语言资源高精尖创新中心（编号：KYD17004）、教育部哲学社会科学研究重大课题攻关项目（批准号：12JZD018）、北京市社会科学基金项目重点项目（编号：15WYA017）的经费资助。

②　没有初级水平考生语料，中级水平考生（参加高等考试而未得到证书者）的语料则大约占一半。

序,没有注意到 HSK 语料库虽是高等汉语水平考试的作文,但是也有获得与未获得证书的区别,另外偏误分析中甚至把关联词语错字与标点偏误看作选择复句偏误等。

因此,基于 HSK 动态作文语料库(2.0 版)①,根据中介语理论,考察正确与偏误两方面的实际情况,进行表现分析。选择复句的嵌套能力弱,被套用的情况比较多(周刚,2002)。因此也分析包含选择复句的多重复句,但是除了作谓语外,不包含选择复句作其他句子成分的包孕复句。

二、选择复句使用情况分析

本研究语料来源于 424 万字的 HSK 动态作文语料库,是 1992—2005 年外国学习者参加汉语高等水平考试的作文语料。该语料库中,留学生选择复句具体使用情况如下表所示。

表 1 外国学习者选择复句使用分布表

选择复句类型	正确用例	偏误用例	该类型总用例	该类型使用比例	偏误率
或	168	34	202	26.54%	16.83%
或者	185	35	220	28.91%	15.91%
或许	4	1	5	0.66%	20.00%
或者说	2	0	2	0.26%	0.00%
是……还是	151	43	194	25.49%	22.16%
不是……就是	25	49	74	9.72%	66.22%
要么	1	7	8	1.05%	87.50%
宁可……也	6	12	18	2.37%	66.67%
与其……不如	24	14	38	4.99%	36.84%
总计	566	195	761	100.00%	25.62%

上表表明,HSK 作文语料库中外国学习者共使用选择复句 761 例,外国学习者"或者"类选择复句使用最多,220 例,占 28.91%;其次是"或"类与疑问式"是……还是"类,分别为 202 例与 194 例,分别占 26.54%、25.49%;限选句"不是……就是"使用很多,74 例,"要么"类却很少,只有 8 例,分别占

---

① HSK 动态作文语料库网址:http://hsk.blcu.edu.cn/Login.

9.72%、1.05%；选择已定复句"与其"使用 38 例,是"宁可"类复句两倍多。由此得知,选择复句内部各类型间使用比例不平衡。

选择复句整体偏误率是 25.62%,使用数量比较多的几类复句,偏误率基本上都低于选择复句整体偏误率,"或者"类偏误率是 15.91%,"或"类偏误率是 16.83%,"是……还是"类偏误率是 22.16%;而使用数量较少的"与其"类偏误率是 36.62%,"宁可"类偏误率高达 66.67%,此外比较特殊的"不是……就是"类复句,使用数量比"与其"类多一倍,偏误率却很高,66.22%。使用数量不足 10 例的选择复句在分析偏误率时可能会产生一定的偏差,例如"或者说"只有 2 例,全部正确,但是不能推测 HSK 语料库中"或者说"的使用正确率就是 100%。"或许""要么"也是如此,使用不足可能会受外国学习者汉语水平和这几类复句掌握情况的影响。

三、选择复句偏误分析

选择复句偏误类型分为两大类,逻辑语义关系偏误与关联形式标记偏误,其中关联形式标记细分为复句标记偏误、关联词语框架偏误与位置关系偏误。按照各类关联词语进行偏误统计。但是由于一个关联词语的误用会导致两类选择复句偏误,如"或者"误用为"还是",既可以看作陈述句"或者"偏误,也可以看作疑问句"还是"偏误。下表给出了去除重复项的统计结果。

表 2　选择复句偏误类型统计表

选择复句偏误类型	具体偏误类型	具体分类	数量	偏误比率
逻辑语义	逻辑语义关系	不合逻辑、逻辑不清楚	17	10.30%
关联形式标记	复句标记	多余与遗漏	8	64.85%
		陈述式与疑问式	25	
		选择误用为其他逻辑关系	5	
		其他误用为选择	63	
		其他	6	
	关联词语搭配框架	同形关联词	4	22.42%
		选择未定关联词语	15	
		选择已定关联词语	18	
	位置关系	主语与关联词语位置	4	2.42%

3.1 逻辑语义偏误

HSK 语料库收入的是参加高等汉语水平考试的作文语料,成年人基本上很少在逻辑思维上出现问题,因此逻辑语义方面的错误较少,17 例。

(1) 我小时候常常听到流行歌曲,放流行歌曲给我听不是谁,就是我哥哥。

(2) 第一呢,妹妹也快上大学了,与其在国内上不如在国外毕业,将来找工作容易点儿。

(3) 我个人认为,阅读是重要,可是我觉得我们不需要花我们全部的时间,或让我们离不开阅读。

根据例句的逻辑语义,例(1)中"不是……就是"是对客观事实的陈述,"谁"与"哥哥"不具有逻辑语义关系,根据语境这里应该是除了哥哥之外的其他人。例(2)中在国内上学与在国外毕业不具有对应关系,根据语境"妹妹也快要上大学了"可知,比较在哪里"上学"更合适,应该改为"不如在国外上"。例(3)逻辑表达不清楚。

3.2 形式标记偏误

形式关联偏误包括关联词语标记偏误、关联词语使用搭配框架偏误、关联词语与主语的位置偏误等形式。

3.2.1 关联词语标记偏误

关联词语的多余 6 例,遗漏 2 例。HSK 语料库中检索出"还是"疑问式误用为"或""或者"陈述式 11 例,"或""或者"陈述式误用为"还是"疑问式 13 例。此外,"要么"类也有可能误用为选择疑问句,只有 1 例。

(4) 那时候,或三位哥哥一位姐姐都已回国了。

(5) 因为最近几年来很多人关注的是被动吸烟问题,所以许多公共场所已禁止吸烟,或有的地方在公共场所里准备允许吸烟的地方,而且有的餐馆里边有两种座位,一个是吸烟者专用的,另一个是不吸烟者专用的。

(6) 不管喜欢流行歌,已经过时的歌,不要厉害喜欢影响自己。

(7) 对孩子们来说,男女混合式教育好,或者分班式教育好呢?

(8) 如果有不清楚的事情,请给我打电话,还是写信。

(9) 为什么呢?人类愈来愈退步吗?要不,人类的品德本来那么不良吗?

例(4)根据形式,是一个完整的单句,根据句子的逻辑语义可知,不具有选择关系,"或"多余。例(5)中"或"与"有的"复用,通过 BCC 语料库①查询"或者有的"只有 44 例,由此看来选择关联词语与"有的"这种并列词语的联合使用是不典型的,几项"有的"合用就可以组成并列复句,因此,"或"与"或者"多余。例(6)是无条件让步复句,前分句蕴含了"还是"连接的选择复句,"还是"不能省略。例(7)疑问式"还是"关联词语误用为陈述式的"或""或者"等。例(8)表示对两个或多个选项的叙述,不具有疑问语气,因此不能使用"还是"连接。例(9)在探讨人类品德不良的原因,选择的疑问语气应该用"还是"连接,不应用语气坚定地强调非此即彼的"要不"。

选择标记误用为其他逻辑关系标记,5 例。其他逻辑关系标记误用为选择标记,63 例。此外,还有一些选择关联词语间的误用,6 例。

(10)当我们遇到挫折时,我们并不能放弃而怨天尤人。

(11)随着中国人民的生活水平提高,这个理想也不会等太久了!或者绿色生活也会来得更快!

(12)不是不相信就是担心。

根据例句的逻辑语义,例(10)是选择关系误用为并列关系,"而""也"改为"或"或"或者"。例(11)中"理想"与"绿色生活"的实现不是选择关系,"或者"是多余的,去掉之后可以直接表示二者之间的并列关系。例(12)表示列举的并列关系,"不是……而是"是先否定后肯定,表示相反或相对意义的并列关系,"不是……就是"没有否定的意义,而是表示列举出情况间的非此即彼的选择关系,外国学习者在这两种形式的关联词语上偏误最严重。因为这两类复句的前后分句逻辑语义都是不相容的,但是"不是……而是"不需要选择,直接可以呈现结果,即肯定"而是"所表达的内容;"不是……就是"表示结果未定,"不是"与"就是"所表达的内容只可以选择其中一个,外国学习者容易混淆。

3.2.2 关联词语搭配框架偏误

前后分句同形关联词语搭配框架偏误,4 例。

(13)要怎样对待不治之症的人? 要给他们帮助一些什么? 或是精神上的帮助,或物质上的帮助。

(14)我的朋友们都已经出来工作,要么结婚了,没有像我还在读书的。

① BCC 语料库网址:http://bcc.blcu.edu.cn/。

对于前后分句同形的选择关联词语"或""或者"等,前分句往往可以省略,如果前分句使用关联词语,为了形式的对称,后分句也应该用一样的形式。例(13)应该变为"或是……或是"或"或……或"。例(14)强调非此即彼的选择,"要么……要么"要连用。

不同形选择未定关联词语搭配框架偏误,15 例。不同形选择已定关联词语搭配框架偏误,18 例。

> (15) 他是不是做了好事还是坏事,很难回答。
> (16) 失败是不是很可怕的东西,就是好的东西。
> (17) 某种情况下这样受到莫大的痛苦生活,不如死。
> (18) 对病人来说,与其是忍耐痛苦活下去,不如是选择自己了

断自己的生命更好的路。

对于前后分句不相同的选择关联词语搭配框架,不能轻易改变。"是……还是"选择疑问式中"是"可以省略,可以变为"还是",但是不能与"是不是"混用,因为"是不是"本身就是正反疑问句,不能再与选择疑问"还是"连用。例(15)"是"误用为正反问"是不是"。例(16)表面看是限选句"不是……就是"的搭配框架偏误,"不是"误用为"是不是",实际上是并列句"不是……而是"的前分句否定式"不是"误用为正反问"是不是"。例(17)缺少跟"不如"相对应的"与其"。"宁可……也不/也要"是对不乐意而为之的事情不得不有所忍让,"也不/也要"表示做与不做某事的决心,一般情况下不可以省略。例(18)误创"与其是……不如是"格式。

3.2.3 关联词语与主语位置偏误

李晓琪(1991)曾经对汉语中关联词语与主语的位置进行了细致的划分,前置关联词语即关联词语在主语之前,后置关联词语即关联词语在主语之后,不定位关联词语是指关联词语既可以出现在主语之前也可以出现在主语之后,意义变化不大。一般情况下,主语相同,关联词语后置;主语不同,关联词语前置。关于选择关联词语,可以概述为,当主语相同时,除了"或""或者""要么"这类前后分句同形的关联词语是非定位外,其他的"是……还是""不是……就是""与其……不如"与"宁可……也"等都是后置关联词语。当主语不同时,所有选择关联词语都是前置的。由此看来,除了不定位关联词语不符合规则外,其他都符合一般规则。

因为外国学习者不定位关联词语"或""或者""要么"等的使用率占一半多,无论是否掌握了关联词语与主语的位置关系,都不会出现偏误。并且在其他情况下,关联词语与主语的偏误也很少出现偏误,只有 4 例。因此,外国学

习者在这个方面习得得很好。

　　（19）因此，与其互相依赖，不如大家都尽本分把事情做好。

　　（20）与其大家抱在一起渴死，不如咱们来个协定吧！

　　例（19）前后主语相同，主语位于关联词语之前，该句蒙后省略主语，主语"大家"应该位于"不如"之前。例（20）虽然前后分句主语不同，但是"大家"和"咱们"所指相同，那么主语就应该位于关联词语之前，该句"与其"与"不如"都应该位于主语之后。

四、证书等级对选择复句使用情况的影响

4.1　不同证书等级选择复句使用情况分析

　　HSK 语料库收入的都是高级水平考试的作文，其中获得高级证书的分为A、B、C 三级，未获得证书的是非高级水平，且不同等级的作文数量不平衡，等级越高，数量越少。不同等级外国学习者的汉语水平内部存在差异，统计结果如下表所示。

表 3　不同证书等级外国学习者选择复句使用差异

证书等级	正确数量	偏误数量	使用总数	正确率	偏误率
A	23	2	25	92.00％	8.00％
B	115	24	139	82.73％	17.27％
C	228	63	291	78.35％	21.65％
无	200	106	306	65.36％	34.64％
总数	566	195	761	74.38％	25.62％

　　根据上表，获得 A 证书的外国学习者选择复句正确率 92.00％，基本上已经习得，但是语料较少，应该进一步考察，获得 B 证书的正确率为 82.73％，C 等级证书为 78.35％，A 与 B、B 与 C 之间的差异比较小，而无高级水平证书的正确率与 C 等级差异较大，无证书外国学习者的正确率只有 65.36％。因此上表表明外国学习者证书等级越高正确率越高，偏误率越低，但是即使到了高级水平，选择复句也没有完全习得，仍然有进步的空间。

　　本研究把外国学习者选择复句使用正确的情况记为 1，偏误记为 0，A、B、C 有证书是一组，无证书是一组，单因素方差分析结果，F＝11.065，p＜0.05，

两组之间在 0.05 水平上有显著性差异。

表 4　外国学习者有无证书与是否习得单因素方差分析（选择复句）

	平方和	df	均方	F	显著性
组间	4.100	2	2.050	11.065	0.000
组内	140.444	758	0.185		
总数	144.544	760			

为了更清楚了解有证书 A、B、C 及无证书四个水平之间是否有差异，进行单因素方差 LSD 多重比较。同样把选择复句使用正确的情况记为 1，偏误记为 0，A、B、C、无四个等级分别记为 1、2、3、4 组，F 值为 8.102，$p < 0.05$，1 与 2,2 与 3,1 与 3 之间都没有显著性差异；4 与 1、2、3 之间都有显著性差异。换言之，获得高级证书水平 A、B、C 两两之间没有显著性差异，而无证书与有证书之间有显著性差异，因而无证书外国学习者还需要继续学习才能获得高级证书。

表 5　外国学习者不同证书等级与是否习得单因素方差分析（选择复句正误情况）

	平方和	df	均方	F	显著性
组间	4.481	3	1.494	8.102	0.000
组内	139.571	757	0.184		
总数	144.053	760			

表 6　外国学习者不同证书等级与是否习得多重比较
（因变量：选择复句正误情况 LSD）

(I) 证书	(J) 证书	均值差 (I−J)	标准误	显著性	95% 置信区间 下限	95% 置信区间 上限
1	2	0.093	0.093	0.321	−0.09	0.28
	3	0.135	0.089	0.132	−0.04	0.31
	4	0.262*	0.089	0.003	0.09	0.44
2	1	−0.093	0.093	0.321	−0.28	0.09
	3	0.042	0.044	0.338	−0.04	0.13
	4	0.169*	0.044	0.000	0.08	0.26

（I）证书	（J）证书	均值差（I−J）	标准误	显著性	95％置信区间	
					下限	上限
3	1	−0.135	0.089	0.132	−0.31	0.04
	2	−0.042	0.044	0.338	−0.13	0.04
	4	0.127*	0.035	0.000	0.06	0.20
4	1	−0.262*	0.089	0.003	−0.44	−0.09
	2	−0.169*	0.044	0.000	−0.26	−0.08
	3	−0.127*	0.035	0.000	−0.20	−0.06

注意：均值差的显著性水平为 0.05。

4.2 证书等级对选择复句偏误类型的影响

由上文可知，外国学习者选择复句使用情况与是否获得高级证书显著相关。因此根据外国学习者是否获得高级证书把偏误分为两类，具体情况如表 7 所示。

表 7 选择复句偏误类型与是否获得高级水平证书关系分析表

选择复句偏误类型	具体偏误类型	高级证书数量	无高级证书数量	高级证书偏误类型比例	无高级证书偏误类型比例	高级证书偏误相对频率	无高级证书偏误相对频率
逻辑语义	逻辑语义关系偏误	10	7	11.36％	6.54％	2.20％	2.28％
形式标记	复句标记偏误	47	90	53.41％	84.11％	10.35％	29.32％
	关联词语框架偏误	27	10	30.68％	9.35％	5.95％	3.26％
	位置关系偏误	4	0	4.55％	0.00％	0.88％	0.00％
HSK 偏误用例总计		88	107	100.00％	100.00％	19.38％	34.85％

上表显示了已获得高级证书和无高级证书不同偏误类型的使用数量，获得高级证书偏误 88 例，无高级证书是 107 例。通过偏误类型所占比例，发现二者都是以形式标记偏误为主，获得高级证书的外国学习者除了复句偏误标记偏误 53.41％，低于无高级证书的 84.11％外，其他类型都比无高级证书的高，尤其是关联词语框架偏误，获得高级证书的为 30.68％，而无高级证书的只有 9.35％。此外，获得高级证书外国学习者逻辑语义关系偏误占 11.36％，而无高级证书的只有 6.54％。最后，获得高级证书外国学习者虽然只有 4 例

位置关系偏误,但是无高级证书外国学习者却 1 例没有。其实比较特殊的是,获得高级证书的学习者关联词语框架偏误为 5.95%,却高于未获得证书的 3.26%。根据偏误语料分析,前者主要是"是……还是""要么"类、"与其……不如"和"宁可,也"框架偏误,这几类复句要么是比较容易与陈述句混淆,要么是习得难度较高的复句,而后者是"不是……而是"误用为"不是……就是"框架问题,显然这类外国学习者既没有习得并列复句,也没有习得选择复句,还与"是不是"正反问句式杂糅。总而言之,使用率会影响正确使用相对频率。

五、教学建议

选择复句教学建议根据外国学习者选择复句使用情况的表现分析,同时考察了 1992—2005 年使用较多的 8 种教材,并调查了 23 位对外汉语教师选择复句的教学情况,其中 8 位教师从事过初级到高级的教学,8 位教师只从事零基础及初级教学,其他的则从事初中级教学,从而使教学建议具有一定的参考价值。

5.1 根据外国学习者的汉语水平确定教学内容

对外汉语教学应该遵循循序渐进的原则,初级阶段学习者学习比较简单常用的知识,随着学习的不断深入,到了高级阶段就不能只满足于简单的表达方式。现在外国学习者"或""或者""是……还是"复句占了绝大部分,而很少使用中国学习者可以灵活运用的"或许""或者说"或"抑或"等,这可能跟对外汉语教师的教学有很大关系,"或许"有少数教师会简单介绍,"抑或""或者说"几乎无人涉及,对外汉语教材也是如此,因此更需要对外汉语教师补充此类知识点,引导外国学习者拓展课外阅读,培养其合理运用的习惯。中级阶段的学习者要克服低水平的偏误,同时又要注重句式的多样性,向高级阶段过渡,而高级阶段要保证句式运用的正确性,突破选择复句陈述式与疑问式混用的僵化问题等。

5.2 加强不同选择复句间的对比教学

"或者""或"类陈述式与"是……还是"疑问式选择复句在所有教材的初级阶段基本上都出现了,外国学习者这类选择复句的使用率很高,但是陈述句与疑问句的误用偏误到了高等水平依然很高。对外汉语教师们已经意识到了这个问题,1/3 的教师认为偏误率大概在 21%—30% 左右,26% 的教师认为在

31%—40%，甚至有的教师认为在 40% 以上，选择复句陈述式与疑问式误用偏误已经"僵化"。因此教师要不断纠正此类偏误，避免学习者在学习阶段按照课堂讲解生搬硬套，在教学时，不仅讲清楚使用的典型语境，陈述句用"或者"类，疑问句用"是……还是"，即使用于陈述句中也含有疑问语气，而且应该让外国学习者了解使用的特殊条件。

"不是……就是"选择句误用为"不是……而是"并列句的偏误非常严重，对外汉语教材中却没有关于二者的对比分析，也没有引起对外汉语教师的重视，60% 以上的教师不对比或只是简单说明。因此，对外汉语教师应该加强对此类偏误的重视，创造多种语境强化练习二者的区别。

5.3　创造语境增加练习

对外汉语教材中选择复句语法点的注释和练习是有限的，一方面需要不断完善教材，更重要的是对外汉语教师为外国学习者创造使用的语境，强化在实际生活中的运用。语境选择方面提出以下建议：其一，取材于生活，选择复句在生活中应用的范围十分广泛，与学习者的实际生活也息息相关，如食堂、饭馆儿点菜，商超购物，度假旅游景点、路线选择等，既可以用来描述事物存在的客观状况，练习任选句与限选句，也可以练习表示个人意愿，选择已定复句；其二，取材于阅读，提供适合学习者水平的课外读物，如报纸期刊或简单易懂的文学著作，拓宽视野，了解各种选择复句形式，潜移默化地掌握使用语境，从而丰富学习者对相近选择复句不同语义边界及使用场合的认知；其三，取材于语料库，中介语语料库既可以查询学习者正确使用的示例，也可以对比分析正确与偏误情况，教师可以先提供选择复句的使用规则，待学习者熟练应用后，让他们自己发现偏误例句的错误之处，并加以改正。

六、结　语

基于 HSK 动态作文语料库全面考察了外国学习者选择复句的使用情况，对选择复句的各个类型进行了使用率和偏误率的排序，从结果来看，一般情况下，使用率越高偏误率越低，只有"不是……就是"不符合这一规律。外国学习者选择复句的偏误类型大致分为逻辑语义与形式标记两个方面，形式标记又分为复句标记、关联词语框架和位置关系偏误，其中复句标记偏误最为严重。另外通过单因素方差分析显示，参加 HSK 高等水平考试的已获得与未获得高级证书的外国学习者在选择复句习得程度上有显著性差异，获得证书

ABC 三个水平之间没有显著差异,而分别与无证书之间有显著差异,而且偏误类型也不同。因此在教学时要强调选择复句陈述式与疑问式、限选复句与并列复句的区别,在汉语水平的不同阶段重视不同的内容,到了高级阶段应该加强语言的丰富度、准确度,并给出了具体创造语境增加练习的方法。

参考文献

[1] 黎锦熙,刘世儒,1962.汉语语法教材.北京:商务印书馆.

[2] 李晓琪,1991.现代汉语复句中关联词的位置.《语言教学与研究》第 2 期.

[3] 王维贤等,1994.现代汉语复句新解.上海:华东师范大学出版社.

[4] 邢福义,1998.复句与关系词语.黑龙江:黑龙江人民出版社.

[5] 邢福义,2001.汉语复句研究.北京:商务印书馆.

[6] 赵恩芳,唐雪凝,1998.现代汉语复句研究.山东:山东教育出版社.

[7] 周刚,2002.连词与相关问题.合肥:安徽教育出版社.

[8] 周有斌,2004.现代汉语选择范畴研究.广西:广西师范大学出版社.

基于 HSK 动态作文语料库的 "给"类介词混用情况调查①

王鸿滨　　蔡梓豪

（北京语言大学）

提　要：本文基于北京语言大学 HSK 动态作文语料库，分别对英、韩、俄、日为母语的留学生在使用介词"给"时出现的偏误进行了穷尽式的分析，主要分析了留学生在介词"给"的习得中，将多功能介词"给"与同类型介词"对""跟""让""为"的混用情况，进一步探讨由于母语背景不同导致语义功能的不对应所产生的偏误成因。

关键词：多功能介词"给"；语言类型；介词混用

一、引　言

从语言对比的角度看，汉语的语法标记不明显，语法手段的界限不清晰。特别是介词，由于其自身的多功能性（从动词到连词的语法化历程尚未完结），为二语者的介词习得带来了困难。根据我们对日常教学中学生产出语料的分析和整理，发现留学生使用"给"的频率很高，产生的偏误也很多，除了误用、遗漏、误加等常见偏误外，"给"与"对""让""跟""为"等相近介词的区分也是留学生学习的难点。如：

（1）＊我本想很想到了北京就马上给你们打电话，可是刚到的时候得办的事情满多了，所以这样晚一点<u>给</u>你们联系联系，请原谅。

---

①　本文受北京市哲学社会科学基金项目"古汉语动/介关系多功能语法形式的语义地图研究"（课题编号：17YYB009）、语言资源高精尖创新中心项目"汉语中介语语料库建设创新工程"（编号：KYD17004）资助。

（2）＊吸烟不但<u>对</u>个人健康没有一点好处,而且<u>给</u>公众利益的
影响也相当大。

（3）＊起初感到很不公平,上天戏弄我,<u>给</u>我恼怒。

（4）＊虽然是不小心弄坏了哥哥的手机,我觉得你应该<u>为</u>你哥
哥道歉。

例（1）中第一个"给"使用正确,第二个介词"给"与介词"跟"混用。例（2）
中第二处为介词"给"与"对"的混用。例（3）和例（4）分别为介词"给"与"让"和
"为"的混用。

本文基于北京语言大学 HSK 动态作文语料库,分别对英、韩、俄、日为母
语的留学生在使用介词"给"时出现的偏误进行了穷尽式的分析,主要分析留
学生在多功能介词"给"的习得中,与语义功能相近的介词"对""跟""让""为"
的混用情况,进一步探讨由于母语背景不同导致语义功能的不对应所产生的
偏误成因。

二、汉语"给"类介词范围的界定与语义功能特点

根据不同的标准,介词会有不同的分类。朱德熙在《语法讲义》（1983：
176—181）中将"跟、给、对、为、比"归为"引出与事"一类。张斌《汉语语法学》
（1998：169—171）则根据作用的不同,将"向、对"等归为施受类介词,将"跟、
和"等归为范围类介词,将"替、为、给"归为替代类介词。傅雨贤,周小兵等的
《现代汉语介词研究》（1997：55—82；155—173；175—194）根据介词的所引成
分,将"被、教、让、给"等归为施事介词,将"对、和、跟、同、给、向"归为对象内容
介词。由此可以看出,介词内部的分类其实并未统一,甚至有些介词在语义上
还存在跨类现象。我们将上述提到的具有介引"关系对象"语义功能的介词统
称为"给"类介词,主要包括日常使用频率较高的"给""对""让""为""跟"几个
介词,而上述五个介词均可以出现在相近的句法结构中。通过进一步的梳理,
我们可以归纳出"给"类介词的语义功能包括：引介接受者、引介指向对象、引
介受益者、加强语气、引介受害者、引介关涉对象、引介对待对象、引介协同对
象、引介比较对象、引介相关对象、引介原因目的、引介施事等。将以上 5 个介
词所引进的语义功能进行归纳,可以得到下表。

表1 汉语"给"类介词语义功能列表

语义功能	"给"类介词				
	给	跟	对	让	为
引介接受者	＋	－	－	－	－
引介指向对象	＋	＋	＋	－	－
引介受益者	＋	－	－	－	＋
加强语气	＋	－	－	－	－
引介施事	＋	－	－	＋	－
引介受害者	＋	－	－	－	－
引介关涉对象	－	－	＋	－	－
引介对待对象	－	－	＋	－	－
引介协同对象	－	＋	－	－	－
引介比较对象	－	＋	－	－	－
引介相关对象	－	＋	－	－	－
引介原因目的	－	－	－	－	＋

注:表中的"＋"代表具有此项语义功能,"－"代表不具有此项语义功能。

通过分析我们可以发现,这组"给"类介词共有语义义项 12 个,介词"给"占有义项 6 个,介词"跟"占有义项 4 个,介词"对"占有义项 3 个,介词"为"占有义项 2 个。显然,尽管这几个介词都属于《汉语水平词汇与汉字等级大纲》(1992:347—354)中的甲类词汇,但由于它们之间语义功能重叠性高,非常容易被混用,我们有必要对留学生的混用情况进行深入调查。

刘丹青(2003:162—180)将汉语介词置于世界语言之中进行了研究,从语序类型的角度入手,将汉语的介词同语言类型学中的"前置词"和"后置词"相联系,探求汉语介词的类型背景,对汉语的介词进行"前置词"(preposition)、"后置词"(postposition)和"框式介词"(frame preposition)的重新分类,并将"跟、给"等归为前置词,划归为基本关系介词,其中"给"表示接受者、受益者,"对"引介对象客体,"跟"类表伴随。吴福祥(2003)发现汉语虚词"跟"可以同时表示伴随介词和并列连词,通过对汉语历时的考察和分析,发现了汉语中"伴随动词＞伴随介词＞并列连词"的语法化链,并认为这种演变模式有其内在的类型学蕴含,广泛见于 SVO 语言。在此基础上相当一部分学者对"给"类介词语义功能进行了汉外的对比研究,以下为学者们对"给"类介词在不同语言中的对应关系进行的研究。

三、介词"给"在 HSK 动态作文语料库中的混用情况[①]

我们将不同语言中,表示"给"类介词语义功能的语法形式与汉语介词"给"的差异进行了清晰呈现,希望通过这些差异一方面可以对以英、日、韩、俄为母语的学生在学习介词"给"时将出现的难点进行预测,另一方面对偏误产生原因进行解释。本节以北京语言大学 HSK 动态作文语料库为参考材料,分别对以英、日、韩、俄为母语的国家的留学生在介词"给"上的使用情况进行穷尽式的搜索,通过对偏误类型的统计我们发现,不同母语留学生在使用介词"给"时所发生的偏误状况存在一定的差异,下面我们主要将对各母语留学生使用介词"给"的偏误及其与"让、为、跟、对"四个介词的混用情况进行汇总。

3.1 以英语为母语学生的介词"给"的混用偏误情况汇总

英语中的前置词"to""for"在语义功能上和汉语介词"给"有一定的重合。介词"给"对于以英语为母语的留学生而言是难点,在学习过程中会出现偏误现象。本文选定以英语为母语的国别的学生(主要包括美国 59 条、英国 37 条、加拿大 42 条、澳大利亚 51 条、菲律宾 32 条和新加坡 307 条)为搜索对象,共搜集到语料 528 条,经过对这些语料穷尽式的分析,找到其中偏误语料 53 条,排除无关的偏误类型,剩余混用类语料 27 条。具体情况如表 2 所示。

表 2　以英语为母语学生的介词"给"的混用偏误情况汇总

偏误类型		与介词"对"混用		与介词"跟"混用		与介词"让"混用		与介词"为"混用		总量	
		数量	比率(%)	数量	比率(%)	数量	比率(%)	数量	比率(%)	数量	比率(%)
造成偏误的语义功能	对待对象	2	11.76	0	0	0	0	0	0	2	7.41
	受益者	7	41.18	3	60.00	1	25.00	0	0	11	40.74
	协同对象	0	0	2	40.00	0	0	0	0	2	7.41
	指向对象	0	0	0	0	1	25.00	1	100.00	2	7.41
	原因目的	0	0	0	0	0	0	0	0	0	0

[①]　本次偏误调查按"给"字及字符字串进行搜索,经过筛选,将与本文主要阐述内容不相关的偏误类型如:错别字、错序排除、遗漏等删除,仅保留了混用偏误。

偏误类型		与介词"对"混用		与介词"跟"混用		与介词"让"混用		与介词"为"混用		总量	
		数量	比率（%）	数量	比率（%）	数量	比率（%）	数量	比率（%）	数量	比率（%）
造成偏误的语义功能	关涉对象	4	23.53	0	0	0	0	0	0	4	14.81
	接受者	4	23.53	0	0	0	0	0	0	4	14.81
	受害者	0	0	0	0	0	0	0	0	0	0
	其他	0	0	0	0	2	50.00	0	0	2	7.41
总量		17	62.96	5	18.52	4	14.81	1	3.70	27	100.00

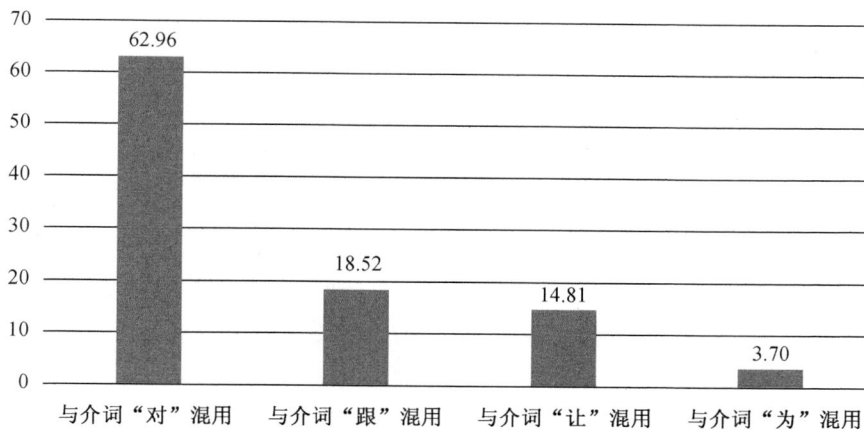

图 1　英语为母语留学生介词"给"混用情况

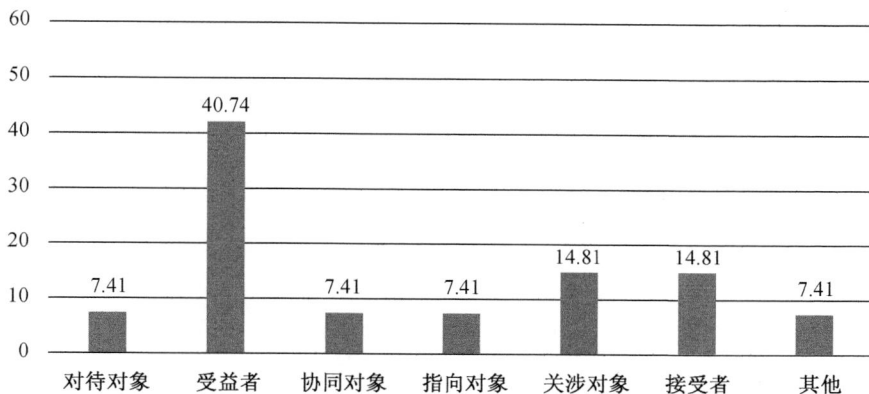

图 2　英语为母语留学生介词"给"语义功能偏误类型

通过对表 2 和图 1 的总结,我们可以得出如下结论。

1. 以英语为母语的留学生出现得最多的混用情况是与介词"对"的混用,其中占比最高的是语义功能"受益者"的混用。语义功能"关涉者"和"接受者"的混用情况相同,在与介词"对"的混用偏误中并列第二。在与介词"对"的混用偏误中,出现了少量的语义功能与"对待对象"的混用。

2. 与介词"让"的混用排在第三位,在这之中本文涉及的语义功能"受益者"和"指向对象"各占 25%,最多的是与本文没有涉及的语义功能的混用,这我们将在后文中详细解释。

3. 与介词"跟"的混用排在第二位,其中与语义功能"协同对象"和"受益者"的混用情况基本持平。

4. 排在最后的是与介词"为"的混用,只有 1 例,即在语义功能"指向对象"上的混用。

此外,英语留学生在使用介词"给"时最容易出现语义功能"受益者"的混用,其次是语义功能"关涉对象"和"接受者",最后在语义功能"对待对象""协同对象""指向对象"以及本文没有涉及的语义功能上也会出现少量偏误。

3.2 以日语为母语学生的介词"给"的混用偏误情况汇总

汉语的介词"给"和日语的格助词と、に在语义功能上具有很强的对应性。为证实这种相似性在日本留学生实际使用介词"给"时所造成的影响,我们在 HSK 动态作文语料库中共搜集到语料 1 722 条,其中偏误数量 308 条,经过筛选(排除错别字、错序、遗漏等),共留下混用偏误语料 122 条,具体数据如表 3 所示。

表3　以日语为母语学生的介词"给"的混用偏误情况汇总

偏误类型		与介词"对"混用		与介词"跟"混用		与介词"让"混用		与介词"为"混用		总量	
		数量	比率(%)	数量	比率(%)	数量	比率(%)	数量	比率(%)	数量	比率(%)
造成偏误的语义功能	对待对象	0	0	0	0	0	0	0	0	0	0
	受益者	16	20.00	0	0	3	10.71	0	0	19	15.45
	协同对象	0	0	13	100.00	0	0	0	0	13	10.57
	指向对象	0	0	0	0	0	0	0	0	0	0
	原因目的	0	0	0	0	0	0	2	100.00	2	1.63
	关涉对象	24	30.00	0	0	0	0	0	0	24	19.51

偏误类型		与介词"对"混用		与介词"跟"混用		与介词"让"混用		与介词"为"混用		总量	
		数量	比率（%）	数量	比率（%）	数量	比率（%）	数量	比率（%）	数量	比率（%）
造成偏误的语义功能	接受者	38	47.50	0	0	1	3.57	0	0	39	31.71
	受害者	2	3.50	0	0	1	3.57	0	0	3	2.44
	其他	0	0	0	0	23	82.14	0	0	23	18.70
总量		80	65.04	13	10.57	28	22.76	2	1.63	123	100.00

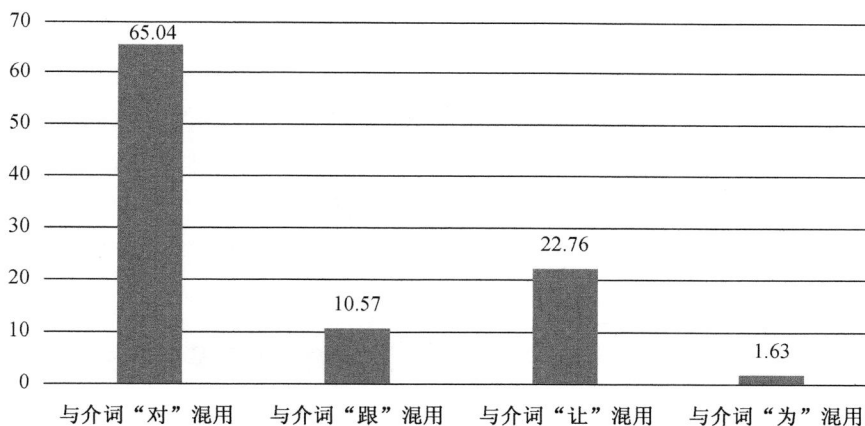

图3　日语为母语留学生介词"给"混用情况

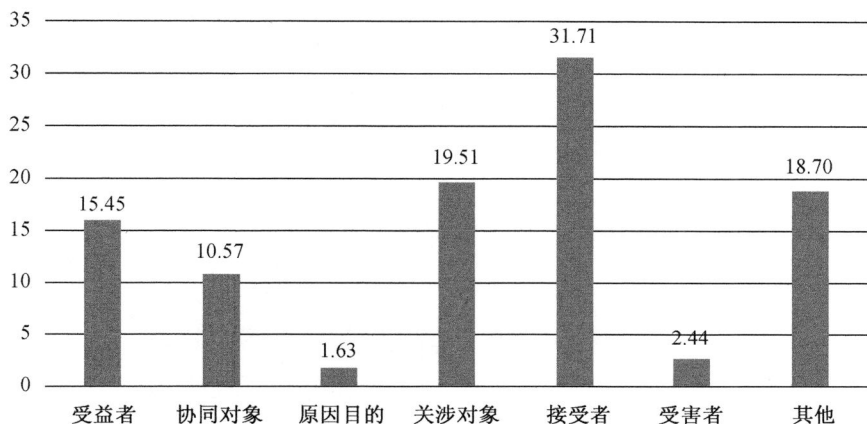

图4　日语为母语留学生介词"给"语义功能偏误类型

通过对表3和图3的总结，我们可以得出如下结论。

1. 以日语为母语的留学生在使用介词"给"时最容易与介词"对"发生混用。其中语义功能"接受者"和"关涉对象"所占比例都很高。语义功能"受益者"的混用也是造成日语为母语留学生在使用介词"给"时与介词"对"混用的原因之一。在与介词"对"的混用偏误中，出现了少量的语义功能"受害者"的混用。

2. 与介词"让"的混用排在第二位，其中占比最多的是本文未涉及的语义功能的混用。排在第二位的语义功能"受益者"的混用和排在并列第三的语义功能"接受者""受害者"差距不大。

3. 与介词"跟"的混用排在第三位。其中全部是语义功能"协同对象"的混用。

4. 与介词"为"的混用排在最后，情况很少，且只出现了语义功能"原因目的"的混用。

此外，日语为母语的留学生在使用介词"给"时语义功能"受益者"和"接受者"都非常容易出现混用。其次是语义功能"关涉对象"和本文未涉及的语义功能"其他"，二者的比例相差不多。排在第三位的是语义功能"协同对象"。此外，日语为母语留学生在使用介词"给"时存在少量语义功能"受害者"和"原因目的"的混用。

3.3 以韩语为母语学生的介词"给"的混用偏误情况汇总

韩语格助词"—에(e)"和"—에게(ege)"与汉语介词"给"之间具有一定的对应性，但介词"给"一直是韩国留学生学习的难点。在 HSK 动态作文语料库中共发现偏误 343 条，与介词"让""对""为""跟"混用造成的偏误共 226 条。具体偏误情况如表4所示。

表4　以韩语为母语学生的介词"给"的混用偏误情况汇总

偏误类型		与介词"对"混用		与介词"跟"混用		与介词"让"混用		与介词"为"混用		总量	
		数量	比率（%）	数量	比率（%）	数量	比率（%）	数量	比率（%）	数量	比率（%）
造成偏误的	对待对象	2	1.14	0	0	0	0	0	0	2	0.88
	受益者	65	36.93	3	18.75	10	31.25	0	0	78	34.51
	协同对象	0	0	13	81.25	0	0	0	0	13	5.75
	指向对象	0	0	0	0	0	0	1	50.00	1	0.44

偏误类型		与介词"对"混用		与介词"跟"混用		与介词"让"混用		与介词"为"混用		总量	
		数量	比率（%）	数量	比率（%）	数量	比率（%）	数量	比率（%）	数量	比率（%）
语义功能	原因目的	0	0	0	0	0	0	0	0	0	0
	关涉对象	72	40.91	0	0	0	0	0	0	72	31.86
	接受者	37	21.02	0	0	0	0	0	0	37	16.37
	受害者	0	0	0	0	0	0	0	0	0	0
	其他	0	0	0	0	22	68.75	1	50.00	23	10.18
总量		176	77.88	16	7.08	32	14.16	2	0.88	226	100.00

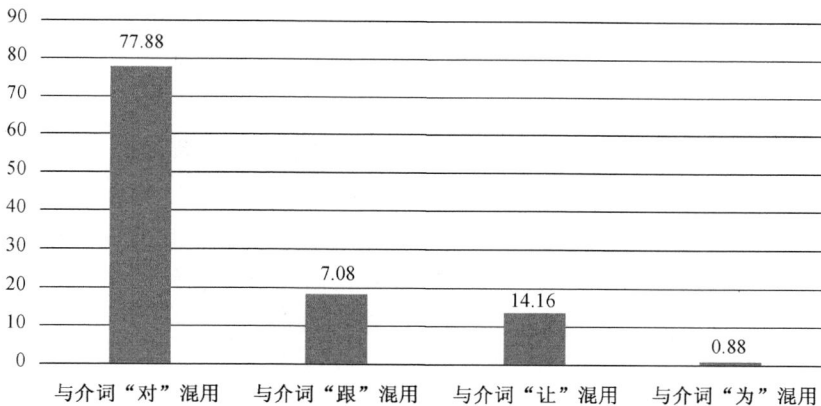

图5 韩语为母语留学生介词"给"混用情况

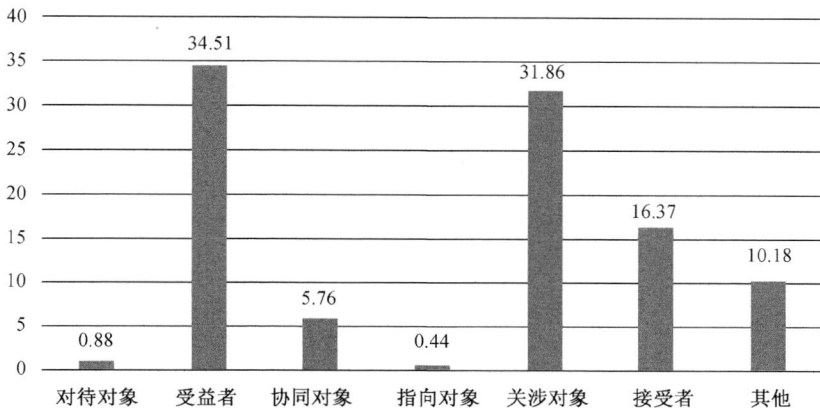

图6 韩语为母语留学生介词"给"语义功能偏误类型

通过对表 4 和图 5 的总结,我们可以得出如下结论。

1. 以韩语为母语的留学生在使用介词"给"时最容易出现于与介词"对"的混用。其中占比最高的是语义功能"关涉对象"和"受益者"的混用,两者分别为 40.91% 和 36.93%。语义功能"接受者"的混用在韩语留学生介词"给"与介词"对"的混用中排在第三位。韩语留学生在"给"与介词"对"的混用中出现了少量的"对待对象"的混用。

2. 与介词"跟"的混用排在第三位,其中主要是语义功能"协同对象"的混用,占到了韩国留学生介词"给"与介词"跟"混用的 81.25%。韩国留学生介词"给"与介词"跟"的混用中出现了一定量的语义功能"受益者"的混用。

3. 与介词"让"的混用虽然排在第二位,不过整体跟介词"给"与介词"跟"的偏误情况差距不大,占与介词"给"混用的 14.16%。在这之中,本文未涉及的语义功能的混用最多,占到了 68.75%。语义功能"受益者"的混用也占到了 31.25%。

4. 与介词"为"的混用偏误最少,只占总量的 0.88%,其中语义功能"指向对象"和本文未涉及的语义功能各占 50%。

另外,根据表 4 和图 6 显示,语义功能"受益者"和"关涉对象"是韩语留学生在使用介词"给"时最容易出现混用的语义功能,各占 34.51% 和 31.86%。排在第三位的是语义功能"接受者"的混用。与本文未涉及的语义功能的混用占到了 10.18%,该项中具体的偏误类型将在后文中详细阐述。排在第五位的是语义功能"协同对象"的混用。最后,韩语留学生在使用介词"给"时出现了极少量的语义功能"对待对象"和"指向对象"的混用。

3.4 以俄语为母语学生的介词"给"的混用偏误情况汇总

俄语与汉语的差异较大,俄语中与介词"给"对应的语法形式是表示与格的第三格和表示工具的第五格。以俄语为母语的学生在介词"给"的使用上语料较少,我们在 HSK 动态作文语料库中一共收集到语料 91 条,其中俄罗斯 56 条,哈萨克斯坦 4 条,乌克兰 17 条,乌兹别克斯坦 12 条,土库曼 2 条。偏误语料 22 条,其中属于混用类的偏误 9 条。具体情况如表 5 所示。

表5 以俄语为母语学生的介词"给"的混用偏误情况汇总

偏误类型		与介词"对"混用		与介词"跟"混用		与介词"让"混用		与介词"为"混用		总量	
		数量	比率（%）	数量	比率（%）	数量	比率（%）	数量	比率（%）	数量	比率（%）
造成偏误的语义功能	对待对象	0	0	0	0	0	0	0	0	0	0
	受益者	6	66.67	0	0	0	0	0	0	0	66.67
	协同对象	0	0	0	0	0	0	0	0	0	0
	指向对象	0	0	0	0	0	0	0	0	0	0
	原因目的	0	0	0	0	0	0	0	0	0	0
	关涉对象	3	33.33	0	0	0	0	0	0	0	33.33
	接受者	0	0	0	0	0	0	0	0	0	0
	受害者	0	0	0	0	0	0	0	0	0	0
	其他	0	0	0	0	0	0	0	0	0	0
总量		9	100.00	0	0	0	0	0	0	9	100.00

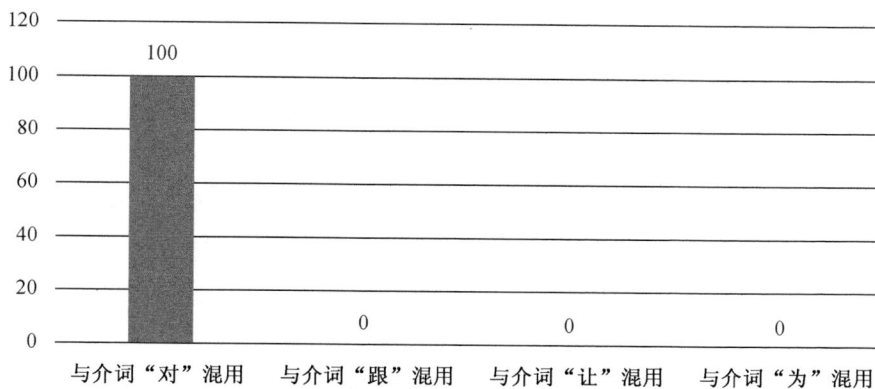

图7 俄语留学生介词"给"混用情况

根据表5、图7、图8的显示,俄语留学生在使用介词"给"时只出现了与介词"对"的混用偏误,其中语义功能"受益者"的混用占比较大,达到了66.67%。语义功能"关涉对象"在介词"给"与介词"对"的混用中占33.33%,占比较小。

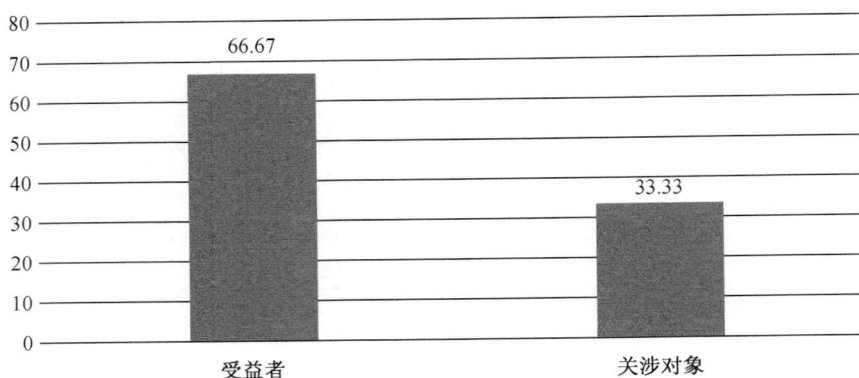

图 8　俄语留学生介词"给"语义功能偏误类型

四、留学生偏误情况原因分析

4.1　以英语为母语的学生偏误原因分析

通过数据显示我们可以看到,以英语为母语的学生在学习"给"类介词时最容易产生的误用是与介词"对"的误用,同时我们进一步统计发现,介词"给"与介词"对"的混用主要发生在语义功能"受益者""关涉对象""接受者"的语义辨别上。如＊**"学好汉语可以跟国外华人沟通,甚至外国人,例如:日本人,美国人,对我的工作带来很大的方便。"**和"＊**父母有责任对孩子们当一位好老师,因为严师才可以出高徒。"**中,本应使用表示能够语义功能"受益者""接受者"的"给",学生错用成了"对",不能表示引介"受益者"和"接受者",造成了偏误。而**"他尽心尽力的帮助我,我给他很感激。"**以及**"祖国的日新月异的伟大成就给我们这些侨居在异国他乡的华人来说是一种无比的自豪感"**中,介词引介的应该是动作行为的关涉对象,留学生误用的"给"并不具有该项语义功能,所以造成了偏误。留学生虽同样容易在距离核心语义功能较近的语义功能"接受者"上产生偏误,不过总体情况不如在"受益者"上产生偏误的频数高。这些语义功能在英语中可以使用相同的形式进行表达,例如在汉语中引介语义功能"关涉对象":**"我对他很感激**(I'm grateful to him)"时,只能使用介词"对";而引介语义功能"受益者",如:**"给我的工作带来很大的方便**(Bring great convenience to my work)"时,则不能使用"对",但在英语中都可以使用介词"to"。

以英语为母语的学生在使用介词"给"时与介词"跟"混用的情况主要发生在语义功能"协同对象"和"受益者"上。如"＊**老师可以在上课时跟学生传播知识，让学生知道，那个时期是学生应该注重读书的时期，不该谈恋爱的**。"和"＊**小时候，他总是抱着我坐在大树下，观赏月亮，跟我讲故事，教我怎样做一个对社会有用的人**。"中，"学生"和"我"分别是动作行为"传播知识""讲故事"的受益者，所以需要使用能够表示受益者的介词"给"或者"为"，不能使用不具有该语义功能的介词"跟"。"＊**你快点打电话给我联系**。"和"＊**他经常给朋友来玩笑**。"动作行为"开玩笑"和"联系"都需要一个协同对象同时完成这些动作，并且由介词引介出来，留学生误用的介词"给"无法承当这一语义功能，而这两项语义功能在英语中都可以使用相同的介词"to"来表达。例如"Teachers can spread knowledge to students during class(**老师可以在上课时给学生传播知识**)""Call me quickly to contact me(**你快点打电话跟我联系**)"。同时语义功能"受益者"距离核心且英汉共用的语义功能"指向对象"很近，"协同对象"相对较近，不过不如"比较对象"距离近，但是在偏误统计中，并未出现以英语为母语的留学生在使用"比较对象"时的偏误。

　　与介词"让"的混用主要出现在语义功能"受益者"和"指向对象"上，如"**让对方创造惊喜**。"中，"对方"是"创造惊喜"的接受者而并非施事，"＊**喜欢把责任推卸让他人**"，"他人"则是动作行为"推卸"的指向对象。比较特殊的情况是"**上天戏弄我，给我恼怒**。"和"**以上所写的评语是给所有的人知道**"，在这两个例子中，前一例应该使用的是具有"致使"意义的动词"让"，而非引进施事的介词"给"，在后一例中的偏误原因相同。再如"＊**我觉得你应该为你哥哥道歉**"中，介词引进的应该是动作行为的"指向对象"，而非"受益者"和"原因目的"，所以不能使用介词"为"。由于语义功能"受益者"是介词"给"和"为"共有的语义功能，且这三项语义功能在英语中的表达形式相同，所以将其与离它较近的语义功能"指向对象"进行区分是以英语为母语的留学生的难点，导致了偏误的产生。

4.2　以日语为母语的学生偏误原因分析

　　通过多偏误的统计我们发现，以日语为母语的留学生在学习介词"给"时，容易与介词"对"的语义功能"关涉对象"产生偏误，如"＊**因为吸烟不但给吸烟者有害**。"中，"吸烟者"是形容词"有害"的关涉对象，应该使用具有该语义功能的"对"，而不能使用"给"。日本留学生也有少部分在语义功能"对待对象"上出现问题，如"＊**但是我还是认为丈夫亲自给妻子动手是不应该的**。"中，"妻子"是动作行为动手的"对待对象"而非"指向对象"，而且"动手"不是一种损害结果,介词引介的也不是"受害者",所以应该使用具有"对待对象"语义功能的"对"而非"给"。同时,日本留学生在使用介词"给"时,"受益者"和"受害者"的语义功能也是学生的区分难点,在"*看病是对家人带来很大的负担"中,"家人"是"带来负担"的接受者,在"*对自己放个假"中,"自己"是"放假"的受益者,所以应该使用能够引介这些功能的介词"给"。语义功能"关涉对象""受益者"都距离核心语义"指向对象"较近,不与对方介词共有,且在母语中的表达形式相同,所以对留学生而言,辨别这些语义功能的归属是难点,错误率也相对较高。

以日语为母语的留学生在使用"给"时与"让"的混用主要集中在与表示致使义的动词"让"上,如在"*我给我的父母担心了""*安乐死不是给人死的痛苦"和"*这个环境给人们的心里平静、安定。"中,"我的父母""人"和"人们"是使令动词的兼语,动词表示的"致使义"是介词"给"不具备的语义功能。而"有人的用扇子让我扇风"中的"我"是动作行为"扇风"的"受益者",应该使用具有该语义功能的介词"给"或者"为"。而该语义功能与介词"让"的语义功能"施事"连接近,且在日语的表达形式中不做区分,所以对日语留学生而言是学习的难点,也是造成日本留学生在该使用介词"给"时使用了介词"让"这类偏误唯一的原因。

对介词"跟"的语义功能"协同对象"的归属,是造成日本留学生介词"给""跟"混用的主要原因。例如在"*遇到陌生人应该先给他打招呼""*多给她说话""*很长时间没有给你联系了"和"*随时给我联络"中,动词"打招呼""说话""联系""联络"都需要共同或协同完成该动作行为的对象,具有该项语义功能的介词是"跟"不是"给",而"跟"的该语义功能距离"指向对象"较近,对于日本留学生而言在辨别上是难点,所以出现一定的偏误率。

日本留学生在使用介词"给"时与介词"为"的偏误集中在对语义功能"原因目的"上。例如在"*只能给她担心""*不知道给周围的人考虑"和"*父母给孩子所做的行为是为了孩子好"中,"她""周围的人""孩子"并不是动作行为的受益者,而是动作行为发出的原因或目的,这时应该使用介词"为"引介,介词"给"不具有该项语义功能。由于该项语义功能和"受益者"距离较近,且"受益者"是二者共有的语义功能,且在日语中的表达形式相同,所以对于日本留学生而言在区分上具有一定难度。

4.3 以韩语为母语的学生偏误原因分析

韩语母语学生的混用偏误分别是语义功能"受益者""接受者""对待对象"和"关涉对象"归属的错误,这些语义功能在韩语中可以使用相同的形式表达,但在汉语中则不行。例如在"＊其中对我留下了最深刻的印象的地方就是桂林。"和"＊所以我对您们的负担比以前少得多了"中，能够引介"接受者""我"和"您们"的是介词"给"，而在"＊子女不知道父母给孩子的心"和"＊给子女给予极大的关心很不容易"中，引介"对待对象""孩子"和"关涉对象""子女"的应该是介词"对"。这些距离"指向对象"较近的语义功能，在汉语中使用不同的介词形式表达，在区分上对韩国学生而言比较困难。

韩国留学生在使用介词"给"时与介词"跟"的混用主要集中在语义功能"受益者"和"协同对象"上。例如"＊把儿子成功的样子跟您们看吧"和"＊她跟我辅导时"中，"您们"和"我"是行为动作"看"和"辅导"的受益者，而非"指向对象"。距离"指向对象"较近的"受益者"在汉语中只能用介词"给"表示，而在韩语中却可以使用同样的介词形式，如："그녀는 나에게 과외 숙제를 주었다(她给我辅导作业)"和"의사에게 축복을 드리다(向医务工作者献上祝福)"，都使用的是格助词"에게"，所以会造成韩国留学生在区分上的困难。与其他语言一样，韩国留学生虽然表示"协同对象"和"指向对象"的表达形式不同，但如"＊所以就这样晚一点给你们联系了"和"＊为了纠正这样的坏毛病我们应该先给别人主动地交谈"中所显示的"你们"和"别人"，分别是动词"联系"和"交谈"的协同对象，所以在引介与"指向对象"距离并不十分近的"协同对象"时，也会误用为介词"给"。

韩国留学生的"给""让"偏误主要集中在语义功能"受益者"和动词"致使义"上。例如"＊给你们伤心"和"＊给你们伤心"中需要的应该是表示致使义的动词"让"。而在"＊让人提供解决代沟的多种多样的有益的办法"和"＊让农作物使用化肥和农药"中，介引的是动作行为的受益者，"给"语义功能与"给""让"共有语义功能"施事"距离较近，且在韩语中可以使用相同的形式进行表达，导致韩国留学生在使用时的偏误。

由于"＊我准备为你们的礼物"不属于介词"给"的误用，应该属于表示"给予"的动词"给"与介词"为"的混用，所以在本文中不做细谈，也并未计算至韩国留学生介词"给"与介词"为"的偏误中去。"＊青少年未成年，吸烟为他们带来致命的危害。"是语义功能"接受者"的归属误用，语义功能"接受者"与"给""为"共用语义功能"受益者"在韩语中可以使用相同表达形式表达，所以又造成偏误，但由于"受益者"距离"接受者"并非最近，所以几率较小，而根据数据统计也确实只发现这样一例偏误。

4.4 以俄语为母语的学生偏误原因分析

以俄语为母语的留学生在使用介词"给"时，与介词"对"产生的误用主要集中在"受益者"和"关涉对象"上。这两个语义功能距离"指向对象"都很近，且二者间也有关联，另外在俄语中也都可使用第三格标识。例如"＊父母不但对他提供生活的物质条件来培养他""＊父母应该对自己的孩子当非常好的榜样"和"＊专门对小孩子准备的"中，动作行为"提供生活条件""当榜样"和"准备"引介的都是"受益者"，应该使用只有该语义功能的介词"给"。再如"＊父母给孩子的影响很大"中，被引介的"孩子"是"影响"的关涉对象，应该使用介词"对"。

由于在俄语中表达介词"跟"和"为"的独有语义功能的形式与表示介词"给"的形式不同，所以并未造成以俄语为母语的学生在使用介词"给"是与介词"跟""为"混用。而俄语中表示介词"让"语义功能的第五格不能表示介词"给"的其他语义功能，所以同样没有造成偏误。

五、结　语

以上我们分别对以英、日、韩、俄为母语的留学生在使用介词"给"时的偏误进行统计，并对四种语言中出现的"给"类相近介词的误用产生的原因进行了深入挖掘。

Levelt(1989:501—537)认为学习者在学习并产出某一语言时需要经过三个阶段，即 概念化（conceptualization）→ 公式化（formulation）→ 产出（articulation）。

在公式化阶段需要将二语中的概念信息与母语中的语义信息进行匹配，如果二者不一致，即在母语中找不到对应的语义信息，学习者往往会回避使用这些在母语中没有对应的词语。此外，通过实际偏误情况的分析，也进一步验证了不同母语的留学生在学习汉语多功能介词时存在的难点各有特点，不可一概而论。

参考文献

[1] 傅雨贤，周小兵，1997. 现代汉语介词研究. 广州：中山大学出版社.

[2] 国家对外汉语教学领导小组办公室汉语水平考试部，1992. 汉语水平词汇与汉字等级大纲. 北京：经济科学出版社.

[3] 刘丹青，2003. 语序类型学与介词理论. 北京：商务印书馆.

[4] 吴福祥，2003. 汉语伴随介词语法化的类型学研究——兼论 SVO 型语言中伴随介词的两种演化模式.《中国语文》第 1 期.

〔5〕朱德熙,1982. 语法讲义. 北京:商务印书馆。

〔6〕张斌,1998. 汉语语法学. 上海:上海教育出版社。

〔7〕Willem Johannes Maria Levelt. 1989. *Speaking：From Intention to Articulation*. Cambridge，MA：MIT Press.

不同类型的书面纠错反馈在留学生协作写作中的有效性研究

孙　敏　黄淑恒

（南京大学）

提　要：本文考察直接纠错反馈与符号纠错反馈在留学生协作写作中的修正效果。实验者将受试分成三组，两两一对进行协作写作。实验分为三个环节：受试观看视频后协作写作；教师给予纠错反馈；一周后受试在进行为时 15 分钟的讨论后，再次协作写作。结果表明，(a) 直接纠错反馈与符号纠错反馈对写作中的错误都有显著的修正效果，其中，直接纠错反馈的修正效果更好。但在汉字、语法错误的修正上，直接纠错反馈和符号纠错反馈没有显著差异。(b) 在不给予反馈的情况下，通过二人小组讨论，学习者也能够较好地修正写作中的错误。(c) 学习者对于不同错误类型的修正能力存在差异。学习者能较好地修正错别字与语法错误，但对于词汇错误的修正能力较差。

关键词：纠错反馈；协作写作；有效性

一、引　言

近年来，二语写作纠错反馈（writing corrective feedback，WCF）一直是学界研究的热点问题。关于二语写作纠错反馈是否有效，是否有必要进行纠错反馈，不同类型的纠错反馈在有效性上的差异，学界也存在比较大的争议。

学者根据不同的标准对纠错反馈进行了不同的分类。Ellis(2008)根据纠错反馈的方式将纠错反馈分为六大类：(1) 直接纠错反馈（标出所有的错误并且给出正确的表达方式）；(2) 间接纠错反馈（标出错误但不给出正确的表达方式);(3) 元语言纠错反馈;(4) 重点反馈和非重点反馈(纠正特定的错误或纠正所有错误);(5) 电子式反馈(运用电子软件进行纠错反馈);(6) 重铸(重写学生的作文,并且最大限度保持原文不变)。Ferris et al.(2013)将纠错反馈分为:直接纠错和间接纠错,重点反馈和非重点反馈,显性纠错和非显性纠错。中国学者王俊菊(2006)根据所纠正的错误种类将纠错反馈分为五类:词汇性纠正、语法性纠正、语义性纠正、语篇性纠正和技术性纠正。

本研究采纳 Ellis 的分类方式,主要关注在汉语二语写作教学中最常见的两种方式,即直接纠错反馈与间接纠错反馈方式对于写作的修正性效果。

二语写作纠错反馈是否有效的争论可追溯到 1996 年的 Truscott 和 Ferris 两人(李学晋,2017)。Ferris 对写作纠错反馈持认可态度;Truscott 则相反,他认为写作纠错反馈不能有效提高写作者的语言能力,因此是无效的。此前,Kepner(1991)已在实验中指出纠错反馈未有效提高学习者写作的准确性,没有价值。其他学者如 Sheppard(1992),Polio & Mark(2014)等也先后通过实证研究得出类似的结论。这些实验存在一定的缺陷,如未设置对照组,即缺乏与不接受反馈的控制组进行对比研究,结论存在一定的偏差。

随着写作反馈研究的兴起,越来越多的学者投入其中,进行了大量的实证研究,大部分研究认同二语写作纠错反馈的价值,肯定其有效性,但学者们在不同类型纠错反馈的有效性上持不同意见。

Ellis(2008)指出:没有证据可证明元语言纠错中的符号标示可以提高学生写作的准确性。Ellis(2008)和 Sheen(2007)通过实验证明:重点反馈比非重点反馈更有效。Lee(1997)、Ferris & Roberts(2001)的研究结果显示:显性纠错反馈比非显性纠错反馈更有效。Ferris et al.(2013)根据前人的实证研究总结出:重点纠错反馈比非重点反馈更有效;从长期的效果来看,间接纠错比直接纠错更有效,显性纠错比非显性纠错更有效。

在关注直接纠错反馈与间接纠错反馈有效性差异的实证研究中,Semke(1984)、Robb et al.(1986)等认为,直接纠错反馈和间接纠错反馈在提高学生写作的准确性上没有明显的区别;Lalande(1982)、Ferris(2006)和 Bitchener & Knoch 的实验结果则显示间接纠错反馈比直接纠错反馈更有效。与此同时,不少学者通过实验研究指出:直接纠错反馈在提高学生写作的准确性上最有效(Chandler,2003；Wigglesworth & Storch,2012)。而 Storch's(2009)则指出,直接纠错反馈与间接纠错反馈的有效性与文章篇幅有关,直接纠错反馈在篇幅短的文章中有效,而间接纠错反馈在篇幅长的文章中更有效。

国内学者普遍认为纠错反馈是一种有效提高学习者写作水平的反馈方式,但研究也主要集中于英语作为第二语言的写作。相比于英语作为第二语言写作反馈研究的兴盛,汉语二语写作中的反馈研究相对较少,还处于起步阶段。对于不同类型纠错反馈的有效性尚缺乏实证研究,主要关注学生和教师对纠错反馈的态度。如,祖晓梅,马嘉俪(2015)通过问卷调查的方式得出相似的结论:教师更偏向于选择间接的、能够引导学生自己修正的纠错反馈方法。

鉴于此,我们有必要从实证研究的角度,通过实验设计来验证不同类型的纠错反馈在汉语二语写作中的有效性,以对二语写作纠错反馈研究作出呼应与补充。

同时,汉语二语写作研究以考察学生独立写作为主,往往忽视了协作写作(collaborative writing)在提高学生书面写作能力与纠错能力中的重要性。协作支架(reciprocal scaffolding)由 Holton & Clarke(2006)提出,是支架理论中的一种教学设置。这种教学设置由教师将学生分为二人或多人小组,小组成员共同完成教师布置的任务。小组成员在共同协作完成任务的过程当中相互协商、共同探索,在共同构建的概念框架中相互提升知识和技能。在汉语写作课堂中,二人小组写作属于协作支架学习的一种具体实践。协作写作同时提供一个特定的语言学习环境,让学生对反馈做出反应。Schmidt(1990)指出,反馈要有效,必须引起学习者的注意。相比于个人独立写作,协作写作无疑更有利于提高学生对反馈的反应。

本研究在支架理论的观照下,参考 Wigglesworth & Storch(2012)在英语作为第二语言的写作中所做的实验,采用协作写作的方式,以直接纠错反馈和符号纠错反馈为变量,考察学生协作写作中直接纠错反馈和间接纠错反馈的有效性及其对写作准确性的影响。研究旨在回答以下几个问题:

a. 纠错反馈是否有效?

b. 不同纠错反馈方式的有效性是否存在差异?

c. 对于不同的错误类型(汉字、词汇、语法错误),哪种纠错反馈方式最有效?

d. 学习者对不同错误类型的修正能力是否存在差异?

二、实验设计

2.1 实验对象与分组

南京大学海外教育学院汉语进修生 42 人,汉语水平为中级。经过实验前测,学生的写作水平相对平稳,不存在显著的差异。研究者将 42 位学生分成

3 组,每组 14 人,两两一对进行协作写作。三组分别是直接纠错反馈组、间接纠错反馈组以及对照组(即不给予任何反馈组)。

2.2 实验材料

实验所用到的材料为一个短视频,视频时长 4 分钟,视频无字幕、无对话,排除学生在字幕理解或对话理解上的困难。

2.3 实验过程

2.3.1 让三组学生同时观看视频,观看完成后研究者将每组成员分成两人一对进行讨论,讨论后两人共同写作一篇文章,限时 45 分钟,字数要求为 400 字或以上,写作过程中禁止使用词典。

2.3.2 研究者批改学生作文,给予三组学生不同类型的书面纠错反馈。对于直接纠错反馈组,直接划出所有的错误并且给出正确的表达;对于间接纠错反馈组,教师用不同的符号标出不同的错误类型(详见表 1);对于对照组,教师不给予任何纠错反馈。

表 1 间接纠错反馈中各种符号的意义(列举)

符号	意义
○	错别字
＝	词汇错误
∧	句子残缺
～	句式杂糅
⌐⌐	语序有误

2.3.3 一周后将作文返还学生,学生进行为时 15 分钟的讨论,讨论过程予以录音。讨论结束后,实验者回收作文,再次播放视频,视频播放结束后两人协作进行第二次写作,限时 45 分钟。

2.3.4 录入学生两次上交的作文,统计错误数量,并将错误进行分类。另外,实验者对讨论录音进行转写。

三、数据统计与分析

3.1 数据处理

为了便于数据的统计,研究者将错误的类型分为:错别字、词汇错误和语法错误(详见表 2)。同时,对比教师的纠错反馈与学生相应的处理,统计学生的修正情况。学生对教师的反馈做出反应,修正原有的错误,视为修正;回避与未修正原有错误,均视为未修正。

表 2　三种错误类型

错误类型	例子
错别字	华(花)时间;放(方)面;住(主)要
词汇错误	决定挽(挽回)他的人生; 重要的件条(条件); 也许在前途(将来)我们会改变我们的想法; 可以变化(改变)自己的生活
语法错误	毕业高中就开始找工作(高中毕业就开始找工作); 他哭了三月(他哭了三个月); 滚下去了到最底层(滚了下去/滚到了最底层); 他找到新的工作在工厂(他在工厂找到新的工作)

3.2 不同纠错反馈方式的有效性

本实验以受试在第二次写作中能否修正第一次写作中出现的错误为判断纠错反馈是否有效的标准。结果见表 3。

表 3　三组受试的错误修正情况

组别	第一次写作错误数量	第二次写作修正量	第二次写作未修正错误数量	修正率
直接纠错反馈组	161	119	42	74%
间接纠错反馈组	137	65	72	47%
对照组	108	35	73	32%

为了进一步检验不同类型的纠错反馈对受试的写作是否有显著的纠正效果,运用 SPSS 软件中的配对样本 t 检验,对三组受试中每对受试第一次写作

错误数量和第二次写作中未修正错误数量进行分析比较。直接纠错反馈组、间接纠错反馈组和对照组第一次写作错误量和第二次写作未修正错误数量的配对样本 t 检验中 p 值分别为0.000、0.000 和 0.007,均小于 0.05,说明数据具有显著差异。即直接纠错反馈、间接纠错反馈对写作错误具有显著的修正效果,而且在不接受任何纠错反馈的情况下,仅通过小组讨论,受试也能够修正写作中出现的错误。

此外,为了验证不同纠错反馈方式对于写作准确性的影响,研究者统计分析了三组受试前后两次写作的整体准确性,结果如下:

表4　三组受试的准确性对比(每百词错误量)

组别	第一次错误量	第一次总词数	第一次每百词错误量	第二次错误量	第二次总词数	第二次每百词错误量
直接纠错反馈组	161	1 742	9.24	51	1 816	2.81
间接纠错反馈组	137	1 522	9.00	70	1 496	4.68
对照组	108	1 800	6.00	98	1 816	5.40

从上表可看出,直接纠错反馈组和间接纠错反馈组的受试在第二次写作中,准确性得到了很大的提高。

综合以上分析,我们可以得出以下结论。

a. 直接纠错反馈与间接纠错反馈都能够有效地纠正汉语写作中的错误。

b. 在不给予任何纠错反馈的情况下,学习者通过互动讨论也能够有效地修正写作中的错误。

c. 直接纠错反馈和间接纠错反馈都能较好地提高写作的准确性。

数据表明两种纠错反馈方式都是有效的,这与英语二语写作中大部分的研究结论一致。

3.3　不同纠错反馈方式有效性的差异

为了验证不同反馈方式在纠正写作错误有效性方面的差异,对三组受试中每对受试在第二次写作中的修正率进行单因素方差分析。同时,为了进一步对比分析哪种反馈方式最有效,对接受不同反馈方式的三组受试在第二次写作中的修正率进行事后多重比较。

由于进行单因素方差分析的样本须满足正态分布,并且须具有方差齐性,在进行单因素方差分析之前,先对三组受试的每一对受试第二次写作中错误修正率进行正态分布检验和方差齐性检验。在正态分布检验中,样本在 K - S 检验中显著性为 0.200(>0.05),在 S - K 常态性检验中显著性为 0.197(>

0.05)。两种检验都可说明,因变量即三组受试在第二次写作中的错误修正率服从正态分布,符合方差分析的前提条件。同时,单因素方差分析的方差齐性检验结果显示,显著性即 p 值＝0.305(＞0.05),说明三组受试第二次写作中错误修正率具有方差齐性,亦满足方差分析的前提条件。

单因素方差分析显示,三组受试第二次写作中错误修正率的单因素方差分析显著性水平为 0.004,小于 0.05,说明不同的纠错反馈方式对受试第二次写作中错误修正率的影响有显著性差异。

为了更加深入地探究哪种纠错反馈方式对受试第二次写作中的错误修正有最好的效果,需对接受不同纠错反馈方式的受试在第二次写作中的错误修正率进行事后多重比较,结果如表 5 所示。

表 5　三组受试第二次写作中错误修正率的事后多重比较(因变量:纠正率 LSD)

（I）反馈方式	（J）反馈方式	平均差异（I－J）	标准误	显著性	95%的置信区间	
					下界	上界
直接纠错反馈	间接纠错反馈	0.250 00	0.114 42	0.042	0.009 6	0.490 4
	不反馈	0.441 43	0.114 42	0.001	0.201 0	0.681 8
间接纠错反馈	直接纠错反馈	−0.250 00	0.114 42	0.042	−0.490 4	−0.009 6
	不反馈	0.191 43	0.114 42	0.112	−0.049 0	0.431 8
不反馈	直接纠错反馈	−0.441 43	0.114 42	0.001	−0.681 8	−0.201 0
	间接纠错反馈	−0.191 43	0.114 42	0.112	−0.431 8	0.049 0

从数据比较的结果中首先可以看出,直接纠错反馈组第二次写作中的错误修正率与间接纠错反馈组第二次写作中的错误修正率之间的显著性水平为 0.042,小于 0.05。因此,可证明接受直接纠错反馈和接受间接纠错反馈对受试第二次写作中错误修正的影响有显著的差异。此外,直接纠错反馈组第二次写作中错误修正率与间接纠错反馈组第二次写作中错误修正率的平均差异为正值,说明直接纠错反馈比间接纠错反馈更有效。

其次,间接纠错反馈组第二次写作中的错误修正率与不接受任何反馈的对照组第二次写作中的错误修正率之间的显著性水平为 0.112,大于 0.05。说明接受间接纠错反馈与不接受反馈对受试第二次写作中错误修正的影响不存在显著性差异。但是,从表格中可以看到,间接纠错反馈组第二次写作中错误修正率与不接受反馈的对照组第二次写作中错误修正率的平均差异为正值,说明间接纠错反馈的有效性比不反馈的有效性略高。

3.4 不同纠错反馈方式对不同错误类型修正的有效性及其差异

3.4.1 不同纠错反馈方式对不同错误类型修正的有效性

为了进一步研究针对不同的错误类型（错别字、词汇错误和语法错误），哪种纠错反馈方式更有效，实验者统计了三组受试写作中不同类型错误的修正情况，结果如下表。

表6 三组受试写作中错别字、词汇错误和语法错误的修正情况

错误类型	直接纠错组			间接纠错组			对照组		
	第一次写作错误量	第二次写作修正量	修正率	第一次写作错误量	第二次写作修正量	修正率	第一次写作错误量	第二次写作修正量	修正率
错别字	39	31	79%	37	22	59%	48	22	46%
词汇错误	60	41	68%	61	20	33%	40	6	15%
语法错误	62	48	77%	39	23	59%	20	6	30%

从上表可以看出，直接纠错反馈与间接纠错反馈在三种错误类型的修正率上，均高于对照组。为了考察直接纠错反馈与间接纠错反馈对于不同错误类型的修正效果，我们对两组受试第一次写作错别字、词汇错误和语法错误数量与第二次写作未修正的错别字、词汇错误和语法错误的数量进行了配对样本 t 检验。错别字方面，直接纠错反馈组和间接纠错反馈组 p 值分别为 0.006，0.005；词汇方面，p 值分别为 0.001，0.001；语法方面，p 值分别为 0.000，0.001，数值均小于 0.05，说明两种反馈方式在错别字、词汇与语法错误方面都有显著的修正效果。这也进一步确证了写作纠错反馈方式的有效性。

3.4.2 不同纠错反馈方式对不同错误类型修正的有效性的差异

为了研究不同的纠错反馈方式对不同错误类型的修正效果是否存在显著差异，以及对应每种错误类型，哪种纠错反馈方式更有效，我们运用单因素方差分析和事后多重比较，对两组受试中每对受试在三种错误类型中的修正率进行分析对比。

错别字方面，直接纠错反馈组第二次写作中错别字修正率与间接纠错反馈组第二次写作中错别字修正率之间的显著性水平为 0.126，大于 0.05，两组数据之间不具有显著性的差异，说明直接纠错反馈与间接纠错反馈对受试写作中错别字的修正效果没有显著性差异。但是，间接纠错反馈组第二次写作错别字纠正率与直接纠错反馈组第二次写作错别字修正率的平均差异为负值，可以说明：虽然两种反馈方式在修正效果上没有显著的差异，但是直接纠

错反馈的修正效果略优于间接纠错反馈。

词汇方面，直接纠错反馈组第二次写作词汇错误修正率与间接纠错反馈组的第二次写作词汇错误修正率之间的显著性水平为 0.012，小于 0.05，说明对于受试第二次写作中词汇错误的修正，直接纠错反馈的效果与间接纠错反馈的效果之间有显著性的差异。但直接纠错反馈组第二次写作中词汇错误修正率与间接纠错反馈组第二次写作中词汇错误修正率的平均差异为正值，说明直接纠错反馈对受试第二次写作中词汇错误的修正有更好的效果。

语法方面，直接纠错反馈组第二次写作中语法错误修正率与间接纠错反馈组的语法错误修正率之间的显著性水平为 0.198，大于 0.05，两组数据之间不存在显著的差异，即直接纠错反馈与间接纠错反馈在修正效果上不存在显著性差异。但直接纠错反馈组语法错误修正率的平均数大于间接纠错反馈组语法错误修正率的平均数。说明直接纠错反馈的效果略优于间接纠错反馈。

综合以上分析，我们可以得出结论。

a. 直接纠错反馈与间接纠错反馈对错别字、词汇错误和语法错误都有显著的修正效果。

b. 对于受试第二次写作中错别字的修正，直接纠错反馈与间接纠错反馈之间没有显著性差异，但直接纠错反馈的效果略优于间接纠错反馈。

c. 对于受试第二次写作中词汇错误的修正，直接纠错反馈与间接纠错反馈之间有显著性差异，且直接纠错反馈效果优于间接纠错反馈。

d. 对于受试第二次写作中语法错误的修正，直接纠错反馈与间接纠错反馈之间没有显著性差异，且效果差异也不明显。

3.5 留学生对写作中不同错误类型修正能力的差异

本研究还希望通过数据的分析来探究留学生对写作中不同的错误类型（错别字、词汇错误、语法错误）修正能力的差异。为此，对三组受试不同错误的修正情况进行进一步的分析对比研究。

表 7 三组受试不同错误类型的总数量及修正情况

错误类型	第一次写作中 错误总数量	第二次写作 修正总数量	修正率
错别字	124	75	60%
词汇错误	161	67	42%
语法错误	121	77	64%
总计	406	219	54%

综合上述数据的分析,并结合不同错误修正率的平均数图(见图1),可得出结论:受试的错别字修正能力最强,修正语法错误的能力略低于修正错别字的能力,而对词汇错误的修正能力最差。

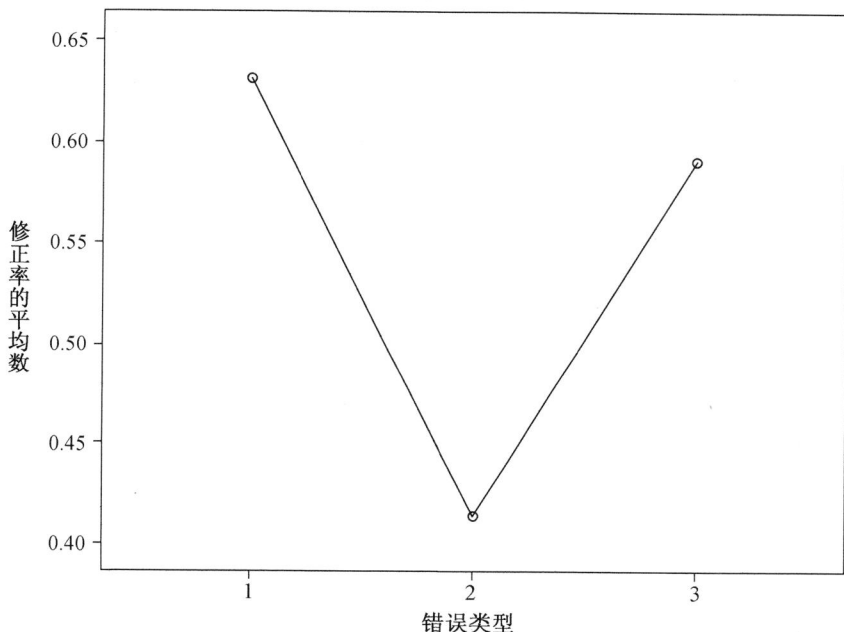

1—错别字　2—词汇错误　3—语法错误

图1　不同错误类型修正率的平均数

四、结　语

综合所有数据统计与分析,我们可以发现以下几点结论。

a. 直接纠错反馈与直接纠错反馈都能较好地修正写作中的错误,其中,直接纠错反馈的修正效果更好,更能提高学生写作的准确性。本结论与Wigglesworth & Storch(2012)在英语作为第二语言的学习者中所做的实验结果一致。同时,直接纠错反馈对学习者写作中的错误有显著修正效果的结论也填补了Ellis(2006)所指出的实验空白:没有证据可证明直接标示能够提高学习者写作的准确性。

b. 在针对不同错误类型的修正方面,直接纠错反馈与直接纠错反馈有不同的效果。在词汇错误的修正上,直接纠错反馈的效果要优于直接纠错反馈,但在汉字、语法错误的修正上,直接纠错反馈和直接纠错反馈没有显著差异。

　　c. 针对反馈进行互动讨论,能有效提高学生的修正率。

　　如以下来自学生的课堂讨论。

　　　　A:嗯……从错误中得到教训,是得到教训吗?

　　　　B:嗯……嗯……一方面我们也可以嗯……不是受。

　　　　A:嗯,得到教训,受,得到。

　　　　B:嗯,所以受不太好,对。

　　此外,在不给予任何纠错反馈的情况下,仅通过协作写作的二人小组讨论,学习者也能够较好地修正写作中的错误。这验证了由 Holton & Clarke (2006)提出的协作支架理论,即支架式教学设置的有效性。

　　d. 汉语学习者对于不同错误类型(错别字、词汇错误、语法错误)的修正能力存在差异。对于错别字和语法错误,学习者都有较好的修正能力,但对于词汇错误的修正能力较差。可能的原因有二:一是处理的信息量大,因为所有错误中词汇错误最多;二是词汇的使用易超出学习者的学习水平,即与学习者的表意相配的词汇是学习者不熟悉或未习得的。

　　以上研究发现对于汉语二语写作教学具有一定的启示。

　　首先,在理想的情况下,教师以直接纠错反馈的方式能最大限度地帮助学生修正写作中的错误。但在实践当中,由于作文修改工作量大、耗时长,教师可根据学习者对于不同错误类型修正能力的差异,采用不同的纠错反馈方式。对于错别字和语法错误,只需用符号标示出错误,学习者就能够较好地修正。但对于词汇错误,教师有必要用直接纠错反馈的方式给出正确的词语。

　　其次,无论是接受直接纠错反馈还是间接纠错反馈,在词汇错误的修正方面,学习者都显示出较差的修正能力。因此在写作教学的过程当中,教师应该更加注重词汇的习得。

　　最后,二人协作写作的形式能够增加学习者之间的互动,学习者输出语言之后能够与学习同伴进行协商,促进语言的学习。针对反馈进行互动讨论,也能有效地修正已有错误。教师在写作教学实践中,应当重视协作写作这一形式,并且在给予学生反馈后,留出互动讨论的时间,以有效提升学习者的修正率。

　　本研究也存在一些不足之处,首先,受到实验条件的限制,实验样本容量有限。其次,受到时间的限制,本实验没有安排受试进行延时后测,未能有效地排除学习者即时记忆的影响,并验证不同纠错反馈方式修正效果的持久性。最后,因受试心理因素和语言能力的影响,在本实验设计的录音环节中,获取的有效录音较少,对学习者如何处理反馈无法进行深入的研究,希望在今后的实验当中进一步改善。

参考文献

[1] 李学晋,2017.二语写作互动中的纠错反馈:争议与对策.《语言教学与研究》第 1 期.

[2] 莫丹,2018.基于反馈的汉语多稿写作教学模式的有效性.《语言教学与研究》第 5 期.

[3] 王俊菊,2006.总体态度、反馈类型和纠错种类——对大学英语教师作文书面反馈的探讨.《国外外语教学》第 3 期.

[4] 王璐璐,2019.二语习得和二语写作领域反馈研究的对比与融合.《外国语文》第 5 期.

[5] 祖晓梅,马嘉俪,2015.汉语教师和学习者对课堂纠错反馈信念和态度的比较.《汉语学习》第 4 期.

[6] Bitchener, J., Knoch, U. 2010. The contribution of written corrective feedback to language development: A ten-month investigation. *Applied Linguistics* 31: 193—214.

[7] Chandler, Jean. 2003. The efficacy of various kinds of error feedback for improvement in the accuracy and fluency of L2 Student writing. *Journal of Second Language Writing* 12: 267—296.

[8] Ellis, R. 2008. A typology of written corrective feedback types. *ELT Journal* 63: 97—107.

[9] Ferris, D. R. 2006. Does error feedback help student writers? New evidence on the short-and long-term effects of written error correction. In K. Hyland & F. Hyland (eds.), *Feedback in second language writing: Contexts and issues*, 81—104. Cambridge, UK: Cambridge University Press.

[10] Ferris, D. R., Hsiang Liu, Aparna Sinha & Manuel Senna. 2013. Written corrective feedback for individual L2 writers. *Journal of Second Language Writing* 22(3): 307—329.

[11] Ferris, D. R., Roberts, Barrie. 2001. Error feedback in L2 writing classes: How explicit does it need to be? *Journal of Second Language Writing* 10: 161—184.

[12] Lee, I. 1997. ESL learners' performance in error correction in writing: Some implications for college-level teaching. *System* 25: 465—477.

[13] Lalande, J. F. 1982. Reducing composition errors: An experiment. *Modern Language Journal* 66: 140—149.

[14] Holton, D., Clarke, D. 2006. Scaffolding and metacognition. *International Journal of Mathematical Education in Science and Technology* 37(2): 127—143.

[15] Kepner, Christine G. 1991. An experiment in the relationship of types of written feedback to the development of second-language writing skills. *The Modern language Journal* 75(3): 305—313.

[16] Polio, Charlene, Shea C. Mark. 2014. Another look at accuracy in second language

writing development. *Journal of Second Language Writing* 23(1): 10—27.

[17] Robb, T. , Ross, S. , Shortreed, I. 1986. Salience of feedback on error and its effect on EFL writing quality. *TESOL Quarterly* 20: 83—93.

[18] Schmidt, R. 1990. The Role of Consciousness in Second Language Learning. *Applied Linguistics* 11: 129—158.

[19] Semke, H. 1984. The effects of the red pen. *Foreign Language Annals* 17: 195—202.

[20] Sheen, Y. 2007. The effect of focused written corrective feedback and language aptitude on ESL learners' acquisition of articles. *TESOL Quarterly* 41: 255—283.

[21] Sheppard, Kevin. 1992. Two feedback types: Do they make a difference? *RELC Journal* 23(1):103—110.

[22] Storch, N. 2010. Critical feedback on written corrective feedback research. *International Journal of English Studies* 10: 29—46.

[23] Truscott, John. 1996. The case against grammar correction in L2 writing classes. *Language Learning* 46(2): 327—369.

[24] Wigglesworth, G. N. Storch. 2012. Feedback and writing development through collaboration: A socio-cultural approach. In Rosa Manchón (ed.), *L2 Writing Development: Multiple Perspectives*, 69—99. Boston/Berlin: Walter de Gruyter, Inc.

动态系统理论视角下留学生汉语比较句口语发展研究 *

晏子凛　　曹贤文

（南京大学）

提　要: 本文是在动态系统理论指导下对留学生汉语比较句口语发展的历时研究。通过对四名水平不一的汉语学习者为期8个月的历时跟踪调查,并使用移动极值图表、基于蒙特卡洛模拟的再抽样技术对收集数据进行定量分析,结果发现:(1)留学生比较句口语产出及各子系统均实现发展但存在动态复杂性;(2)各子系统的发展呈现异步性,难度、多样性与准确度呈竞争关系,而难度和多样性有互相促进的趋向;(3)各学习者的初始状态和发展路径不一致,高水平学习者的准确产出稳定性优于中低水平学习者,而在难度和多样性方面存在与汉语水平不一致的发展特征。

关键词: 动态系统理论;汉语口语;比较句;二语发展

一、引　言

"比较语义和形式,在任何语言中都存在。"（陈珺,周小兵,2005:22）比较是语言中必然涉及的语义范畴,比较句自然也是二语学习中的高频句型。汉语的比较句型数量众多,形式复杂,且不同的比较句使用起来还有诸多限制,

---

　* 本研究得到语言资源高精尖创新中心项目"汉语中介语语料库建设创新工程"（编号:KYD17004）、教育部哲学社会科学研究重大课题攻关项目"全球汉语中介语语料库建设和研究"（编号:12JZD018）和国家社科基金项目"动态系统理论视角下汉语二语发展中的变异研究"（编号:14BYY088）的资助。

因而外国学习者在学习汉语比较句的过程中总是存在较大的变异,对于教学者来说也是一个难点和重点。以往有关汉语比较句的研究对比较句的本体研究比较多,而在对外汉语领域内的研究则比较少,且主要集中在比较句的习得顺序和习得偏误方面。这些研究多以静态的共时研究为主,采用线性的因果关系分析,将习得中存在的变异归因于某种内部或外部因素(如语言因素、社会因素、心理因素等)的影响,忽略了变异的发展性和发展的非线性,缺少对变异的动态性研究,对变异相关因素的各种交互关系涌现的复杂性也考虑不足。动态系统理论(Dynamic System Theory,DST)产生于自然科学领域中对复杂系统的动态变化的研究,主张以动态的视角去看待自然界和科学领域中不断涌现的复杂的系统的非线性的变化,1997 年由 Larsen-Freeman(1997)首次将该理论引入到第二语言习得研究中,试图以复杂适应性系统(complex adaptive system)来构建第二语言发展(Second Language Development)模型,因为她注意到了语言的学习不是单纯的渐次输入引导,而是充满了高峰、低谷、前进、倒退、停滞甚至跳跃式前进的动态系统发展的过程。动态系统理论坚持从联系、发展的视角去看待语言发展中存在的变异,认为变异是发展的潜在驱动力和行进过程中的潜在指标,是从一个稳定状态到另一个稳定状态的过渡,承载了关于发展过程本质的重要信息。Verspoor et al(2008)认为发展往往伴随系统行为的剧烈波动,提出了"发展伴随变异"的观点,因此对变异性的深入研究,有助于我们对二语发展过程有更深刻的认识。有鉴于此,本文采用了动态系统理论指导下的研究方法,对研究对象进行了 8 个月的跟踪调查,收集他们在学习过程中的自然语料,利用新的技术手段对数据进行处理和分析,最大化还原学习者比较句的习得过程,以期加深我们对该过程的理解。

二、研究现状

2.1　对外汉语领域的比较句习得研究

针对汉语作为第二语言的比较句的研究主要集中在国内,在教学和习得研究两个维度都有相当的研究,而针对外国留学生汉语比较句的习得研究,主要是从三个方面开展,一是习得偏误,二是习得顺序,三是习得难度,而习得难度和习得顺序是一个问题的两面,两者联系密切。

针对汉语二语学习者比较句习得偏误的研究开始于 20 世纪 80 年代,且最早是对具体比较句式的习得偏误进行研究,如佟慧君(1986)。之后的研究则将偏误产生的原因进行分类,并从不同的视角进行研究,如肖小平(2012)。总的来看,关于比较句习得的偏误研究,学界目前应用最广泛的研究框架是针对某一群体留学生进行基于语料的偏误分析,调查偏误成因,提出相应教学建议,这样的研究一般是分国别进行研究,或者按照汉语水平进行研究。

研究汉语比较句二语习得的另一个考察维度是对其习得顺序和习得难度的考察。主要研究方式是收集留学生语料数据(施家炜,1998),选取不同的维度对比、分析形成该顺序的原因,然后进行排序,如陈珺,周小兵(2005)参考五个大纲,横向比较了汉语母语者和留学生语料库数据,从出现频率、使用偏误率和正确相对使用频率三个维度对这些比较句进行了难度排序。陈珺(2010)按照相同的数据处理手段对口语语料也进行了分析。此外还有一些分国别的对比较句习得顺序和习得难度进行考察的研究,研究方法大体一致,都是基于横向语料的分析。

综上所述,目前针对汉语二语学习者比较句习得偏误和习得难度与顺序的研究,大多采取横向截面式研究的方式,而很少采取纵向跟踪式的调查,因而关于汉语二语学习者比较句习得偏误的纵向发展研究成果比较少,另一方面,其分析的主要内容还是基于汉语二语学习者的书面语料,对口语语料的分析和研究比较少,因此从纵向角度对留学生口语语料进行研究就显得十分必要。基于这样的目的,本文试图以跟踪调查的方式对留学生比较句口语产出进行考察,从而加入这方面最新研究的讨论之中。

2.2 动态系统理论下的变异研究

动态系统理论从 1997 年被引入到二语习得领域,经历了近 15 年的理论建设,以 Diane Larsen-Freeman 为代表的英美五校十人小组(Five Graces Group)和荷兰格罗宁根大学(University of Groningen)的 DBL&V (Kees De Bot,Wander Lowie,Marjolyn Verspoor)不断完善 DST 的理论架构,丰富其在各语言领域的应用,使之成为当前(二语)语言研究尤其是应用语言学方向最有影响力的流派之一。动态系统理论下的实证研究集中于二语写作,Larsen-Freeman(2006)运用 DST 进行了首个实证研究,之后还有 Verspoor,Lowie and Van Dijk (2008)更新了研究方式,采用了基于数据描述学习者二语发展的方式,Spoelman and Verspoor (2010)将准确度和复杂度作为发展维度进行纵向个案调查,Baba and Nitta (2014)则关注了写作中流利度的相变(phase transition)。

国内对动态系统理论的关注和研究开始得比较晚,最早由沈昌洪和吕敏(2008)将该理论引介到国内,随后外语界的一些学者对该理论从理论对比、应用前景、学科启示、研究方法等多个方面进行了探讨和总结(李兰霞,2011;王涛,2011;许希阳,吴勇毅,2015),有的还基于中国二语习得领域的研究拓展了新的内容(郑咏滟,2015;戴运财,王同顺 2012;韦晓保 2012)。国内动态系统理论指导下的实证研究也开始于外语界。实证研究方面,郑咏滟(2015)通过对学习者书面写作中的词汇发展进行了考察,王海华,李贝贝,许琳(2015)、江韦姗,王同顺(2015)研究了英语书面语准确性、流利性、词汇复杂性和语法复杂性的变化,而李茶,隋铭才(2017)则采用多维的测量指标对口语复杂度、准确度、流利度(CAF)的发展轨迹进行了考察。

对外汉语学界有关动态系统理论的研究也是从理论引介再到实证研究,且起步稍晚于国内外语学界。国内首次将动态系统理论放在汉语作为二语习得背景下考察的是齐春红(2012),而郑通涛(2014)依据动态系统理论的原则,从对外汉语教学层面提出了该理论给予的十大启示。实证研究方面,最早在对外汉语领域开展相关研究的是李兰霞(2012),其博士论文对"了"的变异进行了考察。2015 年以来,多篇学位论文就动态系统理论进行了多个维度的实证研究,如李莎(2015)对留学生定语学习进行了个案研究,宫雪(2019)研究了韩国学生"不"否定结构的习得情况,朱珂瑶(2019)的论文调查了口语能力的发展。最近,周琳(2020)对 15 名韩国汉语二语学习者一年内作文中词汇的多样性、复杂性、词义多样性进行了纵向历时调查。

由此可见,对外汉语领域中对动态系统理论的研究和应用尚处于初级阶段,且当前的研究主要集中在书面语和词汇研究方面,对于句型构式、口语发展尚存在空缺,因此本文打算从比较句口语发展出发,加入对该前沿理论的探讨之中。

三、研究设计

3.1 研究问题

本研究主要从动态系统理论视角出发,考察不同水平的汉语学习者在调查期间学习 21 种汉语比较句时的发展情况。具体问题如下:四位学习者学习汉语比较句时口语产出的发展情况如何? 难度、多样性、准确度的发展如何? 有何差异? 它们之间是否存在互动? 如果有,那么它们的互动关系如何?

3.2 研究对象

本研究的调查对象是在南京学习汉语的四位来自不同国家的留学生,从

2010 年 9 月到 2012 年 4 月他们均在南京学习汉语。他们的母语背景及汉语学习情况如表 1 所示。

表 1　四位留学生的语言学习背景

	A	B	C	D
性别	女	女	女	女
国籍	伊朗	老挝	匈牙利	韩国
母语	波斯语	老挝语	匈牙利语	韩语
调查前汉语水平	初级偏上	初级向中级过渡	初级向中级过渡	中级
调查后汉语水平	中级偏下	中级偏下	中级偏下	中高级

总体而言,四位调查对象的汉语水平成正态分布,其中 A 的水平相对最低,B 和 C 处于中间,D 的水平相对最高。

3.3　研究步骤

为了解答以上的问题,本研究首先确定了衡量比较句习得变异的标准为难度、多样性和准确性,对学习者的原始口语语料的相应指标进行计算,并且通过绘制带有多项式趋势线的散点图来展现各学习者比较句习得的发展轨迹。其次,利用动态系统理论研究中经典的研究方法——移动极值图法(moving min-max graph)(Verspoor et al. 2008)对原始数据进行最小—最大值计算,绘制移动极值图,展现各学习者在比较句学习中的发展情况。再次,通过基于蒙特卡洛模拟的再抽样技术对四名被试的发展情况进行概率水平上的检验,如果具备统计意义,则对它们进行三个子系统间的相关关系分析。最后,对比不同学习者之间各项子系统发展情况的差异。

3.4　测量维度和指标

20 世纪 70 年代以来,二语研究学界一直在寻找衡量语言产出的最佳指标。Skehan(1996)首次将复杂度(complexity)、准确度(accuracy)和流利度(fluency)一起提出,认为考察二语学习者的语言产出能力可以在这三个维度上进行检验,并在随后的研究中,Skehan(2009)通过实证研究进一步验证了该三个指标在二语学习者衡量语言产出能力上的有效性。因此 CAF 作为衡量语言能力发展的重要指标,被学界视为研究和检测学习者语言能力和发展标准的参数。前两者测量的是语言学习者对于目标语言的词汇和语法知识的习得,而后者则是对语言运用能力的考察。由于本文仅考察比较句型的发展情况,而流利度考察的是语言整体产出的流利程度,因此流利度不适合作为测量指标,故本文将选取复杂度下的两个子维度——难度和多样性,以及准确度作为衡量语言发展的指标。

(1)难度的定义及测量指标

难度是指进行言语任务时言语产出的复杂和多样化程度(Ellis 2003)。这反映了语言学习者在使用更多样、更复杂的语言结构时的冒险程度,尽管不一定正确,但这样的尝试有助于语言系统向前发展。词汇分级表(lexical grading scale)是对词汇难度进行测量的工具。英语学界通常使用词频分布词汇频率量表(Lexical Frequency Profile,LFP)衡量口语产出中的低频和高频词分类,并用百分值显示词汇难度。目前对外汉语学界对词汇难度的测量还没有一个统一的标准。曹贤文,邓素娟(2012)和简象(2015)均使用高级词汇占比来测量词汇难度,但采用了不同的词汇分类大纲;刘瑜(2017)通过两种方式——口语语料的词频序值和《新汉语水平考试词汇表》的词汇等级——对不同任务类型中的口语产出进行词汇复杂度的研究,发现两种方式测量的结果呈显著相关,表明采用不同的等级大纲对研究结果无明显影响。

由于对句式进行难度产出的研究还比较少,没有统一的标准,因此本文试图参照词汇复杂度的测量方式对比较句式的复杂度进行测量,但有所改进,具体测量方式如下。参考陈珺,周小兵(2005)和陈珺(2010)研究中对比较句式按照难度的梯次划分排序,将 21 类比较句式划分为 5 级,从易到难分别赋值为 1 到 5,1 对应初级(一)的句式,5 对应高级句式。每一类句式出现一次即根据难度赋值进行计算,同一句式出现多次不累计计算。句式难度的描述就可以通过计算每次访谈产出比较句式相应的值之和来实现,即:难度=出现的各比较句对应赋值之和。

(2)多样性的定义及测量指标

词汇丰富性(lexical richness)是衡量语言学习者词汇产出广度和深度的重要指标,它反映出学习者词汇知识的丰富程度,历来受到学界重视。针对词汇丰富性,学界曾从不同的维度进行考察。其中最具代表性的是 Wolfe-Quintero et al. (1998)和 Read,O'Dell and McCarthy (2000)提出的衡量维度。前者提出从词汇多样性(lexical variation)、词汇复杂度(lexical sophistication)和词汇密度(lexical density)进行考察,在此基础上,后者又指出用词错误率也是测量词汇丰富性的有效维度,因为通过不同错误类型可以观察学习者的词汇习得弱点,所以主张从词汇多样性、词汇复杂度、词汇密度和用词错误四个维度来衡量词汇丰富性的发展。

测量词汇丰富性各维度有众多测量工具,而针对词汇多样性最经典的测量标准是根据类符与形符比（Type Token Ratio，TTR），即用某一词汇类型（type）V 来除以文本总次数（token）N，所得的比例（V/N）即可展现在所研究的言语产出中词汇使用的多样性情况。在实际研究中，研究者发现文本的长度会影响 TTR 值，因此通常会使用 GTTR（Guiraud Type Token Ration）或 CTTR（Corrected Type Token Ratio）来减少文本长度对测量准确性的影响。刘瑜（2017）发现，两种方法（GTTR 和 CTTR）测量的口语词汇多样性结果呈现一致性。此外，Uber Index 也是测量词汇多样性的有效标准，尤其在处理小样本语料时准确性较高（吴继峰，2016），其具体计算公式为：

$$U = \frac{(\log Tokens)^2}{(\log Tokens - \log Types)}$$

此外，Wolfe-Quintero et al.（1998）针对 TTR 受文本长度影响导致测量准确度下降的问题而提出的"类符数×类符数÷形符数"也是对词汇多样性进行测试的重要指标。

词汇是意义和形式的结合体，句式也是形式和意义的统一体。目前对词汇多样性的研究数量较多，计算标准也相对比较成熟，因此本文参考测量词汇多样性的标准来衡量比较句式产出的多样性。由于 Uber Index 更适用于小样本的研究，学界使用 Uber Index 研究样本文本长度不超过 400 字，而本研究的每篇转写后的访谈文本达到了 8 000 字以上，因此不太适合使用 Uber Index，故采用应用更广的"类符数×类符数÷形符数"作为本文衡量多样性发展的标准。

（3）准确度的定义及测量指标

准确度，顾名思义，是指言语产出符合目标语规则的程度，也可以认为是产出语言距离目的语言的偏离程度（Wolfe-Quintero et al. 1998）。关于准确度的测量标准比较统一，即使将准确度具体划分为不同类型，如语音准确度、句法准确度、词汇准确度，其计算方式都是将准确使用无误的言语单位除以言语单位使用总数。

3.5　数据分析方法

（1）移动极值图表

移动极值图表是 DST 研究领域中的重要工具之一，最早由 van Geert and van Dijk（2002）在一语习得中进行应用，并由 Verspoor et al.（2008）引入到二语研究中来。其基本原理可以理解为在相当统计数据中划分出若干个等量的研究单位，取每个单位的最大值和最小值；不仅如此，这样的极值不是固定的，而是会根据等量的研究单位向后推移而变化，故为移动极值。具体来说,假设某个研究共有 60 次统计,那么便可以根据其数据统计特征,划分为若干个移动的子系列:比如以 6 次统计作为一个子系列,那么 1—6 次统计为第一子系列,2—7 次为第二子系列,3—8 次为第三子系列,依次类推,分别求其最大值最小值,就可以得到在 60 次统计中以 6 次为子系列的移动极值图。这样的移动极值图将发展的过程可视化:极值图中最大值和最小值的差异(带宽,bandwidth)越大,则表明发展过程越不稳定,相反,如果带宽越窄,则表明发展过程中的变异程度越小。

（2）基于蒙特卡洛模拟的再抽样技术

再抽样技术是针对数据驱动研究中样本数量有限、代表性不典型、分布不均匀等问题而开发出的通过虚拟生成样本从而补充新的有效数据的方法。具体来说,就是通过对原始数据的样本进行随机抽样并进行大量重组(如 5 000 次)产生子样本,从而构成一个和源数据检验标准相同但数量更大的再抽样样本。这种通过小样本数据产生新的有效数据的方法可以很好地改善数据统计中的诸多问题,是解决小样本统计学问题的有效方法(Good,2013)。在变异相关的研究中,该技术可以提供对个体和组间发展中的变异的定量检验。

在利用再抽样技术通过数据描述发展中的变异之后,还需要进行概率水平上的检验,因此蒙特卡洛模拟法被引介入数据处理中。它通过计算机建立一个概率模型,用数字进行假想实验从而得到再抽样值,然后经过统计处理,使结果成为所求概率问题的解。这就在再抽样数据的基础之上,进一步回答了抽样的特点在何种程度上影响对抽样样本总体变量的正确性,即在何种程度上抽样样本的特点对数据判断是敏感的。通过比较原始样本的测试统计量和来自随机抽取的子样本的测试统计量的分布可以得到对于两样本之间关系的估算。

所以,再抽样技术和蒙特卡洛模拟技术是同一程序的不同步骤,前者通过生成大量有效数据弥补数据有限的问题,后者通过检验模拟生成的样本是否出现在概率水平以下,两者的结合确定了小样本、不规则数据的统计学意义(郑咏滟,2015)。

四、语料处理与分析

通过整理四名学习者的难度、准确度、多样性子系统数据,并进行均值计算,可以发现整体而言,四名学习者在经过近 8 个月的学习之后,比较句口语产出的难度和准确度都有所提高,但比较句产出的多样性却呈下降趋势。当然,不可否认的是,利用均值图来描绘学习者的学习过程势必会掩盖掉不同学习者习得过程中各自所具有的独特之处,无法揭示各学习者的个体特征,因而只能用作展示学习者比较句发展的总体趋势。以下分析各个子系统发展过程的同时,也将讨论个体发展的特征。

4.1 比较句产出难度发展情况

四名学习者在14周内比较句的难度发展情况如表2和图1、图2所示。

表2 四名学习者比较句产出难度表

周数	学习者 A	学习者 B	学习者 C	学习者 D	均值	标准差
1	3.00	4	14	7	7.00	4.30
2	2.00	5	14	9	7.50	4.50
3	8	7	5	13	8.25	2.95
4	4	6	5	12	6.75	3.11
5	12	5	6	13	9.00	3.54
6	7	9	7	10	8.25	1.30
7	12	8	8	12	10.00	2.00
8	11	1	3	10	6.25	4.32
9	8	9	13	5	8.75	2.86
10	7	9	8	11	8.75	1.48
11	2	13	15	8	9.50	5.02
12	5	7	6	10	7.00	1.87
13	10	12	13	12	11.75	1.09
14	6	15	14	5	10.00	4.53
均值	6.93	7.86	9.36	9.79	—	—

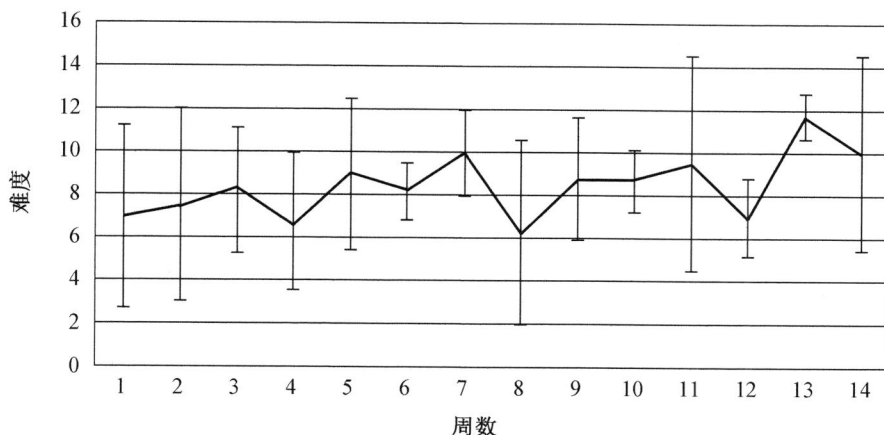

图1 四名学习者难度发展均值图

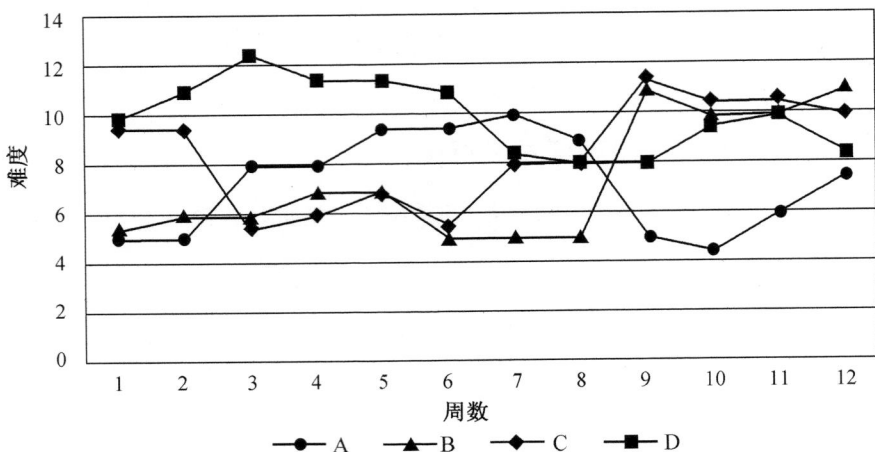

图2　四名学习者难度发展移动均值图

图1描述了四名学习者在14周内比较句产出难度均值的发展情况。可以发现，就整体而言四名学习者在此期间内比较句难度产出呈现向上的发展态势，中途也出现波动（如第8周），但基本幅度不大，且在观察期末达到了更高的水平。然而，由于均值计算会掩盖掉学习者发展的个体特征，因此通过对四名学习者产出难度进行移动均值计算，并绘制图2可以发现，除学习者D以外，其余三名学习者在难度的产出上都存在大幅的波动，计算各自难度的均值发现，A为6.93，B为7.86，C为9.36，D为9.79，产出难度随着汉语水平的提高而不断提高。

4.2　比较句产出准确度发展情况

四名学习者在14周内比较句的准确度发展情况如表3和图3、图4所示。

表3　四名学习者比较句产出准确度表

周数	学习者A	学习者B	学习者C	学习者D	均值	标准差
1	1.00	0.80	0.70	0.90	0.85	0.11
2	0.80	0.75	0.74	0.84	0.78	0.04
3	0.79	0.73	1.00	0.72	0.81	0.11
4	0.90	0.85	1.00	0.58	0.83	0.15
5	0.79	0.86	0.95	0.81	0.85	0.06

周数	学习者A	学习者B	学习者C	学习者D	均值	标准差
6	0.82	1.00	0.91	0.68	0.85	0.12
7	0.62	0.50	0.93	0.68	0.68	0.16
8	0.67	1.00	1.00	0.62	0.82	0.18
9	0.17	0.80	0.91	0.86	0.69	0.30
10	0.50	0.92	0.96	0.90	0.82	0.18
11	0.83	0.88	0.80	0.78	0.82	0.04
12	0.92	1.00	0.96	0.89	0.95	0.04
13	0.70	0.95	1.00	0.78	0.86	0.12
14	0.83	0.95	0.96	0.96	0.92	0.05
均值	0.74	0.86	0.92	0.79	—	—

　　图3描绘了14周内四名学习者比较句产出准确度均值的发展情况，可以看出四名学习者比较句产出准确度的稳定性较高，除了中期出现两次小幅波动以外，其余时间都保持高度的发展状态，整体呈现稳中向上的发展趋势。通过对比四名学习者的准确度移动极值图发现，除学习者A以外，其余三名学习者的产出均比较稳定，计算均值发现，A（0.74）＜D（0.79）＜B（0.86）＜C（0.92），呈现出与汉语学习水平不一致的特征。

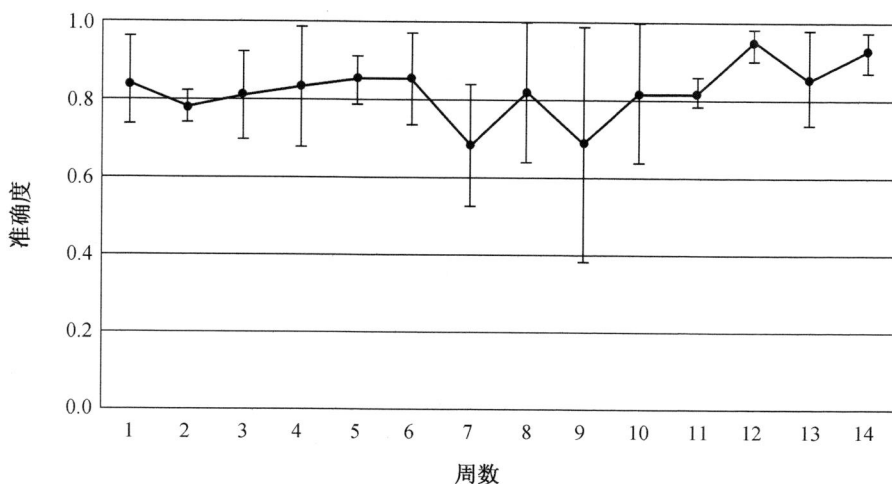

图3　四名学习者准确度发展均值图

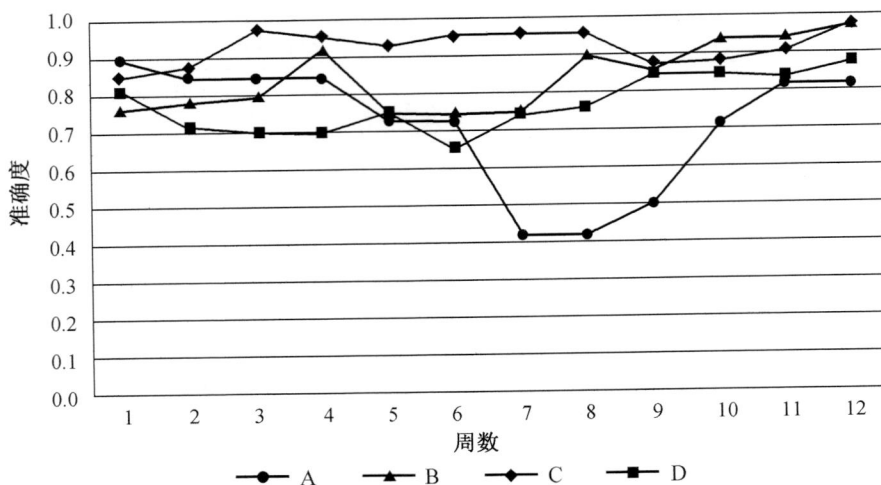

图 4　四名学习者准确度发展移动极值图

4.3　比较句产出多样性发展情况

四名学习者在 14 周内比较句的多样性发展情况如表 4 和图 5、图 6 所示。

表 4　四名学习者比较句产出多样性表

周数	学习者 A	学习者 B	学习者 C	学习者 D	均值	标准差
1	0.40	1.80	4.90	0.64	1.94	1.79
2	0.80	2.00	1.14	0.95	1.22	0.47
3	0.76	1.07	0.64	1.26	0.93	0.24
4	0.90	1.23	1.00	2.04	1.29	0.45
5	2.58	0.64	0.84	2.46	1.63	0.89
6	1.45	1.79	1.09	1.64	1.49	0.26
7	1.24	0.96	1.67	1.58	1.36	0.28
8	2.00	1.00	1.50	1.92	1.61	0.40
9	2.67	1.03	1.83	0.43	1.49	0.84
10	2.00	1.00	1.50	0.90	1.35	0.44
11	0.67	1.96	2.13	0.93	1.42	0.63
12	1.23	0.81	0.89	1.29	1.05	0.21
13	0.97	1.20	1.88	2.00	1.51	0.44
14	1.33	1.07	1.39	0.67	1.11	0.29
均值	1.36	1.25	1.60	1.34	—	—

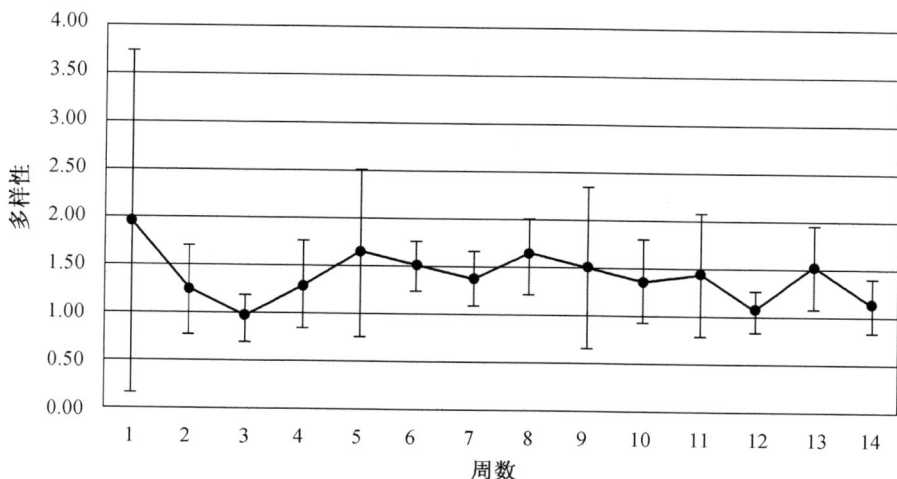

图5　四名学习者多样性均值发展图

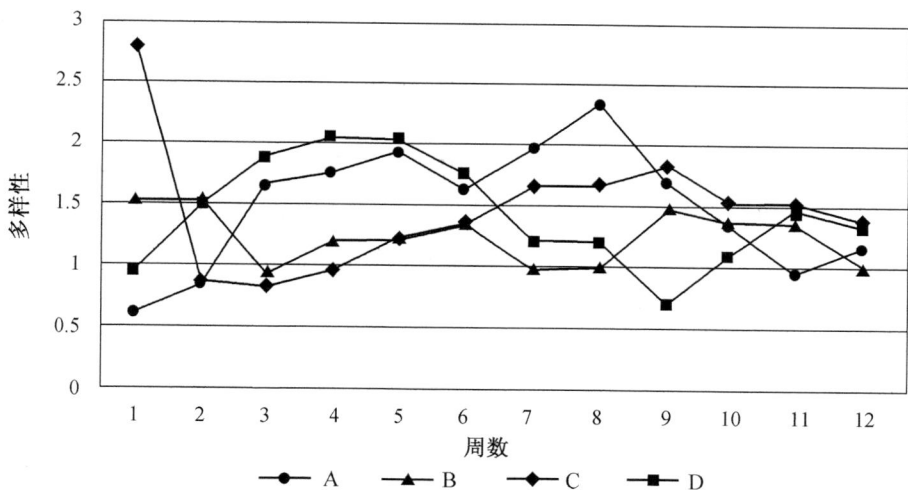

图6　四名学习者多样性发展移动均值图

图5展示了四名学习者比较句产出多样性均值的发展情况,可以发现和前两组数据整体保持增长态势不一样的是,多样性的发展呈现下降的趋势,在观察初期多样性达到峰值,随后快速下降,中期虽然保持平稳发展,但后期仍然缓慢下降。图6移动均值图表明四名学习者的多样性产出均出现波动,学习者B的波动幅度最小,学习者A和C的波动相对较大。计算均值发现,B(1.25)<D(1.34)<A(1.36)<C(1.60),同样呈现出与汉语水平不一致的发展特征。

动态系统理论认为，系统内部的各子系统、组成系统的各要素之间存在广泛的联系，且处于不断的运动和变化之中，每个子系统或要素的改变都会引起其他子系统或要素的变动，进而引起整个系统的发展和变化。基于这样的观点，我们将四名学习者的三个子系统数据进行均值计算，并分别检验两两子系统在14周内的皮尔逊相关系数（Pearson Correlation Index）。结果显示，在14周的观察区间内，四名学习者难度子系统和准确度子系统呈负相关且相关关系不显著（r＝－0.011 4），难度子系统和多样性子系统之间相关关系不显著（r＝－0.050 4），准确度子系统和多样性子系统之间也不存在显著的相关关系（r＝－0.015 8）。

4.4 讨论

前面分别从各子系统出发考察了四名学习者比较句产出的均值变化和子系统之间的均值相关关系，结果发现除多样性子系统外，其余两系统的均值呈现上升发展的趋势，同时两两子系统之间的均值相关关系均不显著。那么，这是否意味着四名学习者的三个子系统之间互相关联不强、各自独立发展呢？我们知道，动态系统理论之所以强调个体化的历时研究手段，就是为了避免传统的均值论和简化论指导下的研究中存在的忽视误差的倾向。在动态系统理论看来，这些被忽视掉的误差承载了学习者语言系统发展的重要信息，而绝不仅仅是可以忽视的噪音。因此，我们需要从每个学习者的具体数据出发，再次检验他们比较句产出发展的情况以及各子系统之间的互动情况。因此，我们对四名学习者各子系统之间的相关关系进行了进一步检验，结果如下表所示。

表5　四名学习者两两子系统相关关系表

学习者	难度—准确度	难度—多样性	准确度—多样性
A	－0.251	0.720	－0.486
B	0.748	0.406	0.071
C	－0.642	0.428	－0.501
D	－0.646	0.822	－0.671

根据相关性检验显示，除学习者B以外，其余三名学习者的难度子系统和准确度子系统呈负相关关系，相关系数分别为 $r_A＝－0.251$，$r_C＝－0.642$，$r_D＝－0.646$，而学习者B的难度子系统与准确度子系统呈正相关关系，相关关系显著（$r_B＝0.748$）。四名学习者的难度与多样性子系统则都呈正相关关系，但相关关系显著程度并不一致（$r_A＝0.720$，$r_B＝0.406$，$r_C＝0.428$，$r_D＝0.822$）。除学习者B外，准确度子系统和多样性子系统呈负相关关系，相关

关系不显著($r_A=-0.486,r_C=-0.501,r_D=-0.671$)。因此,除了学习者 B 子系统间相关关系出现明显的变异之外,可以发现学习者在比较句习得过程中,其产出难度和多样性之间存在明显的同步发展趋势,而它们和准确度子系统的发展存在一定的竞争关系,但不明显。

那么为什么学习者 B 的子系统间的相关关系会呈现与其他学习者不一样的特征呢?通过分析学习者 B 的各子系统数据并绘制移动极值图(如图 7 所示)可以发现,学习者 B 的难度子系统在前期和后期均保持了平稳发展的状态,和稳定度较好的准确度子系统拟合程度高,因此呈现正相关的特征。进一步分析该名学习者的语料数据(如图 8 所示)发现,其使用占比较高的句型

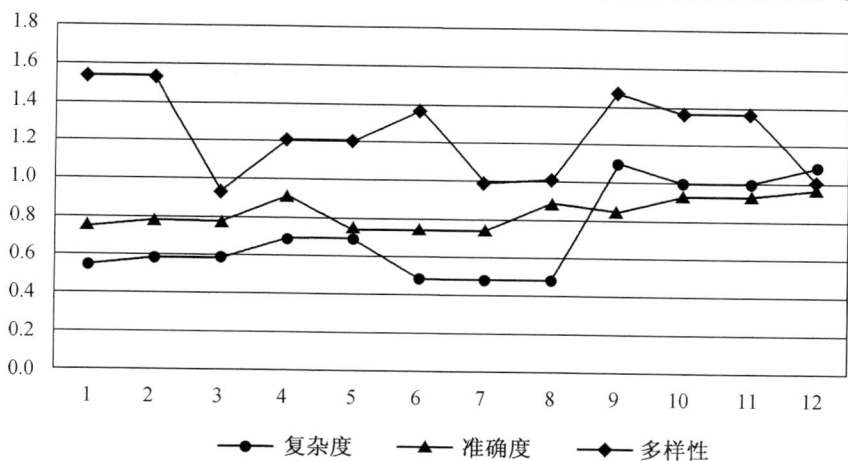

图 7 学习者 B 各子系统移动极值图

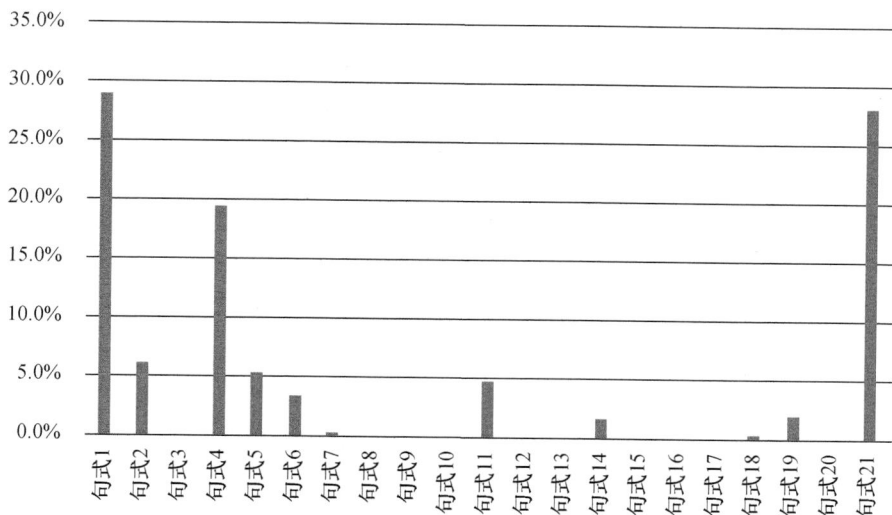

图 8 学习者 B 各比较句式使用频率图

都是基础型比较句,难度赋值较低,如句式1(28.8%),句式21(28.1%)和句式4(19.4%),而高难度赋值的比较句型几乎没有涉及,且由于使用的结构比较稳定,导致造成难度的变化比较平稳,因而呈现和准确度相关性较高的特征。

由此可见,如果试图用均值来考察学习者子系统之间的相关关系,有可能造成结论的失真,这再次验证了动态系统理论所强调的重视个体发展差异的观点,而决不能把这些差异笼统地进行概括。事实上,通过观察和比较四名学习者在不同维度上的移动极值图表可以发现,他们既表现出差异,如四名学习者各个系统的起点不一,产生波动的时间点和幅度均不一致,高水平学习者在三个维度上的稳定性都优于中低水平的学习者;但四者也存在着共性,如他们的准确度系统发展都相对稳定,起伏波动较小,在中期均出现了波动,多样性和难度系统出现较大幅度的波动。

五、结　论

本文在动态系统理论的指导下,对四名汉语水平不一的留学生进行了长达8个月的跟踪调查,通过移动极值图法和基于蒙特卡洛模拟的再抽样技术,从准确度、多样性、难度三个维度对该四名留学生在此期间汉语比较句的习得过程进行了量化分析和可视化处理。基于前述的研究过程,从三个方面进行总结。

首先,从整体来看,四名学习者在观察期间各子系统均取得了发展,然而发展的背后无一例外地伴随着波动、停滞甚至倒退,显示出比较句系统发展的动态复杂性。除个别学习者的个别子系统(如学习者C的多样性系统)发展出现下降以外,其余各学习者在不同维度上都取得了显著的发展,有的学习者甚至取得了长足的发展(如学习者A的难度系统),表明学习者在经过一段时间的学习之后,其比较句的产出在难度、准确度、多样性三个方面整体进步明显。然而这样的进步并不是一帆风顺的,反而夹杂着许多波动、停滞和倒退,这显示出学习者比较句产出发展的非线性特征,体现了语言系统发展的动态性和复杂性。

其次,就各子系统而言,四名学习者的准确度子系统发展最为稳定,起伏波动较小,多样性和难度子系统出现较大幅度的波动,显示出子系统之间发展的异步性;同时,相关关系分析显示,难度、多样性和准确度系统都呈负相关关系,前者关系比较显著,后者关系不显著,难度和多样性也呈现不显著的正相关关系,表明学习者难度、多样性与准确度系统呈现竞争性的趋势,而难度与多样性呈现互相促进、共同发展的趋向。值得注意的是,利用均值进行相关关系的检验和具体学习者的相关关系存在较大差异,可能是对数据进行均值化处理之后抹去了原始数据的内部结构,从而造成结论的不一致,再次证明了均值论在考察个体语言系统发展中的不足。

从四名学习者个体来看,他们的初始状态和发展轨迹都存在显著差别,显示出内部各子系统结构关系的不同所带来的影响,除难度系统以外,其余两系统呈现出与汉语水平发展不同步的特征。组间对比发现高级学习者的准确度系统表现更为稳定,而中低水平学习者尽管总体呈现向上发展的特征,但在考察中期都出现了较大波动,考虑到在调查期间因假期中断了访谈,因此有可能是缺乏常规教学导致的波动。比较句产出的难度随着汉语水平的提高而提高,且低水平学习者的波动更大,表明低水平学习者正处于学习更复杂多样的比较句型,产出不稳定。多样性方面,高级学习者和中级学习者的产出更稳定,但也相对较低,考虑原因在于中级学习者学习的比较句式有限,而高级学习者虽然掌握了较多的比较句式,但已经形成了自己的使用偏好,因此多样性整体水平不高。

本研究也存在一些不足,首先,测量指标还有待进一步考察其可靠性和信度。其次,四名观察对象的语言背景和汉语水平还可以更具典型性。最后,数据的来源仅仅是每周一次的访谈,如果能收集到学习者其他场景的产出也许数据会更加全面,同时中途也因假期丢失了数据收集的机会,数据的完整性还可以加强。

参考文献

[1] 曹贤文,邓素娟,2012.汉语母语和二语书面表现的对比分析——以小学高年级中国学生和大学高年级越南学生的同题汉语作文为例.《华文教学与研究》第2期.

[2] 陈珺,2010.比较句语法项目的习得难度考察.《华南师范大学学报(社会科学版)》第3期.

[3] 陈珺,周小兵,2005.比较句语法项目的选取和排序.《语言教学与研究》第2期.

[4] 陈尉钧,2018.动态系统理论视角下的老挝学生连词习得研究.云南大学硕士学位论文.

[5] 戴运财,王同顺,2012.基于动态系统理论的二语习得模式研究——环境、学习者与语言的互动.《山东外语教学》第5期.

[6] 宫雪,2019.复杂动态系统理论视角下韩国汉语学习者"不"否定构式产出发展情况研究.北京外国语大学硕士学位论文.

[7] 江韦姗,王同顺,2015.二语写作句法表现的动态发展.《现代外语》第4期.

[8] 李荼,隋铭才,2017.基于复杂理论的英语学习者口语复杂度、准确度、流利度发展研究.《外语教学与研究》第 3 期.

[9] 李兰霞,2011.动态系统理论与第二语言发展.《外语教学与研究》第 3 期.

[10] 李兰霞,2012.荷兰学习者习得"了"的动态变异考察.北京大学博士学位论文.

[11] 李莎,2015.基于动态系统理论的留学生汉语定语习得个案研究.南京大学硕士学位论文.

[12] 伶慧君,1986.外国人学汉语病句分析.北京:北京语言学院出版社。

[13] 刘瑜,2017.任务类型对汉语二语口语产出中词汇复杂度的影响.《世界汉语教学》第 2 期.

[14] 齐春红,2012.动态系统理论与汉语作为第二语言习得研究.《安庆师范学院学报(社会科学版)》第 2 期.

[15] 沈昌洪,吕敏,2008.动态系统理论与二语习得.《外语研究》第 3 期.

[16] 施家炜,1998.外国留学生 22 类现代汉语句式的习得顺序研究.《世界汉语教学》第 4 期.

[17] 王海华,李贝贝,许琳,2015.中国英语学习者书面语水平发展个案动态研究.《外语教学与研究》第 1 期.

[18] 王涛,2011.动态系统理论视角下的复杂系统:理论、实践与方法.《天津外国语大学学报》第 6 期.

[19] 韦晓保,2012.第二语言习得理论研究的新视角:D－C－C 模式.《外语界》第 6 期.

[20] 吴继峰,2016.英语母语者汉语写作中的词汇丰富性发展研究.《世界汉语教学》第 1 期.

[21] 肖小平,2012.越南留学生习得汉语比较句的结论项偏误分析.《海外华文教育》第 2 期.

[22] 许希阳,吴勇毅,2015.复杂动态系统理论:对二语习得研究的反思.《语言教学与研究》第 2 期.

[23] 郑通涛,2014.复杂动态系统与对外汉语教学.《国际汉语学报》第 2 期.

[24] 郑咏滟,2011.动态系统理论在二语习得研究中的应用——以二语词汇发展研究为例.《现代外语》第 3 期.

[25] 郑咏滟,2015.基于动态系统理论的自由产出词汇历时发展研究.《外语教学与研究》第 2 期.

[26] 郑咏滟,温植胜,2013.动态系统理论视域下的学习者个体差异研究:理论构建与研究方法.《外语教学》第 3 期.

[27] 周琳,2020.汉语二语学习者词汇语义系统动态发展研究.《世界汉语教学》第 1 期.

[28] 朱珂瑶,2019.动态系统理论视角下美国来华大学生口语能力发展研究.华东师范大学硕士学位论文.

[29] Baba, K. & R. Nitta. 2014. Phase Transitions in Development of Writing Fluency From a Complex Dynamic Systems Perspective. *Language Learning*, 64, 1—35.

[30] Ellis, R. 2003. *Task-based Language Learning and Teaching*. Oxford: OUP Oxford.

[31] Larsen-Freeman, D. 1997. Chaos/Complexity Science and Second Language Acquisition. *Applied Linguistics* 18, 141—165.

[32] Larsen-Freeman, D. 2006. The emergence of complexity, fluency, and accuracy in the oral and written production of five Chinese learners of English. *Applied Linguistics* 27, 590—619.

[33] Skehan, P. 1996. A framework for the implementation of task-based instruction. *Applied Linguistics* 17, 38—62.

[34] Skehan, P. 2009. Modelling Second Language Performance: Integrating Complexity, Accuracy, Fluency, and Lexis. *Applied Linguistics* 30, 510—532.

[35] Spoelman, M. & M. Verspoor. 2010. Dynamic Patterns in Development of Accuracy and Complexity: A Longitudinal Case Study in the Acquisition of Finnish. *Applied Linguistics* 31, 532—553.

[36] van Geert, P. & M. van Dijk. 2002. Focus on variability: New tools to study intra-individual variability in developmental data. *Infant Behavior & Development* 25, 340—374.

[37] Verspoor, M., W. Lowie & M. Van Dijk. 2008. Variability in second language development from a dynamic systems perspective. *Modern Language Journal* 92, 214—231.

[38] Wolfe-Quintero, K., S. Inagaki, H. Y. Kim, U. o. H. a. M. S. L. Teaching & C. Center. 1998. *Second Language Development in Writing: Measures of Fluency, Accuracy, & Complexity*. Hawaii: Second Language Teaching & Curriculum Center, University of Hawaii at Manoa.

汉语中介语语料库建设与应用国际学术研讨会论文选集的文献计量分析 [*]

王　笑　黄　伟

（清华附中）　（北京语言大学）

提　要：本文以第一届至第四届"汉语中介语语料库建设与应用国际学术研讨会"论文选集中的论文（及大会报告）数据为基础，使用文献计量学方法与工具对该会议的作者发文及合作情况、研究机构与地区分布、引文数量与基金支持等文献计量特征，以及标题、摘要、关键词等反映研究主题的学科领域特征进行了统计分析。在对充分了解汉语中介语语料库相关研究发展现状与特点作出必要补充的同时，本文也将有助于了解评估该会议的发展情况。

关键词：汉语中介语语料库；会议论文；文献计量学

一、引　言

近些年来，汉语中介语语料库建设研究进入了蓬勃发展的阶段（张宝林，崔希亮，2013），语料内容在形式（文本、语音、多模态）、语体（书面语、口语）、学习者（国别、母语）等方面均丰富起来。这也有力地促进了基于汉语中介语语料库的语言研究（特别是汉语作为第二语言的教学与习得研究）的发展。蔡武、郑通涛（2017）曾利用中国知网期刊全文数据库中的 153 篇文献数据与文

　＊　本文初稿曾在第五届"汉语中介语语料库建设与应用国际学术研讨会"上宣读。因当时第四届会议论文选集尚未出版，研究数据仅包括前三届会议论文；会后收集整理了第四届会议论文的数据，重新进行了统计分析。本研究受北京语言大学梧桐创新平台项目"对外汉语教学学科发展与服务研究创新平台"（编号：18PT06）、北京语言大学中青年学术骨干支持计划和北京语言大学 2018 年度研究生创新基金项目"国内对外汉语教学研究的文献计量学分析"（编号：18YCX150）资助。本研究通讯作者为黄伟。

献计量学工具 CiteSpace 对 1993—2016 年共 24 年间我国汉语中介语语料库相关研究从发文时间与期刊分布、核心作者与主要研究机构以及研究热点等方面进行了统计分析。由于该领域发展时间尚短且专业性较强，从文献计量学研究的角度来看，正如该文中所言，文献数据的量还不够大。但是这并不影响该文比较客观、精确地廓清了国内该领域的研究现状与特点。需要指出的是，该研究利用的是发表在期刊上的论文数据，因而反映的也是该领域在期刊这一主要的学术交流平台的情况。

除了在专业期刊上发表成果外，科学工作者通常也会参加学术会议当面交流研究进展。与期刊平台相比，学术会议平台具有更直接便捷和及时高效等优势。"学术会议在促进科学发展和学术繁荣方面发挥着越来越大的作用。自 20 世纪末至今，我国学术会议进入繁荣期，数量和质量都有了极大提高。"（刘兴平，2010）

在汉语中介语语料库研究领域，北京语言大学与南京师范大学作为发起单位于 2010 年在南京共同举办了首届"汉语中介语语料库建设与应用国际学术研讨会"。该会议"在学界引起了强烈反响，极大地推动了海内外汉语中介语语料库的建设与应用研究"①。之后，为了该领域更好更快发展，两家会议主办单位与多所高校分别于 2012、2014、2016、2018 年举办了第二、第三、第四、第五届会议。其中自第五届会议始，与已经召开过三届的"汉语中介语口语语料库国际学术研讨会"合并举办，名称沿用"汉语中介语语料库建设与应用国际学术研讨会"。从该会议的发展历程来看，它符合现代学术会议的专业性、国际化、联合化等特点；参会学者与投稿论文数量均在增长，越来越多的高校机构愿意主办或承办会议，来促进自身在该领域的研究从而提升学术声望与话语权。可以说，该会议已经成为汉语中介语语料库相关研究的一个重要的和知名的学术平台。

然而，现有的科研成果评价方式倾向于期刊论文质量必然优于会议论文的认识，因而论文水平评价机制几乎都是针对期刊论文的，给予期刊论文的权重普遍高于会议论文（刘艳，2017）。而且由于会议论文数据获取困难，各领域的文献计量研究通常主要以期刊论文数据为基础，没有充分认识和挖掘会议论文的数据价值。实际上，由于目的性强，研究主题明确，能够集中同一学科领域里最新的科研成果，国际学术会议在引导学科发展方面发挥了重要作用（汪飚翔，2002）。

因此，本文使用文献计量分析方法与工具，从作者发文及合作情况、研究

---

① 引自《首届汉语中介语语料库建设与应用国际学术研讨会论文选集》后记。

机构与地区分布、引文数量与基金支持等文献计量特征,以及标题、摘要、关键词等反映研究主题的学科领域特征两个方面,对"汉语中介语口语语料库国际学术研讨会"论文选集中的文献数据进行统计分析,以期从学术会议这个角度对充分了解汉语中介语语料库相关研究发展现状与特点作出必要的补充。同时,作为学术会议的主要实体产出,会议论文是评价会议的主要评估对象。因此本研究也将有助于了解评估该会议的发展情况。

二、研究方法

虽然历届①会议都正式出版了论文选集,但均未被主要检索系统收录。因此,我们手工录入整理了历届会议论文选集发表的论文数据。这些数据包括论文标题、作者、作者所属机构、论文摘要、关键词、基金资助情况、参考文献数量等。② 历届会议召开与论文选集出版及刊登论文的情况如表1所示。在收集与处理数据的过程中,我们未将大会致辞和会议综述纳入考察范围。因此,历届会议论文选集共刊登论文 120 篇。此外,历届会议均有数篇大会报告收录于论文选集。因为论文选集是从会后再次投稿的论文中择优结集出版的,与实际参会交流的论文相比略少一些,但是会议论文选集中的文献数据足以充分反映该会议的主要情况。

表1　历届"汉语中介语语料库建设与应用国际学术研讨会"及论文选集简况

届别	会议时间	地点	主办单位	论文选集出版时间	刊登论文数量
一	2010 年 7 月	南京	北京语言大学 南京师范大学	2011 年 9 月	28
二	2012 年 8 月	北京	北京语言大学	2013 年 12 月	33
三	2014 年 8 月	福州	北京语言大学 南京师范大学 福建师范大学	2016 年 10 月	32
四	2016 年 11 月	扬州	北京语言大学 南京师范大学 福建师范大学 扬州大学	2018 年 8 月	27

---

① 除特别说明外,本文中"历届"均指前四届会议。
② 首届会议论文选集没有中文摘要与关键词。

需要说明的是,首先,本文的统计分析中,有关作者、机构、标题等方面的数据包括了大会报告;但是绝大多数收录的大会报告均未提供关键词和摘要,在统计分析关键词与摘要时这部分数据略有缺失。其次,在作者分析部分,对于合作论文(或报告),详细统计了包括合作者在内的所有作者的发文情况;在机构与地区分析部分,仅统计每篇论文(或报告)的第一署名单位。

文献计量学中通常通过分析文献的关键词获取一个文献集合或学科领域的研究主题及其发展趋势,通过分析文献数据中的作者与机构等信息获取研究范围内的核心作者群、合作网络等。本文使用了目前主流的文献计量分析工具 VOSviewer① 分析了作者合作网络,使用 VOSviewer 与 CiteSpace② 绘制了第二届至第四届会议论文选集中的关键词共现网络。

由于数据规模较小,以及部分会议论文在关键词编写方面缺乏一定的科学有效性,本文还通过论文(或报告)的标题和摘要的高频词使用情况来判断文献集合的主题特征作为补充。为此,我们使用了 Python 语言环境下的 Jieba 分词工具包③ 分别对标题语料和摘要语料进行了自动分词,分词时使用自定义词表将类似"HSK 动态作文语料库""中介语""语义韵"等术语界定为独立的切分单位,自动分词结束后又对分词文本进行了人工校对。词频统计使用的是语料库分析工具 AntConc④(Anthony,2019)。

在如何确定标题和摘要语料中的高频词这个问题上,我们采用了计量语言学中研究词频分布特征的 h 点与主题集中度(thematic concentration)等概念和方法。简要来说,分布在两倍于 h 点取值范围(即主题集中度与次级主题集中度的考察范围)内的高频实词能够在一定程度上反映文本的主题特征。关于词频分布曲线上的 h 点的定义及其语言学意义以及主题集中度等的计算方法可参考 Popsecu(2009)与黄伟(2018)。

由于历届会议论文选集中都有关于当届会议的综述报告,比较详细地分类总结了参会论文的研究主题与特点,本文仅从文献计量学的角度侧面分析该领域的研究现状,不再重复历届会议论文选集收录文章的主要内容和观点。

---

① 版本为 1.6.15,详见 https://www.vosviewer.com.
② 版本为 5.6.R5,详见 http://cluster.cis.drexel.edu/~cchen/citespace.
③ 版本为 0.42.1,详见 https://github.com/fxsjy/jieba.
④ 版本为 3.5.8,详见 http://www.laurenceanthony.net/software/antconc.

三、数据与讨论

3.1 作者发文与合作情况

通过对大会报告和 120 篇论文的作者（包括合著作者）进行频次分析，可以得到该会议论文选集的作者发文情况：涉及作者 125 人；因为有合作情况，所以共有作者 177 人次。表 2 列出了发文量大于等于 3 篇的全部 11 位作者（含合作）。从表 2 中可以看出，发文量比较高的学者有：肖奚强、郭曙纶、崔希亮、刘运同、张宝林、陈浩然、冯志伟、胡晓清、宋春阳、颜明、周文华等人。其中肖奚强、崔希亮、张宝林等人均是基于期刊论文数据统计出的我国汉语中介语语料库研究领域的核心作者群（蔡武，郑通涛，2017）主要成员。

表 2 历届会议论文选集作者发文量排序（发文量≥3 篇）

作者	发文量	作者	发文量
肖奚强	8	冯志伟	3
郭曙纶	5	胡晓清	3
崔希亮	4	宋春阳	3
刘运同	4	颜明	3
张宝林	4	周文华	3
陈浩然	3		

经查阅详细数据发现，南京师范大学肖奚强以 1 篇大会报告、7 篇合著论文（其中第一作者 3 篇、第二作者 4 篇）居首。肖奚强教授是该会议的主要发起人之一，首届会议就是在他所任职的南京师范大学召开的。多年来他带领团队一直密切关注和深入践行汉语中介语语料库建设与应用研究。例如，在语料库建设方面著有《论汉语中介语语料库建设的基本问题》（颜明，肖奚强）、《论汉语中介语语料库标注的全面性及类别问题》（肖奚强，周文华）、《试论中介语研究中偏误来源的分类》（颜明，肖奚强），重视语料库建设的整体设计；在基于汉语中介语语料库的汉语习得研究方面发表的论文有《基于中介语语料库的外国学生汉语句式习得研究》（肖奚强）、《外国留学生双项并列宾语习得研究》（程仕仪，肖奚强）、《韩国学生中介语各句长句子定语复杂度发展研究》（肖奚强，黄自然）、《韩国学生汉语"自己"宾位照应习得研究》（肖奚强，宁倩倩），研究焦点主要集中在留学生的句法习得方面。此外，他也关注文献计量

研究在相关领域的应用，与毕晋、程仁仪合作发表了论文《新世纪以来汉语作为第二语言习得研究成果分析——基于四份 CSSCI 中国语言学来源期刊文献的统计》。

发文量排第二位的郭曙纶有 3 篇独作、2 篇合作论文发表（其中第二作者 1 篇），主要关注的是基于汉语中介语语料库的词汇习得情况，如《留学生写作水平与词汇的相关性研究——基于汉语中介语语料库的一项研究》（曹晓玉，郭曙纶）、《基于 HSK 动态作文语料库的"帮"字句研究》（郭曙纶）、《HSK 动态作文语料库中"挑选"与"选择"的使用考察》（郭曙纶）、《暨南大学书面语料库中"挑选"与"选择"的使用考察》（郭曙纶），此外还有一篇《另类中介语初探》（郭曙纶，杨晓惠，曹晓玉）研究留学生错误输入的汉字和标点符号。

崔希亮与张宝林连续四届会议均有合作论文（或大会报告）发表，论文题目按时间顺序依次是《"全球汉语学习者语料库"建设方案》（崔希亮，张宝林）、《汉语中介语语料库建设面临的任务和对策》（张宝林，崔希亮）、《谈汉语中介语语料库的建设标准》（张宝林，崔希亮）、《关于汉语中介语语料库标注规范研究的新思考——兼谈"全球汉语中介语语料库"标注规范的设计》（张宝林，崔希亮）。这几篇文章主要关注的是汉语中介语语料库建设，先讨论宏观层面的建设框架、任务对策，后考虑建设过程中的标准规范与标注细节。在全国多所高校的研究团队都在紧锣密鼓加紧建设各具特色的汉语中介语语料库的过程中，有关汉语中介语语料库建设的思考引起了语料库建设与研究者的广泛关注和深入讨论。这一点无论从会议名称，还是从汉语中介语语料库建设议题的论文在历届会议论文选集中占比超过 1/3（共 43 篇）的事实来看，都可以得到佐证。

以上是立足于作者角度来看的，如果从论文的角度看，论文合著率（合著论文量占发文总量的比率）是衡量作者合作情况的一项指标，反映了论文作者的协作能力。合著率越高，合作智能发挥得越充分。

我们统计分析了历届会议论文选集中的大会报告和论文的合作情况（包括合著率与篇均作者数量）（见表 3 所示），从中可以看出：该会议论文在合作方面数量不多，平均合著率不足 1/3，且历年情况有波动。虽然从合著率来看，与首届会议论文选集相比，后三届会议论文选集的合作情况有所提升，但仍未形成较强的合作网络。这一点从下面的合作网络分析中可以看得更直观一些。

表 3　历届会议论文选集作者合作情况

届别	论文与报告篇数	合著篇数	合著率	作者数	篇均作者数
一	28	6	21.43%	42	1.50
二	33	11	33.33%	45	1.36
三	32	7	21.88%	42	1.31
四	27	12	44.44%	48	1.78
合计	120	36	30.00%	177	1.48

　　我们使用文献计量学工具 VOSviewer 分析了历届会议论文选集的作者合作网络[图 1(a)],并将局部等比例放大呈现[图 1(b)—(g)]。图中节点代表作者,节点的大小代表作者发文量的大小,节点间的连线表示作者间的合作关系,连线的粗细代表合作关系的强弱,不同颜色代表根据合作关系自动聚类的结果。

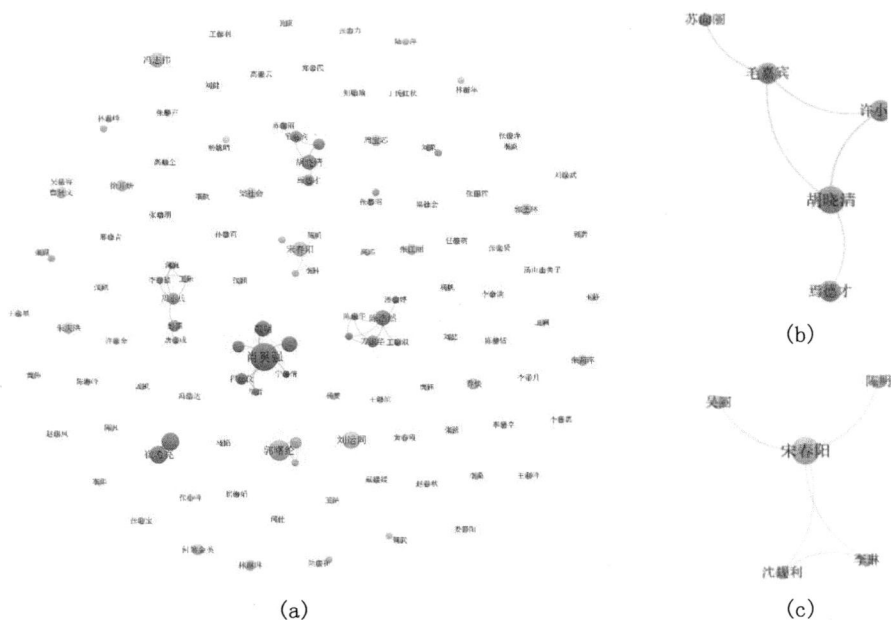

(a)

(b)

(c)

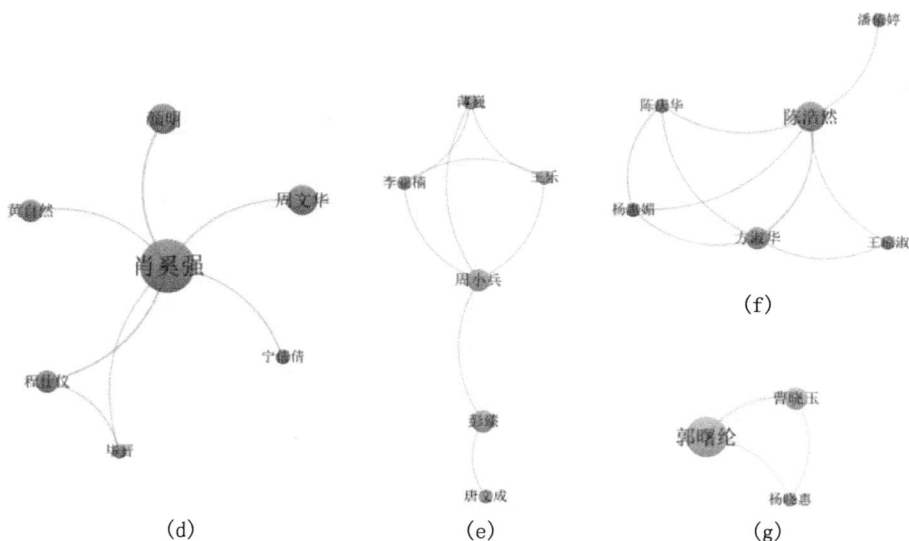

图1　历届会议论文选集的作者合作网络

从中可以发现:第一,整体合作网络非常松散,只形成了一些较小的局部网络,绝大多数作者处于独立发表成果状态[图1(a)];第二,局部子网络分别是以肖奚强为核心节点的南京师范大学团队[图1(d)],以胡晓清为核心节点的鲁东大学团队[图1(b)],以周小兵为核心节点的中山大学团队[图1(e)],以陈浩然、方淑华为核心节点的台湾师范大学团队[图1(f)],分别以宋春阳[图1(c)]、郭曙纶[图1(g)]为核心节点的上海交通大学团队。一方面,子网络中节点数量不多,节点间连线较少,说明了目前的合作均为小团队,合作处于起步阶段。虽然加强合作是当今科学发展的趋势(Maisonobe et al.,2016),但也有研究表明,小团队的研究成果可能更具有颠覆性(Wu, Wang & Evans,2017)。另一方面,目前各子网络中的作者节点绝大多数都是同一研究机构的成员,即合著发表论文目前尚处于机构内合作的阶段。我们认为,开展跨机构合作,特别是加强同国外学者的交流合作,对该领域的发展将会有更好的促进作用。

3.2　研究机构与地区分布

历届会议论文选集中的论文与大会报告涉及研究机构共 46 家。其中发文量大于等于 2 篇的共 20 家(见表 4)。作为该会议主要发起单位和主办单位,北京语言大学、南京师范大学的发文量排在前两位,接下来是上海交通大学、福建师范大学、鲁东大学、台湾师范大学等。发文量较高的机构多是各类汉语中介语语料库的建设单位,较多地关注了基于汉语中介语语料库的语言研究,有较多的成果。考虑到会议论文选集是将会议论文择优结集出版的,这些机构的发文量大也就反映出了它们在该领域有较高质量的学术产出,为该领域的发展做出了较大贡献。

表 4 历届会议论文选集机构发文量排序(发文量≥2 篇)

机构	发文量	机构	发文量
北京语言大学	31	广西民族大学	2
南京师范大学	22	教育部语言文字应用研究所	2
上海交通大学	9	南京大学	2
福建师范大学	5	深圳大学	2
鲁东大学	5	四川大学	2
台湾师范大学	5	四川外国语大学	2
扬州大学	3	苏州大学	2
越南河内国家大学	3	同济大学	2
北京大学	2	香港中文大学	2
北京华文学院	2	中山大学	2

为了进一步了解这些研究机构的地域分布,我们对论文机构的所在地区和国家进行了统计(见图 2 所示)。从中可以看出,首先,国内的汉语中介语语料库相关研究主要集中在北京、江苏、上海等地。这些地区主要是东部的发达地区,中西部地区的研究机构较少。其次,台湾和香港地区对汉语中介语语料库的相关问题也有关注。在今后的发展中,可以进一步加强同港台地区的学术交流与合作。再次,国外的主要研究机构主要涉及越南、日本和英国。经过对这些机构作者的分析发现,这些作者大多是在国外机构工作的华人,外国学者参与不多。汉语中介语语料库的发展需要进一步扩大视野,走出国门与国际接轨,吸引更多的外国学者关注。这一点即便是从该会议的名称中带有"国际"的性质与要求出发考虑,也应加强与国际学界的交流。实际上,国外学者关于汉语中介语的研究多在二语习得的领域,今后会议的组织方应考虑适当加强同国际二语习得研究领域的交流。而在语料库建设方面,也应加强同国际语料库语言学领域的交流与借鉴。

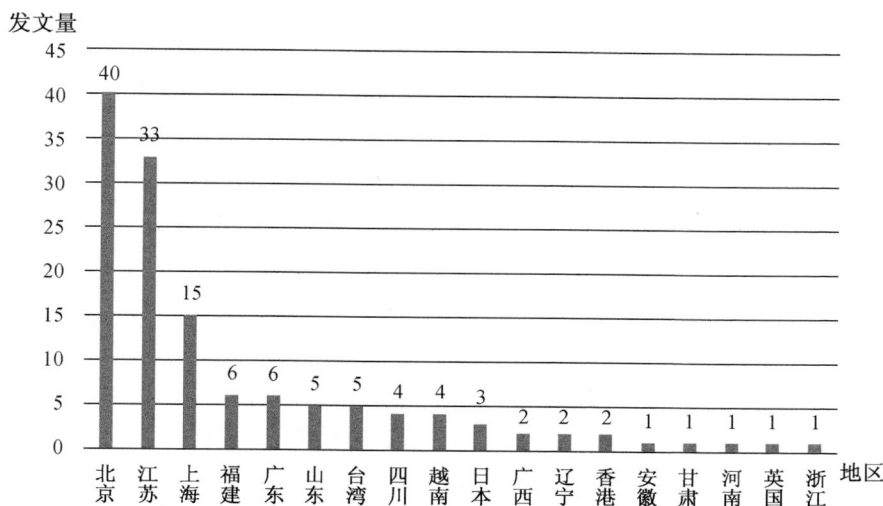

图2 历届会议论文选集的地区发文量

3.3 引文数量与基金支持情况

在一定程度上,"论文引用文献数量的多少可以看出一篇论文的研究深度",而"期刊平均引用文献的多少反映期刊文章的总体研究深度"(胡玥, 2007)。同理,我们可以用篇均引文数这个指标来衡量历届会议论文选集中的报告与论文的研究深度。具体数据如表5所示。篇均引文数呈现增长趋势,说明该会议论文选集中的文章研究深度在不断增加。尤其是相对于第一届会议,之后三届的论文选集中篇均引文数略有增长,从侧面反映出了该会议所聚焦领域的良好发展态势。

表5 历届会议论文选集的引文数与基金数

届别	论文与报告篇数(篇)	参考文献数(篇)	篇均引文数(篇)	基金数(项)	篇均基金数(项)
一	28	388	11.41	12	0.35
二	33	431	13.06	21	0.64
三	32	550	17.19	19	0.59
四	27	535	16.21	11	0.33
平均值	33	476	14.42	15.75	0.48

语料库建设是一项系统性工程,耗时费力,通常需要多人合作完成,且需要有一定规模的资金支持。我们统计了历届会议论文选集中标注有基金信息

的研究数量①(见表 5),超过 1/3 的汉语中介语语料库相关研究都是在不同类型的基金支持下开展和完成的。这些研究中,既有国家社会科学基金(重大)课题、教育部哲学社会科学研究课题或各省市区哲学社会科学规划课题的支持,也有各高校自主设立课题的支持。这些基金的支持为开展汉语中介语语料库建设与研究提供了必要的保障。然而,虽然近些年来"中介语语料库建设与应用相关课题在国家社科基金中的立项数多达 15 项"(肖奚强,2018),发展态势较好,但是我们能够看到还有更多研究没有任何基金项目的支撑。

3.4　关键词共现网络

关键词是对论文内容高度概括基础上的分类标签,从关键词中能够得到一些跟文章主题相关的信息。对于一个文献集合而言,关键词共现网络能够更全息地反映主题特征。我们首先使用 CiteSpace 和 VOSviewer 分别绘制了第二届至第四届会议论文选集的关键词共现网络(图 3 与图 4)。在图 3 中,网络节点标签字体大小代表了关键词频次高低,节点间的连线代表关键词间的共现关系,连线的粗细代表了共现关系的强弱。为了显示清晰和论述方

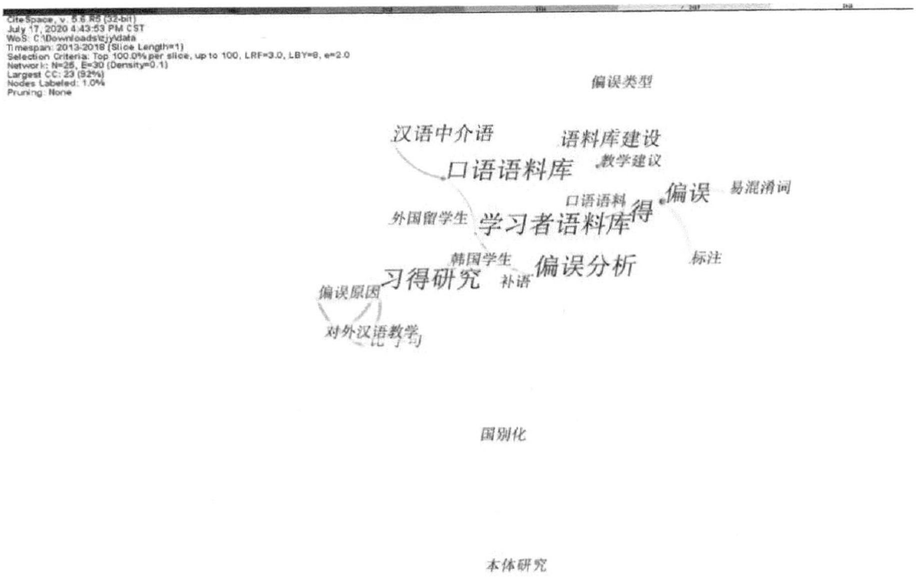

图 3　第二至四届会议论文选集的关键词共现网络(局部)(CiteSpace)

---

①　每项研究仅统计标注的第一项基金信息。

便,隐去了"中介语""中介语语料库""汉语中介语语料库""语料库"这几个高频关键词。因此,该网络也就损失了代表这些关键词与其他关键词节点间的共现关系的连接。图4显示了全部关键词的共现网络。其中节点大小代表关键词频次高低,节点间的连线及其粗细代表关键词间具有共现关系及关系的强弱,不同颜色代表关键词在自动聚类结果中分属不同类别。

图4　第二至四届会议论文选集的关键词共现网络(VOSViewer)

从上述两个关键词共现网络的绘制过程与结果中我们发现,由于数据量较小(仅有97篇论文/报告的277个关键词节点,累积频次为368),关键词共现网络还很稀疏,节点间的关系不紧密。同时,从图4中可以看到,形成共现关系的关键词节点聚集在网络中间位置,而周边形成了一个离散的节点"环"。造成这一结果的原因有两方面:一是这些离散节点中有一部分是相对整个领域而言较少见的关键词,如"先秦文献""信息量"等;二是部分论文在关键词标引方面缺乏必要的科学性和有效性,如"成语偏误的判定""声调母语背景""总体状况"等。这两个原因也使得我们能够从关键词网络中获取的研究主题信息不多。

即便如此,我们还是能够从中看到,体现出"口语语料库"与"标注"等特点的"汉语中介语""语料库建设"研究、以"偏误""偏误分析""偏误类型""偏误原因"等为代表的偏误研究、针对不同学习者(如"韩国学生")的"国别化""习得研究",具体涉及的"句长"、句式、词汇等语言要素,是在网络中出现频次较高的主要研究主题。这一点从关键词共现网络的统计数据中(如表6所示)能够精确地体现:频次较高的关键词节点通常也拥有较高的度和中心性。

表6 第二至四届会议论文选集关键词共现网络(局部)的统计特征

频次	度	中心性	关键词	频次	度	中心性	关键词
10	6	0.70	中介语				
9	4	0.39	中介语语料库	2	3	0.21	教学建议
9	2	0.02	汉语中介语语料库	2	2	0.15	外国留学生
5	3	0.08	学习者语料库	2	2	0.05	口语语料
5	4	0.35	口语语料库	2	1	0	对外汉语教学
5	3	0.35	习得	2	0	0	国别化
5	5	0.46	习得研究	2	2	0	补语
5	3	0.11	偏误分析	2	2	0.15	标注
4	4	0.43	偏误	2	2	0.36	韩国学生
4	1	0	语料库	2	2	0	偏误原因
3	3	0.19	语料库建设	2	1	0	偏误类型
3	1	0	汉语中介语	2	1	0	易混淆词
2	0	0	本体研究	2	2	0	"比"字句

3.5 标题与摘要分析

由于从关键词共现网络中能够获取的主题信息有限,我们将目光转向了论文的标题与摘要。标题与摘要一般浓缩了整篇文章的主题。在分析大量文献信息时,从标题与摘要着手来分析文章的研究内容有助于对文献的分类整理。一般来说,通过对标题与摘要的词频统计可以反映出文献集合中主要的研究方向是什么。

我们首先对历届论文选集中的标题语料进行词频统计,在2倍于h点取值范围内考察了能够在一定程度上代表论文主题特征的高频关键词。表7列出了历届会议论文选集的标题中的高频词。限于篇幅,数据表中隐去了高频的句法功能词(如"的"),以及一些不能反映主题特征的实词(如"研究""分析""考察")。

表 7　历届会议论文选集中的标题高频词

第一届			第二届			第三届			第四届		
频序	频次	词	频序	频次	词	频序	频次	词	频序	频次	词
3	15	语料库	2	18	语料库	3	17	语料库	4	16	语料库
6	10	中介语	6	10	中介语	4	13	中介语	5	11	中介语
7	9	习得	7	9	偏误	8	7	偏误	6	9	习得
8	9	偏误	8	8	习得	9	5	学习者	9	6	偏误
10	7	外国	10	6	HSK 动态作文语料库	11	5	建设	10	6	留学生
11	5	HSK 动态作文语料库	14	5	教学	12	4	习得	11	5	标注
13	5	留学生	15	5	留学生	14	4	汉字	12	4	学习者
16	4	汉字	19	4	口语	15	3	HSK 动态作文语料库	13	4	建设
18	4	韩国	21	4	建设	18	3	口语	15	3	外国
						20	3	标注	18	3	韩国
						21	3	标记	19	2	HSK 动态作文语料库
						22	3	留学生			
						27	3	调查			
						28	3	越南			

　　从标题的词频统计结果中可以看出,首先,历届会议论文选集中汇聚的研究成果均聚焦于会议主题(即汉语中介语语料库建设研究与基于汉语中介语语料库的语言研究),其中语料库建设、习得研究,特别是偏误分析和基于语料库(如 HSK 动态作文语料库)的学习者研究始终贯穿历届会议,这与基于期刊数据得到的结论(蔡武,郑通涛,2017)一致;语料标注研究自第三届会议始得到了更密切的关注与更多的投入。语料库建设需经历整体设计、语料收集、语料加工(标注)、检索工具开发等环节。上述历届会议论文选集中的标题反映出的聚焦主题变化情况正符合这一过程。在 HSK 动态作文语料库可在线使用的情况下,许多研究者在该语料库的基础上开展语言本体、二语教学、二

语习得等相关研究。而随着研究的深入和各类新的汉语中介语语料库建设工作的推进，语料标注加工等问题自然会被提上日程。其次，从学习者特征来看，目前该会议聚焦的汉语二语学习者主要是来华留学生群体，其中以"韩国""泰国"学生为典型代表。结合前文关于会议参与者多为国内学者的事实，对于一个国际研讨会的学术平台而言，海外的汉语二语学习者群体在历届会议中没有得到应有和充分的关注。

论文的摘要大致总结了整篇文章的主要内容。通过对摘要的了解可以迅速地掌握一篇文章的研究主题、思路、方法与结论，可以比仅从标题入手获得更多的信息。我们接下来对历届论文选集中的摘要语料进行了词频统计，然后同样在2倍于h点取值范围内考察了能够在一定程度上代表论文主题特征的高频词。表8列出了历届会议论文选集的摘要中的这些高频词。因为首届会议论文选集未提供论文摘要，所以这部分数据仅包括第二届至第四届的。考虑到篇幅的影响，数据表中隐去了高频虚词（如"的""是""中""与"等），以及一些不能反映主题特征的实词（如"本文""汉语""语料""语言""主要""进行"等）。

表8　第二至四届会议论文选集中的摘要高频词

第二届			第三届			第四届			合计		
频序	频次	词	频序	频次	词	频序	频次	词	频序	频次	词
4	52	语料库	4	46	语料库	3	49	语料库	4	147	语料库
8	42	偏误	5	43	偏误	10	35	中介语	5	134	偏误
11	35	中介语	6	39	标注	12	31	汉语	11	105	中介语
16	25	建设	8	35	中介语	16	24	标注	14	76	标注
19	23	学习者	12	26	学习者	17	23	教学	18	65	学习者
20	23	教学	16	20	习得	19	21	习得	19	60	习得
21	22	母语	20	18	建设	20	21	汉字	20	59	教学
24	19	习得	24	15	分词	21	20	原则	22	51	建设
29	15	口语	26	14	关系	24	18	口语	24	45	口语
30	15	搭配	27	13	教学	26	16	学习者	27	43	母语
33	14	类型	28	13	词语	30	14	语义	29	38	汉字
38	13	标注	32	12	口语	32	13	母语	38	30	搭配
39	13	留学生	34	12	汉字	34	13	误代	39	30	留学生
40	13	补语	36	11	词汇	36	12	词语	40	30	词汇

第二届			第三届			第四届			合计		
频序	频次	词	频序	频次	词	频序	频次	词	频序	频次	词
41	13	词汇				37	12	误用	41	29	原则
						42	11	教材	45	29	类型
						43	11	留学生	46	29	词语
						44	11	补语	50	27	补语

从摘要的词频统计结果来看,除了在上述对标题的统计分析中看出来的研究主题以语料库建设(体现于"语料库""建设""标注""原则"等词)和以偏误分析(如"偏误""类型""误用""误代")为典型的二语习得为主外,还可以更详细地看到:(1)汉语中介语语料库建设与应用研究不仅仅局限在书面语方面,口语也得到了重视(但主要是基于口语转写文本语料);(2)汉字作为汉语的书写符号与书写系统,作为汉语二语教学与习得中的重要内容,在历届会议和论文选集中均有涉及,手写体作文语料库的数字化、留学生汉字书写数据库的建设与应用等,为汉字教学与习得研究提供了必要的数据基础;(3)研究中涉及的语言要素更多地涉及了"词汇""语义"和语法("补语"),但对语音的研究不够充分,这是因为语音语料库的建设与应用研究在技术层面上比文本语料库更复杂一些。

四、结　语

由于历届会议论文选集收录的研究成果有限,本研究能够使用的数据量不够充足。由于文献数据未被检索系统收录,手工录入数据时没能包括引文数据,因此研究中未能开展引文分析。

本文对历届"汉语中介语语料库建设与应用国际学术研讨会"论文选集的文献数据进行统计分析,得出以下主要结论。(1)持续关注和参与该会议且发文量比较高的学者有:肖奚强、郭曙纶、崔希亮、刘运同、张宝林、陈浩然、冯志伟、胡晓清、宋春阳、颜明、周文华等人。(2)作者间的合作具有小团队协作和机构内合作为主的特点。(3)持续关注和积极参与建设该会议的主要机构有北京语言大学、南京师范大学、上海交通大学、福建师范大学、鲁东大学、台湾师范大学、扬州大学等高校,主要分布在北京和长三角、珠三角等经济发达地区。(4)该会议发展态势良好,会议论文的研究深度在增加,约1/3的研究论文得到了各级各类基金课题的资助。(5)该会议的组织与论文选集的出版达到了办会初衷,会议论文主要聚焦于汉语中介语语料库建设、基于语料库的汉语二语习得研究与学习者偏误研究三个方面。

除上述发现外,基于本研究我们也提出几点看法或建议供会议主办方和学界同仁批评指正。一方面,不同学者之间的合作有较好的互补性,有助于形成优质的学术群体。目前该领域合作机构、区域和学科领域相对狭窄,在交叉学科发展迅速的今天,汉语中介语语料库的建设与研究还需要加强合作,拓宽研究思路、加速研究进程、提升成果质量。另一方面,会议主办方在组织会议和编辑出版论文选集时,一是可以逐步提升论文质量要求和规范性要求,二是可以与文献数据商合作,将会议论文选集文献数据纳入主要检索系统,从而提升该会议品牌的学术知名度和影响力以及会议与论文选集的实际学术价值。

参考文献

[1] 蔡武,郑通涛,2017.我国汉语中介语语料库研究现状与热点透视——基于 CiteSpace 的可视化分析.《华文教学与研究》第 3 期.

[2] 胡玥,2007.2001—2005 年语言学期刊学术影响分析——基于 CSSCI 数据的分析.《情报科学》第 12 期.

[3] 黄伟,2018.基于词频的现代汉语语体计量研究.刘海涛,主编.计量语言学研究进展.杭州:浙江大学出版社.

[4] 刘兴平,2010.学术会议的兴起与发展.《科技导报》第 6 期.

[5] 刘艳,2017.会议论文重要性的量化研究——以计算机学科之中间层设计领域为例.《图书馆工作与研究》第 2 期.

[6] 汪飚翔,2002.浅谈国际学术会议及其评价指标.《科学新闻》第 12 期.

[7] 肖奚强,2018.汉语中介语语料库建设与应用的深入持续发展——第四届汉语中介语语料库建设与应用学术研讨会总结报告.张亚军、肖奚强、张宝林、林新年,主编.第四届汉语中介语语料库建设与应用学术研讨会论文选集.北京:世界图书出版公司.

[8] 张宝林,崔希亮,2013.“全球汉语中介语语料库建设和研究”的设计理念.《语言教学与研究》第 5 期.

[9] Anthony, L. 2019. AntConc (Version 3. 5. 8). Available at https://www. laurenceanthony. net/software. (17 July, 2020)

[10] Maisonobe M. , Eckert D. , Grossetti M. , et al. 2016. The word network of scientific collaborations between cities: Domestic or international dynamic? *Journal of Informetrics* , 10(4): 1025—1036.

[11] Popsecu, Ioan-Iovitz. 2009. *Word Frequency Studies*. Berlin / New York: Mouton de Gruyter.

[12] Wu L. , Wang D. , Evans J. A. 2017. *A large team have developed science and technology; small teams have disrupted it*. Social Science Electronic Publishing.

大会总结

汉语中介语语料库
建设与应用研究的进展与前瞻

张宝林

（北京语言大学）

大会主席、各位代表：

大家好！

经过一天半的交流与研讨，本届会议即将闭幕。

受会议委托，我就本次会议做一个粗浅的总结，谈谈自己的一些感受和认识。不当之处，敬请各位代表指正。

一、本次会议的特点与优点

（一）内容紧凑，成果丰硕，是一次非常成功的学术研讨会

在短短的一天半时间里，会议安排了 3 个单元的 8 篇大会报告，8 个单元的 46 篇分组会报告。围绕汉语中介语语料库的建设和应用研究进行了广泛的学术交流与研讨，在一些重要问题上取得了广泛的共识，深化了对一些相关问题的认识。由此看来，本次会议成果丰硕，完全达到了会议的预期目的，是一次非常成功的研讨会。

（二）研究内容广泛，角度新颖，观点重要，带给我们很多新的认识和启发

本次会议交流的 53 篇报告，按内容可以分为语料库本体研究、建设研究、应用研究和其他研究四类。

（1）本体研究指对语料库建设和应用方面的宏观理论探讨，共有4篇论文。其中南京大学曹贤文的《二语习得研究"需求侧"视角下的汉语学习者语料库建设》，从当前二语习得研究需求视角，分析汉语学习者语料库建设与二语习得研究的互动发展趋势，探讨如何加强汉语学习者语料库建设，以更好满足二语习得研究的需要。该文的研究视角完全符合为汉语教学与研究服务的语料库建设宗旨，对今后的语料库建设具有十分重要的启发和指导意义。鲁东大学胡晓清的《汉语中介语语料库的构建理念与建设生态》探讨了国别化语料库建设的必要性，总结了其不同于通用型语料库的建库范式，对不同类型语料库的内涵、关系、用途等问题提出了重要意见。北京语言大学张宝林在《汉语中介语语料库的设计理念与功能》中通过"HSK动态作文语料库2.0版"的构建，指出了时代发展给语料库带来的新挑战，提出了汉语中介语语料库建设已从"简单粗放"的1.0时代向"精细而丰富"的2.0时代迈进的论断。北京外国语大学梁茂成《中介语语料库研究——历程、挑战与发展趋势》一文指出，近年来偏误分析法和中介语对比分析法遇到了前所未有的挑战，认为复杂理论（Complexity Theory）和多因素分析（Multi-factorial Analysis）方法将成为中介语语料库研究的新趋势。这一观点对目前基于语料库的应用研究可以开启另一种思路，具有十分重要的指导意义。

（2）建设研究有13篇论文，因篇数较多，恕不一一列名与评价。

同济大学刘运同的《语言学习的语境及语料库标示》，首先区分了汉语作为第二语言（CSl）的语境和作为外语（CFL）的语境，进而做了多层次的下位分类语境，讨论了语料库建设中的语境标示问题。其中非正式语言学习语境，对口语语料库建设很有启发意义。扬州大学陈莉的《语言测试调查与汉语中介语语料库建设》，认为中介语研究中对学习者的语言测试语料具有多方面的优点，可以作为语料库的语料来源之一。而为了提高语言测试和测试语料的质量，可以由专家学者们设计一套合理的语法点习得调查手册供研究者使用。北京语言大学别红樱讨论了预科生写作和口语语料采集问题；杨星星、张馨丹分别讨论了语料采集标准和语料录入标准。北京语言大学陈钊、荣钟宁、刘悦讨论了面向汉语中介语语料库的汉语分词规范与专用词表问题。中国人民大学包银辉讨论了基于联合国正式文件系统ODS多语文本数据开发专门用途汉语教学平行语料库的建设问题。南京大学卞可薇讨论了口语语料库建设问题。中央民族大学娄开阳探讨了语篇标注的单位问题。这些研究从不同角度与侧面探讨汉语中介语语料库建设问题，均有其特定的参考价值。

（3）应用研究主要是汉语语素、字、词、句、句子成分的习得研究，数量是最多的，达34篇。例如泰国孔敬大学安美娜讨论了语素"开"及其构成的复合词,郭贤考察了基于微信朋友圈用语的泰国学习者"吧"的使用情况,北京语言大学马庆研究了韩国学生的汉语生造词问题,南京师范大学程燕考察了韩国学习者的汉语成语使用情况。

应用研究中对汉语语法习得的研究是最多的。例如南京师范大学肖奚强考察了外国学生并列关系状语的习得情况,西北农林科技大学葛李勤探讨了柬埔寨华校中小学生汉语趋向补语句的习得情况,北京语言大学段海于、胡开心、李美琪分别研究了外国学习者对汉语并列复句、"比"字句、"是"字句的习得情况,南京师范大学蔡冬梅、王亚丽分别研究了体标记"过""着"的习得情况,福建师范大学黄彬、陈氏贤研究了副词"都"的偏误情况。

(4)其他研究只有 2 篇,北京语言大学王笑和李珺婷分别采用计量学的研究方法对本会议第一至第四届会议论文集所收入的论文和 CNKI 中研究汉语中介语偏误的硕博论文文献进行分析研究,得出了一些很有意义的结论,对语料库建设和应用研究具有重要的参考意义。

(三)着眼教学,突出研究为教学服务

为面向外国人的汉语教学与研究服务,一向是汉语中介语语料库建设的根本目的与宗旨,参会论文突出体现了为教学服务的研究取向。南京大学孙敏通过实验研究证明,直接纠错反馈在作文协作写作中的修正能力最好。中国人民大学陈晨探索了主位推进理论与对外汉语写作教学新模式。上海交通大学许希阳讨论了词汇广度对写作成绩的影响。台湾铭传大学陈雅芳考察了学习者的词汇偏误,进而提出相应的教学建议。加拿大蒙特利尔大学李晓非对学习者的情态补语使用情况进行表现分析,并提出教学对策。扬州大学颜明、王晨考察高级阶段学习者的会话篇章衔接手段,进行偏误分析,进而提出教学对策。马来西亚大学周宝芯对泰国、印尼学习者的口语流利度进行研究,发现学习者在语速、发音速度、平均流畅度方面显著低于汉语母语者。福建师范大学林君峰、郭菁分别讨论了"教学导向"的语料库建设和汉字部件信息库建设。这些都是直接以为教学服务为旨归的研究。

(四)研究方法新颖

一些年轻学者在研究中采用了一些新的研究方法,特别值得称道。例如同济大学韩毅采用聚类方法研究不同国家学习者的词语使用情况和文本特点。山东师范大学郭文娟运用 Python 程序进行数据对比,考察学习者对汉语词语的运用能力。北京语言大学王笑、李珺婷采用计量学方法进行文献分析。新的研究方法的使用使相关研究得到了一些新的认识与结论。

二、目前学界存在的问题

本次会议也反映出学界现存的一些相关问题。

（1）语料库建设方面，口语库、视频库/多模态语料库建设严重滞后，导致学界无法对学习者的口语习得情况进行考察与评估，无法进行不同语体习得情况的对比研究，因而难以对外国学习者的汉语习得情况进行全面考察，难以作出全面、准确的评估。

（2）从总体来看，偏误分析与习得研究局限于中介语假说的四大分类，五大原因；偏误原因、教学对策的探讨简单随意、表面化，缺少实证研究。以中介语假说为理论依据的应用研究似乎遇到了瓶颈，难有新的突破。

（3）对比分析对同质性原则关注不够，其实质是可比性问题。例如对比分析常常把中介语语料和《人民日报》语料进行对比的做法可能并不恰当，因为《人民日报》的语言非常严谨规范，一般的母语者也难以达到那样的语言运用水平，二语者更是难望其项背。而把中介语语料和同处于语言学习阶段的中小学生母语者语料进行对比，则同质性要强得多，更具有可比性。

三、语料库建设与应用研究的发展趋势

目前汉语中介语语料库建设与应用研究走到了一个岔路口，如果找不到正确的方向，发展和提高就只能是一句空话。出路何在？可以从下面几点考虑。

（1）语料库建设方面，应加强口语语料库、视频语料库/多模态语料库建设，加强汉语中介语与学习者母语的平行语料库的建设，这对偏误的考察，特别是对偏误原因中母语负迁移的确认有重要意义。

（2）语料库建设与应用研究中，"技术含量"会不断增加，例如软件系统研发水平的提升，系统安全的加固，检索系统的丰富与便捷，将会极大地提升语料库的使用价值与功能。Python、R 语言、计量学分析的使用将更为广泛，并促进各种基于语料库的应用研究的深入发展。

（3）语料库建设与应用研究将呈现更加"多元化"的趋势：基于需求而设计建设的语料库会逐渐增多，语料库的类型会更加丰富，从而更好地为教学与研究服务。

（4）就大部分情况而言,语料库为教学服务具有间接性特点,应在语料库基础上进行二次开发,研发可以直接供教学使用的各种信息库、数据库、资源库、题库。正如胡晓清教授所言:贯彻"以应用为导向的语料库建设理念",进行"以语料库为后台的教学资源开发"。

（5）梁茂成教授认为,复杂理论和多因素分析方法将成为中介语语料库研究的新趋势。相关研究表明,复杂理论是对复杂系统的研究,而复杂系统具备多种特性。其中最具代表性的五个特性为异质性、动态性、非线性、开放性及自适应性(李茶等,2012)。该理论是国际应用语言学界提出的新型理论范式,是当今二语习得领域备受瞩目的理论,是对二语习得研究的反思(许希阳等,2015)。它已证明中介语并不代表学习者准确使用目标语和不准确地使用之间的独立的线性的阶段(刘文宇等,2013)。该理论注重将语言发展的认知因素和社会因素相结合,以一种动态发展的观点审视二语发展的轨迹,为21世纪二语发展研究提供了崭新的视角。正如英国著名学者Dornyei指出:21世纪的第二个十年将是"二语习得研究的动态转向"(梁爱民等,2017)。这些研究表明,梁茂成教授的观点颇有见地,汉语学界完全可以尝试在该理论的指导下寻找应用研究的突破口,以打破瓶颈,为基于语料库的应用研究开辟出一片阳光灿烂的新天地。

由于个人水平所限,上述总结难免挂一漏万,存在不全面、不准确,乃至不当与谬误之处,敬请大家赐教。

四、致　谢

这两天在南京听到一个好消息:南京已经摘掉了"火炉"的帽子,已经不是最热的城市了,谨向这座历史悠久、积淀深厚的伟大城市表示祝贺!

尽管如此,毕竟还是盛夏时节,天气还是很热的。各位代表不畏酷暑,从国内外赶来参会,给予了会议最大的支持。作为主办方,我们向各位代表、特邀嘉宾表示崇高敬意和衷心感谢!

南京大学校领导对本届会议给予了大力支持,海外教育学院赵文书院长、曹贤文副院长对会议进行了周密细致的整体安排和具体部署,会务组的各位老师和同学们为会议做了大量具体细致的管理和服务工作,谨向他们表示衷心感谢和崇高敬意!

谢谢大家!

图书在版编目(CIP)数据

第五届汉语中介语语料库建设与应用国际学术讨论会
论文选集 / 赵文书，张宝林，曹贤文主编. — 南京：
南京大学出版社，2021.5
　ISBN 978 - 7 - 305 - 24391 - 2

　Ⅰ. ①第… Ⅱ. ①赵… ②张… ③曹… Ⅲ. ①汉语—
中介语—语料库—国际学术会议—文集 Ⅳ. ①H1—53

　中国版本图书馆 CIP 数据核字(2021)第 074321 号

出版发行　南京大学出版社
社　　址　南京市汉口路 22 号　　　　　邮　编　210093
出 版 人　金鑫荣
书　　名　**第五届汉语中介语语料库建设与**
　　　　　应用国际学术讨论会论文选集
主　　编　赵文书　张宝林　曹贤文
责任编辑　董　颖　　　　　　　　编辑热线　025 - 83596997
照　　排　南京南琳图文制作有限公司
印　　刷　江苏凤凰数码印务有限公司
开　　本　718×1000　1/16　印张 19　字数 338 千
版　　次　2021 年 5 月第 1 版　2021 年 5 月第 1 次印刷
ISBN 978 - 7 - 305 - 24391 - 2
定　　价　95.00 元

网址：http://www.njupco.com
官方微博：http://weibo.com/njupco
官方微信号：njupress
销售咨询热线：(025) 83594756